グローバリゼーションのなかの文化人類学案内

中島成久●編著

明石書店

序文

グローバリゼーションという言葉は、一九八〇年代末から頻繁に用いられるようになった。資本主義は本来グローバル化を目指すとはいえ、コンピューターの普及による通信の分野での世界の同時性・標準化の確立以外に、グローバリゼーションとは、少なくとも次の二つの特徴を持っている現象をさすと思われる。

第一は、多国籍企業による世界標準化が急速に進行している現実をさす現象であること。その多国籍企業の中にはアメリカの企業が圧倒的多数を占めているので、グローバリゼーションとはアメリカ多国籍企業による世界標準化の進行という現象、と規定できるだろう。こうした多国籍企業による世界の標準化は、環境、人権、国家間秩序の再編などで大きな問題をはらんでいる。

私のゼミの研究テーマの一つでもあるが、たとえば「バイオパイラシー」という現実がある。アメリカのライステック社などの多国籍企業が、発展途上国で伝統的に栽培されてきた栽培種や有用植物から純化した遺伝資源に特許権を設定し、それにより独占的な権利を獲得して多大な利益をあげている。こうした企業による栽培種の独占は、単一品種の栽培によって種の多様性を破壊するだけではなく、化学汚染を進行させている。また、遺伝子組換えやターミネーターテクノロジー（次世代が生まれないよう遺伝子操作した遺伝子をうめ込んだ種の開発）など、食の安全が大いに脅かされている。

また、リーバイスやＮＩＫＥなどのブランド製品が、自由貿易という名の下、発展途上国の安価な労働力と劣悪な労働環境で生産されている事実はあまり知られていない。マクドナルドはいまや途上国の地方都市でもロシアや中国でも普通に見られるが、マクドナルドによる食文化の世界標準化が急速に進行している。反グローバリゼーションの立場から、最近世界各地のマクドナルドの店が襲撃されていることが注目される。マクドナルドはまた、ハンバーガーの原料となる牛肉をブラジルのアマゾンの熱帯林を焼き払って作った牧場から安く供給しているとして、ブラジルの熱帯林破壊の元凶だと批判された。

グローバリゼーションの第二の特徴は、一九八九年以来の共産圏の崩壊による、アメリカの覇権の確立という現実から生じる。共産圏が崩壊したことは、必ずしも自由主義陣営が勝利したことを意味しないが、軍事的には唯一の超大国として残ったアメリカによる世界支配が事実上完成したということを意味している。つまり、グローバリゼーションとは、端的にいえば、政治、軍事、経済、文化などの分野でのアメリカ流の世界標準化ということである。

だがこうした世界標準化への動きに対して、一九九九年の「シアトルの反乱」に代表される反グローバリゼーションへの大きなうねりが世界各地のNGOなどで展開されているし、アメリカの覇権に対するイスラム圏からの異議申立てが現代の大きな特徴となってきている。それは「文明の衝突」という言葉でよく表現されるが、「文明の衝突」論そのものがブッシュ政権の世界戦略を正当化する考え方であることに注意する必要がある。

このような意味で、二〇〇一年九月一一日事件は、たとえそれが犯人と名指しされているアルカイダによる犯行でなくても、世界の標準化とアメリカの軍事力による世界支配の貫徹に、大きな疑問符をつきつけた二一世紀の冒頭を飾る出来事として、象徴的な意味がある。

こうしたマクロな状況の中、文化人類学はそのあり方を今大きく問われている。二〇世紀初頭、マリノウスキーによって確立された綿密なフィールドワークを元にした民族誌の作成と、それに基づく理論構成を主眼とした文化人類学（あるいは社会人類学）は、「文化相対主義」と「民族誌的現在」という仮説に基づいていた。文化相対主義とは、主にアメリカ人類学で唱えられた異文化研究の前提であるが、二〇世紀以前に隆盛を極めた進化主義的な尺度で人類社会を価値判断してきた思考法を批判する要請から出発した。

文化相対主義は、研究者自身によるフィールドワークから民族誌を作成し、それに基づく理論構成を行うという文化人類学の方法論の確立に貢献してきたが、この二〇年間大きな批判にさらされている。文化相対主義とは「異文化の独自性を認めましょう」という程度の道徳的要請ではあっても、民族誌の客観性を保証することはできず、文化を批判的に捉える障害になるというものである。

「民族誌的現在」という仮説は、親族、政治、宗教、経済といった社会構造の精密な記述から、独自な文化を持つ「原住民社会」を手品のように出現させるキーワードであり、植民地主義とか資本主義経済の影響を無視しうると想定された小規模社会が存在するということを前提にしていた。またそのような手続きを可能にするのが、「原住民」社会は一つの完結した独自な文化を持つという文化相対主義的な前提であった。

民族誌の名作という評価の高い『ヌアー族』（原典は一九四〇年刊）においてエヴァンズ＝プリチャードは、「政治制度の分析を目的とする」と言い、男系親族集団のセグメンテーション（分節化）

による政治的な機能について詳細に分析している。エヴァンズ＝プリチャードは、彼が滞在していたヌアー族のキャンプ地がアングロ・エジプト・スーダン政府への反乱を指導した予言者を匿ったとして包囲された事実を述べているほか、植民地当局による租税の徴収や彼らの生業である牛の略奪に抗議する運動が起きている事実を認めつつも、それについて詳しくは分析していない。

ギアツによるとエヴァンズ＝プリチャードは愛国者でもあり、第二次世界大戦中は、原住民部隊を加えた一個小隊を率いて東アフリカのイタリア軍占領地でイタリア軍と戦っている。イギリスの植民地支配に敵対する人々が存在することを認めつつも、エヴァンズ＝プリチャードの理論構成の中にはそうした人々の存在はまったく影響を及ぼしていない。「民族誌的現在」とは、いわば純粋培養の「民族」がどこかに存在しているという幻想に基づくものであった。

一九六〇年代以降の構造人類学の流行は、一見、こうした問題を根本的に批判する可能性を垣間見せてくれたが、レヴィ＝ストロースは思想・哲学に与えた影響以上には、文化人類学／社会人類学そのものの学問的な方法論を批判できなかった。レヴィ＝ストロースの方法を厳密に文化人類学に適用しようとすると、現実の民族誌をうまく説明できないケースが続出した。『親族の基本構造』では、多くの批判はその点に集中している。『神話の論理I〜IV』はレヴィ＝ストロース構造人類学の記念碑ではあるが、構造主義的説明で行き詰まると、厳しく批判している伝播主義的説明で切りぬけるなど、方法論的には首尾一貫していない。またレヴィ＝ストロースの歴史認識では、現実に搾取され存亡の危機に立つ先住民の権利回復に通じる理論は提出できなかった。

「文化相対主義」「民族誌的現在」「構造人類学」といった問題に大きな反省を迫ったのが、クリフォード・ギアツであった。マックス・ウェーバー流の近代化理論と理解の社会学を援用して、精密なフィールドワークに基づく厳密な異文化分析の学を確立しようとしたのがギアツであったが、ギアツの方法にも深刻な批判が展開されている。文化人類学の方法として、フィールドワークの成立根拠そのものが問われ出したのは、ギアツの影響下に育ったジェームズ・クリフォードやジョージ・マーカスなどアメリカの人類学者の間からであった。フィールドワークの認識には、調査する側のヘゲモニー的優越に基づく認識のバイアスがあるのではないのか？　あるいはそうしたバイアスは、ジェンダーに基づくヘゲモニーでもあるのではないのか等々の疑問が提出され、マリノウスキー以来の古典的な民族誌が次々に批判にさらされた。

文化人類学は「フィールドワーク」「文化相対主義」「民族誌的現在」といった従来不問に付してきたその成立基盤を徹底的に批判し、それに代わる方法論を打ち立てる必要があるのだが、グローバリゼーションの進行に伴なう世界の標準化とそれに抵抗する動きは、文化人類学的な方法によってこそ最も的確に捉えられ、またその可能性を示せるものだと思われる。つまり、グローバリゼーションを政治や経済のマクロな用語に換言して説明するのではなく、そうした状況を前提にした上で、もっとミクロなレベルでの政治・文化・経済でのヘゲモニー状況を適切に記述し分析するための方法論を文化人類学は開拓すべきである。

本書は、グローバリゼーションというキーワード以外に、ジェンダー、身体と自己、世界システムというキーワードを中心に四部構成になっている。本書の元になったのは、法政大学通信教育課程文化人類学の教科書として編纂された『文化人類学』（二〇〇二年刊）である。今回、その改訂版として必要な部分を書き足し、全体を三分の二に圧縮した。なお、参考文献は章ごとに巻末にまとめて示したが、入門書としての性格のため厳密な引用はしていない。

本書の成立に際して、明石書店編集部の法月重美子さんには、右記『文化人類学』の価値を高く評価していただき、市販本として出版する道を開いていただいた。また快く改訂版の出版を許可していただいた法政大学通信教育部に感謝したい。

二〇〇三年三月

編　者

グローバリゼーションのなかの文化人類学案内●目次

第一部

文化の理論

（担当　中島成久）

第一章　人間と文化

1　「人間」の発見

アイヌの人間観

アイヌ出身の萱野茂は、アイヌ語しか話せなかった祖母が語ってくれたウエッペケレ〔昔話〕を記録している。たとえば、「暇な小なべ」と題された話には、アイヌの「熊祭り」の観念が見事に表現されている。

わたしは、ゆぺっ川上流の、いちばん高い山を守るために、天の国から降ろされた熊の神でした。ある日ゆっくり山を降りました。うわさに聞いたアイヌが、狩のために私の住まい近くにきているのが見えたからです。わたしがそばを通ると、「ばしっ」と弓弦《ゆづる》の音がして、わたしの体に矢の神が立ち、あとはどうなったのかわからなくなりました。気がつくと、わたしの体と頭は別々になっていて、魂だけが耳と耳の間に座っていました。わたしが大きい熊で、ゆぺっ川のヌプリコロカムイ〔山の神〕であることを知ったアイヌは、自分の家からわたしを神の国に送り帰そうと、オルシクルマラプト〔熊の頭骨に胴体の毛皮をつけたままのもの〕を背負って、村を目指して歩き始めました。

夕暮れ近くアイヌは家に着き、外の祭壇にわたしを置くと、火の神にわたしが客としてきていることを知らせました。火の神は外に出て、「えらい神様、位の高い神様、アイヌの村にようこそ、ごゆっくりご滞在ください」と言いながら、オンカミ〔礼拝〕を重ねました。わたしは村人に、家の上座の窓から家の中へ招じ入れられ、横座へ座らされました。お酒が醸され、団子が作られ、わたしの前にはごちそうが並べられました。アイヌたちは酒を飲み、団子を食べ、人々は歌や踊りを始めます。そのひとびとの中に、特に踊りの上手なからだの小さい若者がいることに気がつきました。身のこなしは軽く、飛ぶように踊るのです。わたしはその若者の踊りだけを飽きずに見ていました。

そのうちユカッラの上手な人がユカッラを語り始めました。熊を神の国へ送るときは、ユカッラを最初から語り始めて、いちばん面白いところで話をやめてしまうことになっているらしく、途中で夜が明けてしまいました。熊神がユカッラの続きを聞きたさに、またアイヌの国へくることを願っているのです。わたしはあの若者を忘れられません。あの若者の素性を探ってみましたがわかりません。わたしはたくさんのおみやげを背負って、神の国へ帰って行きました。

あの若者の踊りを忘れられないわたしは、またしてもあのアイヌの家へお客として行きました。前と同じように、歌や踊りが始まり、あの若者が上手な踊りを見せてくれました。自分が神であることも忘れて、思わずいっしょに踊りだしました。踊りながら若者の素性を探りましたが、わからないのです。またしてもわたしは若者の素性を知ることができず、おみやげを山ほどもらい、神の国へ帰りました。

わたしは踊りを見たいばっかりに、何度もあのアイヌのところへお客としてやってきました。それは何度目のときだったでしょう。わたしも踊り若者も踊って、二人とも踊りつかれて、ついうとうととしたのです。そのとき、入り口の右側の壁にたくさん並んでいるなべのうち、いちばん小さいカパッラペポンス〔小さい小なべ〕がゆれたのが目に入ったのです。あたりを見回しましたが、若者はいません。踊り上手の若者は、カパッラペポンスの神だったのです。

あの若者がやってきたので、ちらりとなべを見ると小なべがありません。わたしは、「あなたの上手な踊りを見たいばかりに、何度もお客としてこの家を訪れました。そのかいがあって、あなたの素性を知り、心のこりなく神の国へ帰れます。あなたはどうしてあんなに踊りが上手で、その踊りをなぜ神々にお見せするのか、わけをお聞きしたい」とたずねました。

カパッラペポンスであるなべの神の若者は、こう答えました。「わたしは昔からこの家で暮らしています。この家の奥さんはきれいずきな方で、わたしを煮物に使っても、すぐに洗ってきれいにしてくれます。いつもすがすがしい気持ちで暮らしているので暇さえあれば踊りたくなり、上手になりました。熊神を神の国へ送り帰すときは、人が大勢集まるので、大きいなべばかり仕事があって、わたしは暇なのです。暇なわたしは日ごろ大切にされているお礼もかねて、神々に踊りをお見せするのです。あなたは位の高い神だけに、わたしの素性を知ったのですね」。

わたしは、「一度や二度ではわからない。それだけここの主は裕福になったわけで、日ごろ大切にされているあなたが、家の主にお礼をしたことになるのです」と話しました。わたしは前にも増してたくさんのおみやげをもらい、神の国へ帰っていきました。神の国へ帰ってから、わたしはあの精神のいいアイヌに夢を見せて、カパッラペポンスのことを知らせてやりました。「だからいまいるアイヌよ、どんな道具でも大切にしてきれいに洗い、掃除をすると、道具の神は必ず恩を返してくれるものだ」と熊の神がいいました。

この物語は次のように要約できる。①熊の神が下界に降りてきて、熊となって心持ちのいい青年に、自分の肉体をささげる。②アイヌは熊の神を歓待し、お礼を持たせて天界へ返す。③ユカッラはいつもいい所で終わり、熊の神がまた地上に帰ってくるようにさせる。④熊の神は何度も地上に降りてきて、その若者が小なべの神であることを見出す。⑤小なべの神は日ごろの感謝として、出番のない熊祭りの夜、踊りを踊っていた。⑥熊の神は夢を通して小なべの神のことをそのアイヌに告げ、神々を大切にすると必ず報われると説く。

ここで重要なのは、神々と人間界が自由に交流できるということだ。この物語では、最後の二行を除いて、つねに「わたしは……した」と神が直接一人称で語っている。つまり、物語の語り手は、神として聞き手に物語る。これはこの物語だけの特徴ではなく、アイヌ人言語学者の知里真志保《ちりましほ》によると「神揺、聖伝、英雄叙事詩、神の散文物語、人間の散文物語」は必ず一人称で語られる。

人間と動物も物質も、神の宿る器でしかなく、すべてのものは交流できる。熊の神は自分の体を食べ物として人間に与えるが、人間の方は熊の神を歓待し、贈り物を持たせて天界へ帰す。アイヌの考えた世界では、神、人、物が一つの連続した関係の中で捉えられている。

こうした思考法を「原始的」「未開的」だとして文明人とはまったく異なる「自然人」特有の思考法だと馬鹿にする傾向があった。文化人類学的な発想は、そうした思考法に一時とらわれ、それを人類の進化上に位置づけるという進化論的な発想で蔽われていた時代が一九世紀にあった。狩猟採集民族であるアイヌの「自然」に対する見方は、消滅しつつある人々のナンセンスな考え方ではなく、「文明」を誇り「原始・未開」をさげすみ、「自然」を征服の対象としてきた近代人が、結果として地球温暖化とか、人口爆発、核の危機、そして環境汚染といった「病」を抱え込み今にも滅亡しそうになっている現状を反省する素材とすべきである。

近代における「人間」の発見

近代的な思考法の背景にデカルトがいる。神の明証性というデカルト以前のあらゆる哲学者を苦しめた問いに、「あらゆる不明なものを切り捨てていっても、問いかける自己の存在そのものは否定できない」という近代的な自己〔コギト〕の発見がデカルトのユニークさであった。不明なものを括弧にくくって、明晰なものの論理的一貫性を求める。近代科学はデカルトのこうした哲学的姿勢の中から生まれた。

このようにして始まった近代科学は、新たな「人間」像を作りだした。われわれは「人間」という概念をきわめて自明なものとして捉えているが、アイヌのような「人間」観を現代人が完全に共有することは困難だ。フランスの哲学者ミッシェル・フーコーによると、近代における「人間」という概念は、一八世紀末から一九世紀初頭のヨーロッパにおける生物学、経済学、それに言語学における相互に関連する科学的な問いの中で成熟してきた（言語学については構造人類学の項を参照）。フーコーによれば、「物とそれらを類別して知に差し出す秩序との存在様式が、根本的に変質してしまった」のである。現世人類を「ホモ・サピエンス」と定義し、動物学、植物学の分類上大きな成果を上げた一八世紀スウェーデンの博物学者リンネの業績は、「生物学、比較解剖学、進化論ではなく、貨幣と富の分析に対して関係する」とフーコーはいう。

リンネは、アリストテレス以来使われてきた「四足獣」類（現在の哺乳類と爬虫類、それにいくつかの両生類を含む）という分類法を拒否し、動物を蠕虫《ぜんちゅう》類（ミミズなど）、昆虫類、魚類、両生類、爬虫類、鳥類、そして哺乳類（ママリア）と分けた（哺乳類は被毛の身体、四足、胎生で乳を出す特徴を持つ。ママリアとは「乳房を持つもの」という意味だから、正確には「乳房類」と訳すべきだ）。アリストテレスは人間を四足獣類の中に位置づけたが、天使の次に神に近い存在だとして、人間と動物の境界性を強調した。人類を哺乳類の中に位置づけたリンネの分類法は「人間は神に似せて創られた」とする伝統的な考えから批判を受けたが、リンネは人間を霊長目ヒト科の「ホモ・サピエンス」（知恵あるヒト、ホモとはラテン語系統で人間の意味）と位置づけ、動物とは厳然と区別した。

人間を「ホモ・サピエンス」として生物進化の頂点に位置づける思考は、経済学で前提とする「ホモ・エコノミックス」（経済人）に比べられるべきである、とフーコーはいう。「人間は最小の努力で最大の効果を上げようとする」という抽象的で合理的な存在であるという観念が、経済学の成立に大きく貢献する。

経済史家の大塚久雄は、無人島に漂着し二七年間も孤独な生活をしたロビンソン・クルーソーに、当時勃興しつつあったイギリス産業資本家の「生活様式／思考様式」を見出した。冒険活劇だと一般に解釈されてきたダニエル・デフォーの名作を、この経済史家は、当時の時代精神を表す小説だと捉えた。ロビンソンは無人島に漂着したにもかかわらず、自分の「先取した」土地を囲い込む。野生のヤギを捕らえて家畜化し、紡錘車を作って織物を織る。そうして一年ごとに、バランスシート〔賃借対照表〕を作り、翌年度の予定を決める。このような生活態度が最小の資源で最大の効果を上げることを目指す「ホモ・エコノミックス」の典型であるとされたのである。

2　ヒトとサル

言語とコミュニケーション

「サルは笑わない」。これは古代ギリシャの哲学者アリストテレスの言葉である。だが、アリストテレスの命題は、最近の霊長類学の成果によれば支持されない。サルも「笑う」そうである。少なくともチンパンジーは「ヒト科」に属するという説まで登場してきた。ヒトを特徴づけるとかって思われてきたかなりのことが、チンパンジーにはできることが分かってきた。

類人猿と比べた人の特徴として、二足歩行以外に、下顎が小さいことと脳容積の大きさがあげられる。ヒトは立って歩くことにより、手が自由になり、自由になった手で道具を自由を操れるようになった。こうした進化の道筋はヒトが雑食性としての特性を発達させたことと関連している。他の類人猿のように特定の植物を摂取するための大きな顎が必要ではなくなり、それだけ脳の発達が促される。ヒトへの道筋はこうしたいくつかの要因がお互いに関連しながら進んできた。

しかし最近の研究ではヒトと他の類人猿を分ける特徴が絶対的なものではないことも分かってきた。言語というものをコミュニケーションの手段として考えると、ヒト以外の動物もそうした手段を持つ。しかしチンパンジーのレベルになると非常に高度なコミュニケーションを行っていることが、種々の観察から明らかにされてきた。

ニホンザルの間には「毛繕い」というお互いの間の親密感を表す行動が知られているが、こうした行動は一対一の間でしか情報を伝達できない。それに比べてヒトの音声言語は同じ情報を次々と多数の相手に伝えることができる。これはニホンザルの間でも各種の警戒信号として知られているものと基本的には差はないと思われがちだが、ヒトの言語は人為的な自然音とそれに対応する意味という構造によって成り立っている点でサルの「言語」と異なる。

ヒトの言語は音声言語である。口蓋の構造からヒト以外の類人猿は音声言語を出せない。しかしそのことと彼らが複雑なコミュニケーション、思考法ができないこととは別問題である。チンパンジーは相当高度な思考ができる。各種の観察や実験から、チンパンジーのレベルになると物事を階層化して考えられることが分かってきた。たとえば、チンパンジーの大好物であるシロアリを食べるとき、そのまま手ですくって食べることを一次的階層とすると、棒切れをアリ塚に差し込んでシロアリを「釣る」ことは二次的な階層だとされる。

そこでどの程度の階層制までチンパンジーは思考できるかが実験によって確かめられる。手の届かない位置にあるえさを箱を重ねて取ったり、熊手で引き寄せたり、「いないいないない遊び」のような抽象的な思考をすることができ、「にっという感じで歯ぐきを見せる」。これがチンパンジーが「笑う」とされている行動であるが、砂や落ち葉を相手に投げつけて相手のリアクションを確かめる行動よりもさらに「高度な認知機能」に基づく行動であるといえる。

次第に階層制のレベルを上げていくと、チンパンジーの潜在能力が分かってきた。チンパンジーの好物のナッツを割るとき、棒切れを持ち、それを石の上において割るというような三次的階層化の思考ができることが分かった。

チンパンジーがどこまで「ヒト」に近い思考法ができるかは今後の研究を待たねばならない。少なくとも、ヒトが言葉を獲得していく過程には、大目標に向かって手指の操作を階層的に組み立てていく能力がまず基礎としてあった。環境世界のさまざまな物事・事象に関心を向け、それらとかかわる行動の進化を支えた脳に、ヒトの言語発達のための新たな領野が加わったと考えられる。環境世界の情報を大量に共有しあう必要が発声器官による運動によって、環境世界を記述し、伝達する方法を発達させ、ついに言語的知性を発達させた。

視覚の優位

「見ることは信じること」というのは、目で見た「事実」は絶対的な真実であることをさすことわざである。ところが、これはいかにもヒトの認識作用の特徴をさすことわざである。視覚、聴覚、味覚、触覚、嗅覚といういわゆる五感のうち、人間は視覚が極端に発達した動物である。たとえばイヌは人間の何万倍という嗅覚を持つが、視覚的には「ど近眼」である。小型コウモリは夜行性で眼はほとんど退化して見えないが、口や鼻から超音波を出し、それが獲物や障害物に当たって跳ね返ってくるこだまを聞き分け、周りのようすや昆虫の居場所を感じ取っている。レーダーはコウモリのこうした能力を応用して作られた。他の動物に比べてヒトが視覚を異常に発達させたのは、直立して二足歩行をするようになったことと関係が深い。顔面角が垂直になるにつれ、物を立体的に見ることができるようになり、ますます視覚優位の脳の特徴を発達させるようになってきた。

フランスの哲学者メルロー・ポンティは『知覚の現象学』の中で、人間が物を見るとは、視覚情報を「地と図」の区別をすることであるといっている。たとえば、物が上下さかさまに見えるメガネをかけて暮らす実験をしてみる。最初は日常の感覚とまったく違うことに戸惑い、歩くこともままならないが、「さかさまなことが当たり前」の世界に慣れてくるにつれて、また以前のような日常生活を行えるようになるという。また、完全に目の見えない人が角膜移植などで物が見えるようになったとき、最初、世界は霧に包まれているような未分明な世界に見えるそうである。そうした状態から分節化が始まる。つまり、言葉にしたがって物事を切り取る作業が始まるのである。

心理学のロールシャッハテストの場合、無意味なインクのしみを何を地と見なし、何を図と見るかで見え方が違ってくる。つまり、人間がある対象を視覚的に認識するのは、文化による慣習化にしたがった「地と図」のとり方を学ぶことにほかならない。

事故で手足を失った人の中には、なくなった手足が痒くなるような「感覚」を覚える人がいるそうだ。人間が痒みなどを感じるのは、皮膚の一部の刺激を脳が「痒い」と感じるからである。常識的にはなくなった手足が感覚を持つはずはないのだが、別の刺激によって痒みをつかさどる脳の領野が刺激されると、なくなった手足に「痒み」を感じることがあるそうだ。すると人間には脳に記憶された感覚があるということになる。これは人間の身体イメージが脳に記憶されていることを示す。メルロー・ポンティは人間とは永続的な共通感覚であって、身体図式によって身体の統一性だけでなく、感覚の統一性も行われる、という。

3　文化人類学の主要な流れ

アメリカ人類学

人類学はアメリカで発展した学問である。アメリカでは人類学を総合的に学ぶという姿勢が強い。そうした学問的な伝統では人間の自然的な側面を研究する分野を自然人類学／形質人類学といい、これに対して人間の文化的側面を研究する分野を文化人類学という。一九〇二年創設されたアメリカ人類学会は世界最大の人類学研究学会である。その目的として「人類と人類以外の霊長類のあらゆる側面を考古学、生物学、民族学、それに言語学的な手法で明らかにすること、そしてそうして得られた知識を人間の抱えている問題を解決するために利用すること」と謳っている。だが二〇以上の下位団体のあるこの学会は現在非常に細分化され、ともすれば総合人類学的な視点が失われてしまう危険性もある。

アメリカ的な総合人類学の基礎には、文化を動物と区別された人間の特徴として強調する。文化とは、本能に基づく行動ではなく、「後天的に獲得され、世代間、異なるグループ間で伝達可能」な行動である。一九世紀イギリスの進化論者タイラーは『原始文化』の中で文化を「技術、信仰、言語、社会組織、芸術、その他もろもろの生活様式の複合体」と捉えた。つまり、文化を「生活様式の複合体」として捉えた。タイラーの考えはその後ボアズ、クローバーらに受け継がれ、アメリカ人類学の大きなバックボーンになっていった。

だが、そうした文化の定義以前に、イギリスのジョン・ロックが提唱した「タブラ・ラサ」という認識論が注目される。ロックはデカルト的認識論を批判して、「人間は本来白紙（タブラ・ラサ）であって、人間に知識と観念を与えるのは経験だけである」として、実験科学と同じ地盤に立つ経験論を位置づけた。こうしたロックの認識論は、環境と人間の思考と行動という点でその後の心理学、社会学、文化人類学に大きな影響を与えた。

日本にアメリカ流の人類学が大きな影響を与えたのは第二次世界大戦以後である。日本は戦争に負け、学問もアメリカ流を取り入れた。戦前は「民族学」「民俗学」「土俗学」などと呼ばれていた分野が、戦後、文化人類学という新たな名称に変わり、総合人類学的な視点から「人間」を論じるという傾向が強くなった。ただ日本には人類学という分野が明治の初期から導入されていたが、それは形質人類学に特化した研究分野であり、文化人類学を学ぶ学会は、今でも日本民族学会と称されている（本書で人類学という場合、断わりのない限り、文化人類学をさす）。

たとえば、クラックホーンの『人間のための鏡』では、「人は自分では自分の顔を見ることができず鏡を必要とするように、小さな未開社会を学ぶことは、人間が自分自身の姿を知る機会を提供する」と主張され、文化人類学研究の目的が「他者を知ることによって自己を知ること」と述べられている。クラックホーンは、ボアズ、サピア、クローバーなどによって確立されたアメリカ人類学の第二世代を代表する人物である。彼は『人間のための鏡』の中で、文化概念を一一項目以上におよんで詳細に検討しているが、拡散的な概念という印象はぬぐえない。

アメリカ人類学の中で強調されたのが、文化相対主義という考え方である。国内にアメリカ・インディアンという他者を持ったアメリカではインディアン研究が人類学者の重要なフィールドになった。ボアズは文化相対主義の成立する根拠を進化主義批判に求めている。だが、文化相対主義の背景にサピアの「言語相対主義」があった。サピアは印欧語文法とホピ語、ナバホ語を比較しながら、言語がいかに当該文化の思考様式を決定するかという問題を追求した。サピアは印欧語とインディアン諸語には「人間の言語」としての優劣関係はないと強調した。文化相対主義はさらにそれを徹底させ、いかに奇妙に見える異文化の習慣でも、当該文化の中では意味があり、そうした違いを尊重すべきだと説いた。

フランス社会学

アメリカ人類学が「文化」を強調するのに対して、ヨーロッパでは「社会」が強調されている。文化のような捉えどころのない現象を追うのではなく、社会という限定された対象を研究すべきだというのである。一九世紀末からフランスでは、デュルケームとその弟子たちの間で「全体的社会事実」という方法論が注目された。彼らは「社会的事実」を「もの」として取り扱うよう主張した。

たとえばデュルケームの『自殺論』では、自殺を強く禁じるキリスト教ではあるが、カトリックとプロテスタントでは共同体内での宗教の位置づけが異なり、それがフランスにおけるカトリックとプロテスタントの自殺率の違いとして表れていると解釈した。このような事実を「全体的社会事実」と呼んだ。デュルケームはさらに『宗教生活の原初形態』の中で、宗教とは社会の持つこうした「全体的社会事実」であると述べている。ある社会が成立する前提にすでにその社会を秩序づける観念が伴っていなければならず、宗教の原初形態とは社会を秩序づける作用そのものであるとした。デュルケームの社会学は、イギリス社会人類学に大きな影響を与えた。

エルツは『右手の優越』の中で、人間の身体観では左右対称性はありえず、ほとんどの社会において右手が左手よりも聖なる手とされている事実を指摘した。エルツのこうした主張はその後詳細な調査から幅広く支持され、後の象徴的分類の問題を先取りした著作であった。マルセル・モースの『贈与論』は、トロブリアンド諸島のクラ交易、北米インディアンのポットラッチなどの事例を引用しながら、贈与をめぐる慣行が当該社会のネットワークの構成に大きく寄与していることを指摘した。

イギリス社会人類学

イギリスの社会進化論的論考の中でフレーザーの『金枝篇』は異色の特徴を持つ。基本的にこの本では「呪術、宗教、科学という順番で人間の思考は発達してきた」と指摘されている。しかしフレーザーは呪術に類感呪術〔形態の類似性は同じ効果を持つとされる〕と感染呪術〔部分は全体を表す〕があるのを区別し、人間が呪術的思考をなぜ受け入れることができるかを明快に指摘している。つまり、フレーザーは構造主義でいう隠喩〔類感呪術〕と喚喩〔感染呪術〕の理論を先取りしている。

フレーザーの『金枝篇』は思わぬ読者を得た。ポーランドの大学で物理学を専攻していたマリノフスキーは、『金枝篇』を読んで社会人類学への転身を決意した。病弱なため文科系学問への転身を希望していたマリノフスキーは、フレーザーに出会うことにより、現代人類学の基礎を築く人物へと成長していった。まずドイツで民族学を学んだ後、イギリスに渡り、ロンドン・スクール・オブ・エコノミックスでセリグマンやウェスターマークの指導を受けた。彼らの間ではすでに一九世紀流の進化主義に代わるべき人類学の方法が模索され、それがフィールドワークを元にする研究であった。

マリノフスキーはセリグマンの助力で、一九一四年、オーストラリアに向かい、第一次世界大戦の勃発で彼の学者としての人生に大きな転機が訪れた。オーストラリア政府はマリノフスキーに奨学金を出し、一九二〇年までの間の六年間に合わせて三回、合計三年近くの間ニューギニアの調査に従事した。後半の二回はトロブリアンド諸島の調査に集中し、現地語を学び、自らインフォーマント〔被調査者〕に質問をしていった。そのことによって、セリグマンらが端緒を開いたフィールドワークを確固とした方法論にまで完成した。

マリノフスキー以前の人類学者は、安楽椅子人類学者と後に揶揄されるようになった。安楽椅子人類学者とは「研究室の安楽椅子に深々と身を沈め、膨大な本に囲まれて思策にふける」タイプの学者のことである。研究室での思弁の代わりに実際に現地に赴き、長期間現地に滞在し、現地語を学び、調査者自らがインタビューを行い、観察をなす。そうして得られたデータを「民族誌」として記述し、他の民族誌との比較や理論構成を行う。

マリノフスキーは一九二二年『西太平洋の遠洋航海者』を書き、一気に注目された。それはクラと呼ばれる儀礼的な交易の詳細なモノグラフである。トロブリアンド諸島には時計回りと反時計回りに回る二種類の「非実用財」（赤いサンゴの首飾りと白い貝の腕輪）がある。彼らはその「財」を私有することは許されず、一定期間が過ぎると何百キロと離れた相手と相手が以前受け取った別の「財」と交換するために、カヌーを仕立てて航海する。マリノフスキーは贈与交換の理論をここで準備したというよりも、クラを巡るトロブリアンド諸島民の、カヌーの製造、カヌー製造時の儀礼とタブー、航海の技術、クラ交易のやり方と社会関係について詳細に記述した。

一九二二年、ラドクリフ＝ブラウンも『アンダマン島民』を出版した。ビルマ沖合いのインド洋に浮かぶアンダマン諸島には「ネグリート」と呼ばれる小柄な黒人種の人々が住んでいる（マレー半島にも一部いる）。ラドクリフ＝ブラウンの調査は島々でかなり異なるアンダマン諸島人の社会生活を記述しているが、マリノフスキーほど大きな影響を与えなかった。マリノフスキーとラドクリフ＝ブラウンはその後終生のライバルとなった。マリノフスキーがロンドン大学ならば、ラドクリフ＝ブラウンはオックスフォード。文学的記述の才能に富むマリノフスキーが続々とヒット作を飛ばしたのに対して、デュルケーム理論の忠実な信奉者であったラドクリフ＝ブラウンは地味な学術論文を書き続け、イギリスによるアフリカ研究者を育てた。

両者の方法は共に機能主義と呼ばれるがその中身は相当異なった。彼らの機能主義は共に「社会有機体説」を前提としていた。有機体には各器官の別があり、お互いに異なる機能を持ちながらも、「ホメオスタシス」という恒常性維持機構が働き、全体としてその有機体を維持していく作用がある。

ちょうどこうした有機体に似て「原始社会」はその内部の機能がうまく機能し、全体が維持されていくと考えた。社会有機体説が「虚構」であることは自明である。人間の社会は有機体と似た作用があるかもしれないが、有機体そのものではない。たとえば恒常性を維持するために、有機体には異物を排除するシステムがある。ところがこうした恒常性維持の考えをある社会に単純に当てはめることはできない。社会の中では価値をめぐって立場、利害の違いによって争いが起きる。そうした場合敵を排除する論理を有機体との比喩で考えると、社会のダイナミズムを理解し得ない結果となる。有機体を比喩として捉える功罪をしっかりと論じなければならない。

マリノフスキーはある社会内の文化の各要素は全体をうまく調和させるよう機能していると考えた。彼は後年植民地による文化変容の問題も扱っているが、それは彼の主な業績とはならなかった。これに対してラドクリフ＝ブラウンは他の社会との比較を通して社会構造のある要素を説明する手法を取った。ラドクリフ＝ブラウンはこうした手法により社会人類学を文学や歴史とは異なる、自然科学に近い厳密性を持った学問にしようと努めた。それは構造—機能主義と呼ばれた。

一九三〇年代はマリノフスキーの人気が高かったが、次第にマリノフスキー批判が強まり、マリノフスキーはアメリカのエール大学に移り、イギリスでの基盤を失った。一九四〇～五〇年代はラドクリフ＝ブラウンの全盛時代といえる。厳密な学としての社会人類学ということで、他の何にも還元されない民族誌的事実の把握ということが強調された。これが「民族誌的現在」という考え方である。植民地支配の影響を非常に受けていても、そうした外からの影響のまったくない社会があったと仮定し、そうした社会の家族、結婚、親族制度、神話、宗教のあり方を議論しようとした。

ラドクリフ＝ブラウンの構造—機能主義は構造人類学がフランスで起きると、その影響を受けた若手のイギリス社会人類学者によって強く批判されるようになった。そしてフィールドワークのあり方が今問い直されるようになった時、マリノフスキーが再び注目され出した。アダム・クーパーは、「弟子の養成以外ラドクリフ＝ブラウンの理論的貢献はまったく残っておらず、マリノフスキーの洞察力の方がはるかに大きな影響を与えた」と両者を比較している。

構造人類学

戦後の人類学の理論でレヴィ＝ストロースの構造主義ほど大きな影響を与えたものはない。レヴィ＝ストロースはサルトル、ボーボワールとともに哲学を学び、哲学の教授職の資格を取ったが、ヒットラーの登場はユダヤ人であった彼の人生の大きな転機になった。レヴィ＝ストロースは一九四〇年ほとんど難民のような形でブラジルのサンパウロ大学に職を求めると、従来から興味を持っていた社会人類学の勉強を本格的に始めた。そして休みになるとブラジルの内陸部にいるインディオ社会を訪れた。戦後レヴィ＝ストロースはアメリカに渡り、ニューヨークでロシアから亡命してきた同じユダヤ人言語学者ローマン・ヤコブソンと運命的な出会いをした。ヤコブソンを通してレヴィ＝ストロースはソシュールの構造言語学を知った。

ソシュールの構造言語学は言語学の革命であった。ソシュール以前の言語学はいまだに言語の歴史的変化という側面を重要視していた。ソシュールの登場に大きな影響を与えた印欧祖語の発見にしても（現在のヨーロッパ諸語の共通の祖先をたどっていくと、古代インドのサンスクリット語までさかのぼる。

それゆえ言語の共通性と歴史的変化の問題がこの印欧語祖語の発見によってなされた〔、〕まだ充分とはいえなかった。ただ後にフーコーが回顧したように、こうした言語学の発達が人間の本質と深く結びつくことが理解され、生物学、経済学における「人間」観と並んで、近代人を構成する主要な特徴となった。

ソシュールが目指したものは、「関係性としての言語学」であった。ソシュールは言語の通時態と共時態を区別し、言語の本質を見るには共時態のあり方を直視することが必要だと直感した。そして人間の言語現象を、パロール〔個々の発話〕、ラング〔パロールを可能にする集団的現象としての言語〕、そしてランガージュ〔人間として持っている言語能力〕の三つのレベルに分け、特にラングの研究の重要性を指摘した。

ソシュールのいう関係性としての言語学は、言語現象の本質を恣意性という概念で捉えたことにある。恣意性は二つのレベルで考えられる。まず「差違性と同一性」という問題である。これは言語は物理的な現象かという問題でもある。これは言語によって世界の切り取り方が違うことを説明する。その最も有名な例は、虹は何色かという問題である。われわれの常識では「虹は七色」であるが、民族誌の示すところでは虹を、五色、四色に見る例も少なくない。虹というのは人間にとって可視光である赤と青の間を連続して変化する光のスペクトクルである。この虹を何色に分類して見るかは人間の文化の問題であって、そこに普遍的な決まりはない。つまり、同じ物理現象であってもその切り取り方は言語によって異なるのである。

言語の差違性と同一性の問題に関する次の例は、口蓋によって作られた物理音を意味有らしめる構造ということになる。たとえば日本語においてｒとｌの区別がなく、多くの日本人が外国語を学ぶときに苦労する。言語が意味を持つのは、ある物理音をどのような差異と同一性の論理で区別するかということである。言葉が何を意味するかは言語のシステム内での差違性による。物質生活のあり方とは独立して言語のシステム（ひいては文化のシステム）が存在し、人間はそうやって感性や思考を発展させてきた。

言語の恣意性に関してソシュールは次に言語記号（シーニュ）の構造をシニフィアン〔能記／音〕とシニフィエ〔所記／意味〕の関係性として考えた。たとえば、英語の sister と brother は完全に日本語には対応しない。ある両親から生まれてきた子供を英語では性の違いによって区別しているが、日本語では兄／弟、姉／妹のように性と年齢の二つの基準によって区別している。また日本語の「きょうだい」に匹敵する英語の単語はない。能記と所記の結びつきはそれぞれのラングの規則に従い、物理現象に完全に対応しているわけではない。

さらにソシュールは、言語の価値〔意味作用〕は、市場で取り引きされる商品の価値と似たようなものであるという。ある商品の使用価値だけを強調してもその商品は市場では売れない。ある商品の価値は交換価値という指標で他の商品と連続させ、対比させることによりその商品の価値が初めて決定される。それと同じく、ある言語の音声構造はその言語内でどのような差違と同一性を持つのかという構造によって決定されるというのである。

レヴィ＝ストロースは一九四九年『親族の基本構造』を書き、人類学の親族理論に新境地を開いたが、それは人類学者の間でしか影響を与えなかった。ところが一九五五年『悲しき熱帯』を書き、思想家として世界的に注目されるようになった。これは文明から未開へ、未開から再び文明へと旅をしてきた彼自身の旅の記録であるとともに、ボロロ、ナンビクワラ族調査の記録でもあるが、何よりも構造人類学の宣言書であった。レヴィ＝ストロースは一九六〇年『今日のトーテミズム』、一九六二年『野生の思考』を書き、未開的な思考として文明と対比されてきたトーテミズム、神話、儀礼の問題を科学的思考とは異なる論理を持つ「野生の思考」と捉えた。さらに『神話の論理Ⅰ～Ⅳ』によって、自らの構造人類学を完成させた。

レヴィ＝ストロースの学問的背景としてソシュールの構造言語学以外に、フランス社会学のオーソドックスな方法論がある。レヴィ＝ストロースは文化を言語、人、物という三つのレベルの異なるコミュニケーションの体系として考えている。言語についてはソシュールの構造言語学が方法論を提供し、物についてはマルクスが『資本論』で明らかにした貨幣、市場、資本という方法論がある。人のコミュニケーションというのは具体的には結婚、親族の問題であるが、レヴィ＝ストロースはこの問題を解く鍵をマルセル・モースの『贈与論』に負っている。しかし、レヴィ＝ストロースの構造主義はこれだけでは説明できない。レヴィ＝ストロースは、さらに数学のトポグラフィ〔位相幾何学〕でいう「位相変換」というアイデアによってその構造主義を完成させた。

レヴィ＝ストロースは人類学の内部でまずイギリス社会人類学に深刻な分裂をもたらした。ラドクリフ＝ブラウンの流れを汲む人々は親族関係の本質を「出自」関係に求めた。親族関係とは生まれてきた子どもの社会的な位置づけと、権利と義務を明らかにする制度であるというのである。これに対してレヴィ＝ストロースの影響を受けた人々は、親族関係を「連帯」という視点から捉えた。人間は孤立して生きられないので、他の集団との恒常的関係を作らざるをえない。そうした目的のために最も有効な手段はお互いに親族関係を結び合うことである。インセスト、母方交叉イトコ婚の選好〔自分の両親と同じ性のおじ、おばの子どもが並行イトコ、異なる性のおじ、おばの子供が交叉イトコ〕などといった従来ほとんど説明のできなかった問題にこの立場は威力を発揮した〔第三章3参照〕。

エドマント・リーチ、ロドニー・ニーダムは、たまたまレヴィ＝ストロースの理論を追試するのにぴったりのフィールド〔ビルマ、インドネシア〕で仕事をしてきたということもあって、レヴィ＝ストロースの理論をフィールドで得たデータから確認し、さらに批判した。それはレヴィ＝ストロースの理論が民族誌のデータを正確に引用していないということにある。こうした事実関係のレベルではレヴィ＝ストロースに分は悪い。しかし、レヴィ＝ストロースの理論を限定的に適用しようという態度については、厳密になったかもしれないが、欠陥も出てきた。つまり、あまりにもフィールドでのデータの整合性を求めていくと、レヴィ＝ストロースの構造人類学が持っていた文明批判的なパワーが失われてしまったということだろう。

それにしても、レヴィ＝ストロースが彼自身の生み出した構造人類学の可能性をすべて追求したかどうかは別問題である。レヴィ＝ストロースは文明批判はするが、高踏的で、フィールド経験もブラジル時代を除けばほとんどない。また一九六〇年代以降の著作は哲学的深みはあっても、開発によってその生存すら危険にさらされている南米の先住民問題には冷淡で、歴史は語っても現実の歴史的矛盾には無関心であった。ソシュール研究の水準が上がった今日では、レヴィ＝ストロースの構造主義は、ソシュールの構造言語学ではなく、ヤコブソン経由の構造言語学であることがレヴィ＝ストロースの限界であることが強く指摘されている。

解釈人類学

戦後アメリカは世界各地で地域研究を始めた。これは第二次世界大戦で世界の覇権を得たアメリカの世界戦略と深くかかわる。アメリカによる地域研究の最初の世代からクリフォード・ギアツが登場した。戦後日本の社会学に大きな影響を与えたタルコット・パーソンズの弟子であるギアツは、一九五〇年代から六〇年代にインドネシア研究をなし、その後イスラムの比較研究のためモロッコにフィールドを移した。ギアツの登場でアメリカ人類学はレヴィ＝ストロースとは異なる立場から、人類学の理論的な発展に大きな貢献をすることになった。

ギアツの方法はよく解釈人類学と呼ばれる。文化を「意味の乗り物」として捉えるギアツは、人々の社会的行動を理解する現象の「解釈」をなそうとした。それはテキスト解釈ではなく、ある行為の背景にある複雑な社会関係を、「厚く記述」することであった。ギアツは、ある行為がその立場によって異なって理解されている有様を次のように述べている。

フランス支配下のモロッコ。ユダヤ人の馬行商人一行がベルベル人の襲撃を受け、馬をさらわれ、仲間は一人を除いてすべて殺されてしまった。こうした襲撃は日常茶飯事で、このような場合、ベルベル人とユダヤ人との間に「族際法」が存在していて、紛争解決のシナリオができていた。残った一人のユダヤ人は、一人でベルベル人と交渉し、奪われた馬を取り戻し、殺された仲間の補償金も得た。ところが、モロッコを支配していたフランス人にはそうした「族際法」の存在は荒唐無稽で、かえってそのユダヤ人をスパイと見なし、彼を罰してしまった。

ギアツのいいたいことは、ある事実の背景にある多層的な現実である。人はそうした重層性の中から、利害と理念に応じた行為をなすということである。こうした視点はギアツが基本的にはマックス・ウェーバーの方法論を継承するものであることを意味する。ウェーバーとの違いは、ウェーバーの時代には存在しなかったフィールドワークという方法を通して歴史を動かすダイナミズムを考えようとしたことである。

ギアツは単に民族誌を書こうとしたのではない。第一一章で詳述するように、ギアツにはある民族誌を当該社会の近現代史の中でどのように位置づけることができるのかという問題意識が常にあった。ギアツの名声を決定的にした『文化の解釈学』『ローカル・ノレッジ』では、文化、宗教、芸術の理論以外に、政治人類学的問題にもかなりなスペースが割かれている。そうしたことは『ジャワの宗教』(一九六〇)、『農業のインボリューション』(一九六三)、『行商人と王子』(一九六四)といった「解釈人類学」宣言以前の仕事を見ればよく分かるし、一九八〇年に書かれて大きな影響を与えた『ヌガラ――一九世紀バリの劇場国家』では、政治の演劇性という問題が分析されている。

第二章　異文化への視線

1　未開と文明

「バルバロイ」と「中華」

「歴史の父」古代ギリシャのヘロドトスの『歴史』は、歴史を考えるのみではなく、古代人が異文化をどのように捉えていたかを示す書としても見なせる。ヘロドトスの世界はギリシャとヨーロッパ、フェニキア、ペルシャ、インド、エジプト、リビアからほぼ構成されていた。ギリシャ人以外のこうした世界に住む民はバルバロイと呼ばれていた。ヘロドトスはギリシャとの風俗の比較から、彼らの特徴を描いているが、それはどこまでが伝聞か自分の観察か区別が難しい。それに彼我の解釈には「偏見」が込められている。

たとえば、「エジプト人はこの国独特の風土と他の河川と性格を異にする河に応じたかのごとく、ほとんどあらゆる他民族とは正反対の風俗習慣を持っている」と記している。それは彼我の特徴を対比的に描く手法であるが、誇張に満ちている。エジプト人の女は市場に出て商いをするのに対して、男は家にいて機織りをする。エジプト人の祭司は髪を短くする。エジプト人は死者が出るとそれまで短くしていた髪と髭を伸びるに任せる。他民族が家畜とは別に生活するのに、エジプト人は家畜と同居している。またペルシャ人はギリシャ人と比べて頭骨が脆いとされている。その理由は「ペルシャ人は額の髪の毛を剃り、縁のついた帽子をかぶる習慣があるので、太陽に晒されないから」と驚くべき診断を下している。

バルバロイのさらに外側に、実に奇妙な「人間」が住んでいたことが記されている。ナイル川の砂漠地帯を越えると、色の黒い小人族がいたり、魔法使いの国があった。スキタイ人の外側には一年のうち半分は眠り、半分は起きている人々とか、人食い人種がいたり、一年のうち数日はオオカミに変身する民族がいるとされている。時にはヘロドトス自身も彼の伝聞した話があまりにもばかばかしいと思われたりすると、「自分は決してそんな話は信じない」と述べている。また、女性戦士アマゾンの住む国がカスピ海の奥にあると報告されている。アマゾンとはア・マゾンを語源とし「乳なし」の意味である。成長して乳房が大きくなると弓を引くのに邪魔になるから、アマゾン戦士は乳房の一つを切り落とすためだという。

こうした異文化への誇張と侮蔑的な視線は何も古代ギリシャ人の特権ではない。

黄河中流域〔中原〕に発した中国文明は、近代に至るまで「中華思想」と共にあった。中華とは超民族的概念で、民族とか国民とは相容れなかった。中国では世界を意味する「天下」は民族や宗教ではなく、「華夷内外の弁」すなわち中華と夷狄《いてき》、内と外の規範的区分によって構成されていた。この規範を成り立たせていたのが文字言語〔漢字〕に代表される文化の象徴体系であり、それを可視化した「礼」という行為準則であった。たとえ夷狄であろうと、この礼と漢字を習得することで、中華の一員になることが可能だとされていた。中華帝国の統治理念はその「文化主義」にあった。ここでいう文化とは「文もて化す」、つまり王者の徳による教化（王化）を意味する。中心（華）から周縁（夷）に放射状に波及していくことで、理想的な政治秩序が形成されるとされた。

ところが、一九世紀から列強の手によって清が植民地支配を受けると、ナショナリズムの高揚とともに中華とは漢民族を表すとされ、漢民族を中核民族とする周辺民族の協調の下に独立国家の建設が理論化された。

聖なる野蛮人

だが異文化への視線が近代ヨーロッパに入ると、進歩主義による社会の発展段階論へとつながっていった。

一四九二年のコロンブスの新大陸の発見後、続々とスペイン人が新大陸に渡り、金銀財宝の略奪とインディオ〔インディアンのスペイン語発音〕を虐待し始めた。これに対してキリスト教の布教に赴いたドミニコ会士の宣教師モンテシノスは、「彼らも人間だ、自分の道徳に照らして恥を知れ」と厳しく糾弾した。モンテシノスの行動はスペイン本国でも問題視され、彼は国王の喚問を受けるために本国に召還された。フランシスコ会宣教師は植民者を支持し、「インディオたちの悪に満ちた生活」を告発した。一五一二年両派と神学者、法律家を交えた会議が二〇回以上も開かれ、インディオ虐待の事実、奴隷化の可否が論じられたが、根本には「インディオが果たして人間であるかどうか」という論点があった。

コロンブスは自分の「発見した」カリブ海の島々で出会ったインディオが、同じ「人間」であるとは半信半疑であった。入植したスペイン人たちは新大陸に黄金に富む理想境「エルドラド」とか、女戦士の国「アマゾン」〔アマゾン川の名前の由来〕を空想していた。こうした空想以外に、彼らはほとんど全裸のインディオが昆虫などを平気で食べるのを見て、「原始的で悪徳な人間」と結論づけた。「インディオは理性を持った人間ではない。だから彼らを酷使しても、たとえ死んでも何ら問題はない」とされた。つまり、論争の中心はインディオに法が与えられるべきか、あるいはキリスト教の福音によって救済されるべき人間であるかどうかということであった。

そうした中、ルソーの「聖なる野蛮人」という考え方は注目に値する。ルソーは『人間不平等起源論』において、私有観念に基づく文明社会の誕生に人間社会に見られる不平等の起源を見ようとした。そうしてルソーは野蛮人とさげすまされていた新大陸の住民を「聖なる野蛮人」と呼び、文明による悪弊に染まっていないという意味で理想的な生活をしていると当時の価値観を転倒させた。

ルソーの主張は、ロックなどの啓蒙主義者の自然権という考え方に依拠していた。自然権とは人間が人間として生きる所与の権利のことである。それは何にも還元できない権利とされていた。ルソーは社会契約論によって、国家と個人との間に契約関係がなりたっていると主張したが、その契約関係はいつでも破棄できるもの、すなわち抵抗権を導く権利概念でもあった。ルソーの思想はその後フランス革命を導くものとして高く評価されたが、ここでいう「人間」とは、近代市民社会の主人公であったブルジョワ層のことであって、国内のマイノリティ、女性、非ヨーロッパ社会の住民は含まれていない。

レヴィ＝ストロースは「ルソー生誕二五〇周年記念シンポジウム」で「人類学の創始者ルソー」という講演を行った。そこでレヴィ＝ストロースはルソーの他者への関心を人類学的認識の第一歩だと見なす。それはデカルト的コギト〔明証なるものとしての自己〕を疑わせ、自己と世界の間に存在する他者としての諸民族への関心である。レヴィ＝ストロースのこうしたルソーへの共感は、啓蒙主義の申し子としてのルソーの進歩性を明らかにするが、今やわれわれはその負の側面にも目を向けなければならない〔第一〇章1参照〕。

社会進化論

一九世紀は進化論全盛の時代であった。現代人類学では社会進化論的な発想を根拠のないものとして捨て去る傾向が強く、人類学の歴史は二〇世紀初頭のフィールドワークの確立から始まるとされるのが一般的となっている。しかしながら進化主義的発想を拒否して始まったフィールドワークの方法そのものにも疑問が呈されている今日、一九世紀の進化論を今一度検討しておく必要がある。

社会進化論の代表として、バッハオーフェンは『母権論』の中で「原始乱婚→母権制→父権制」への移行を主張し、タイラーは「アニミズム→多神教→一神教」という宗教の発展図式を描き、フレーザーは「呪術→宗教→科学」という人間の思考様式の発展段階を考えた。だが、アメリカの法制史家モルガンは多彩な人で、弁護士、動物学研究家、そしてイロコイ族の婚姻制度を調査し、人類の社会進化の問題を考えた。その集成が一八七七年書かれた『古代社会』である。モルガンの『古代社会』を読んでマルクスは「『古代社会』ノート」をとり、エンゲルスは『家族、私有財産および国家の起源』を書いた。モルガンの『古代社会』はマルクス、エンゲルスが史的唯物論を完成させるために大きな影響を与えた。

モルガンは、バッハオーフェンの進化論を受け継ぎ、すべての人間社会は原始、野蛮、未開、文明という段階を必ず経て発展すると考えた。モルガンは原始乱婚の時代から野蛮を経て、未開、一夫一婦制の文明社会へと至る過程で、人間社会は血縁家族（親子では結婚は許されないが、直系および傍系間の兄弟姉妹間では結婚は許される）、プナルア家族（男女とも複数の配偶者を持ちその中に実の兄弟姉妹が排除されていない形態）、対偶婚家族（一夫一婦制の萌芽と考えられるがその関係は永続的はなく、刹那的）、家父長制家族を経て進化してきたと考えた。

モルガンのこうした思弁の根拠になったのが、親族名称の問題である。ある親族関係をどのように記述するかという問題は現代でも親族関係論の重要なテーマである。その意義を指摘したモルガンの功績は大きい。モルガンはアメリカ東海岸のイロコイ族およびポリネシア人社会の親族名称の事例から大胆な人類社会の発展図式を考案した。モルガンによると家族の諸形態はそれに対応する親族制度を成立させる。ところで親族制度はその基礎となった家族形態が消滅した後もなお存続し続けているから、現存の家族形態と矛盾する親族名称が存在しておれば、それは前の段階においてその親族に対応する家族形態が存在したことを示す。親族名称は親族制度が滅びても、なお存続し続けていると仮定した。

モルガン説はその後一九一七年のロシア革命の成就によって共産党の公式の歴史見解となり、国際共産主義運動という政治的な領域で重要な文献とされてきたが、文化人類学の学説上は、二〇世紀に入って「反進化主義」が優勢になってくるにつれて捨てられてしまった。モルガンの考えは、まず家族制度のあり方と親族名称の関係を歴史の時間軸に置きなおして考えようとしたことに最大の誤りがあった。たとえば兄弟姉妹をまったく区別しないような親族名称があったとしても、それは血縁家族の存在を根拠づけるものではなく、別の解釈が考えられる。

2　文化を書く

民族誌の正当性

進化論も伝播論も全人類史、全地球的規模を相手にした根拠の薄いデータを基にした思弁によるグランドセオリー時代の学問の特徴を示す。マリノフスキーは進化主義、伝播論を激しく攻撃し、精密なフィールドワークによる調査データの収集こそが、新しい学問の取るべき方法だと主張した。だが、フィールドワークによって、調査者は何を見、何を記録するのだろうか。言葉の問題をクリアーしたとしても、そこに調査者による「偏見」はないのか。男性の調査者に女性の世界は観察可能なのか。

初期のフィールドワーカーは、調査地の生態環境や生業様式、社会組織や政治、それに宗教といった分野を「全体論的」に記述し、それに満足していた。だからこそ、「誰も入ったことのない」処女地という形容詞はフィールドワークを行う決定的な理由としてあげられた。とにかく記録がないのだから、何らかの記録を残すことそのものに意義があると考えられた。

「人間の社会では実験ができないから、異なる文化を調査することにより比較を通して一種の実験をすることができる」とクラックホーンは『人間のための鏡』で言っている。比較を一種の実験として捉えることは間違いではないが、ここで問題になるのは比較の前提である資料の「正しさ」を誰が、どのように保証するかということである。現地で生きられた世界を、人類学者が見て、それを民族誌という形に纏め上げた場合、「事実」はいったいどこにあるのか。「生きられた世界」であるとすると、現実に体験する以外は真実はどこにもないことになり、人類学という学問は成立しなくなる。では「人類学者の書く民族誌の中」に真実はあるとすると、同じ調査地を異なった人類学者がしばしば異なった結論を導くのはどうしてなのか。人類学者の数だけ真実があるのであったら、そこでも学問は成立しない。

『マリノフスキー日記』の衝撃

マリノフスキーの死後二五年を経て、マリノフスキーが自分の母語であるポーランド語で書き続けた日記が、二番目の妻の手によって公刊されると、大きな反響を呼んだ。『マリノフスキー日記』は、理想のフィールドワークをなしたと疑問に晒されることのなかったマリノフスキーの調査のあり方が、苦渋や原住民社会への違和感、あるいは彼らへの差別意識に満ちた中でなされたことを白日の下に晒してしまった〔公刊された日記は一九一四〜一五年、一九一七〜一八年の期間だけである〕。

マリノフスキーは、しばしばトロブリアンド諸島民を「人非人」と記し、「原住民《ニガー》がうるさい、単調な生活と原住民《ニガー》にうんざりした」などと日記の中では不満をぶちまけている。ニガーというのは当時のヨーロッパ人の用法では、「アフリカ系黒人だけではなく、メラネシアの茶褐色の人々をもさすごく一般的な言葉」であった。現代では明らかに差別用語であるが、マリノフスキーが明確な差別意識でこの言葉を用いていたかどうかは、議論の余地がある。だが、そこにトロブリアンド諸島の人々を原住民と呼んではばからない、植民地状況があったのは確かである。

マリノフスキーも一人の悩める人間であるという評価は当然認めないとならないが、調査というものは、住民との信頼感に満ちた親密な人間関係（ラポール）の形成によってなされるべきだというフィールドワークの前提を根底から崩してしまった。またマリノフスキーの存在は周囲にはかなり異様に映ったようで、彼の頭の中では整理された質問も、周囲の者には理解が難しく、時には同じことを何度も繰り返し聞いてくる態度にも、閉口させられていた。

調査地が自文化と異なる環境であればあるほど、適応には時間がかかり、相手との交渉には苦労させられる。また健康の面でも快適な環境とはいいがたい土地での調査が多く、なれない気候からくる病気、ストレスは計り知れない。だが人類学者の調査とはそうした苦労、苦悩を越えたところに実現する「約束の地」に達しえるものであるという前提を『マリノフスキー日記』は根底からひっくり返してしまった。

民俗モデルと抽象モデル

ソシュールの構造言語学から言語学は急速に進歩し、アメリカではレヴィ＝ストロースとは異なった形で言語学の影響が文化人類学の研究に及んできた。その一つが一九五〇年代にパイクによって提唱されたエミックとエティクという考え方である。エミックとエティックは言語学の音素論

phonemicと音声学phoneticの違いに基づく。エミックとは個別言語の内部で意味を持つ対比、たとえば日本語におけるrとlの違いのように、自然音を対比させそれが意味のある対比となるのは個別言語の問題であるという視点である。ところが、まだ表記法の確立されていない言語の調査では国際音声字母によって表記するシステムが確立している。そうした場合のように個別言語の外側から眺めてその言語の特徴を捉えるのをエティックという。

パイクはこうした言語学から導き出された方法が文化の問題にも適用できると考え、その一例として親族名称、親族呼称の研究をあげた。要素分析componential analysisと名づけられたこうした研究分野はグッドイナフによるアメリカ家族の研究に適用されたり、コンクリンの民俗分類の研究に継承されたが、擬似数学的な過剰な精密化を目指したため大きな影響を与えることはできなかった。

その元の意味がどうであれ、エミックとエティックの対比は一般的には文化における「民俗モデル」と「抽象モデル」の問題として捉えられる。

ギアツが報告するバリ島の事例では民俗モデルとしての「人間／動物」が頻繁に確認される。バリ島では悪の世界は「ブータ・カーラ」と呼ばれる悪鬼たちが跳梁している地下の世界と結びつく。悪魔ランダやブータ・カーラは鋭い大きな牙を持ったイコノグラフィーで特徴づけられる。悪魔がこうした属性を持つとされるので、バリでは人間の犬歯は人間の中に見られる動物的な属性の顕れだとされる。だから子どもから大人への通過儀礼の中で、犬歯や門歯をヤスリで磨耗させる「削歯の儀礼」が重要となる。一九三七年ごろバリ島の調査をなしたマーガレット・ミードとグレゴリー・ベイトソン夫妻は「バリ島では子どもが這って歩くことを嫌う、それは動物を想起させるからだ」と述べている。

ギアツは、『マリノフスキー日記』の衝撃を「民俗誌的事実の正当性」の問題だと捉え、彼自身のジャワ、バリ、モロッコにおけるフィールドワークの経験から導き出された「人の概念」の違いを整理することで、「住民の視点から観ることはどういうことであるか」を論じている。そこでギアツはジャワにおける「人の概念」が哲学的なのに対して、バリは演劇的だと述べている。だがこうしたギアツの「住民の視点」という立場にも、当該住民をあまりにも対立意識のない存在と捉えすぎているとの批判がある。

機械的モデルと統計的モデル

レヴィ＝ストロースが『親族の基本構造』を発表した後、最も厳しい批判がロドニー・ニーダムから寄せられた。レヴィ＝ストロースの理論では、インセストタブー〔近親婚の禁忌〕と外婚制〔結婚の相手をある集団の外で見つけないとならないとする制度〕は同じ規則の異なった表現とされる。近親間で結婚してはいけないというインセストタブーが発生するのは、劣性遺伝を防ぐためという遺伝学的な理由づけや心理的な要因に還元できるのではなく、人間の集団同士が女性を交換するために生み出した社会的な制度だというのである。逆にいうとインセストタブーの成立が人間社会の起源だという。レヴィ＝ストロースのインセストタブーの起源論はその後霊長類学の急速な進歩によって否定されたが、ここではそのことは重要ではない。

ニーダムは具体的な民族誌の検討から、レヴィ＝ストロースがインセストの忌避と外婚制の問題を混同していると批判した。つまり、インセストと外婚制はまったく別の問題であって、その両者の範囲が一致することは民族誌では稀である。また、レヴィ＝ストロース理論の中核である「母方交差イトコ婚」の選好という問題も、それは規則ではなく、当該集団における規範であって、多くの結婚は当事者の意志（感情）に基づいてなされていると指摘した。

これに対してレヴィ＝ストロースは、現実の社会では規則に基づいて結婚がなされるわけだから、母方交差イトコ婚を行う割合が統計的にみて多くなるから、それを「規則といおうが規範といおうが結果的にはあまり変わらない」と反論している〔機械的モデルと統計的モデルの一致〕。ニーダムの主張は、構造主義的なモデルと民俗モデルの一致を見出そうとする貴重な試みとして評価できるが、レヴィ＝ストロースの反論はあまり説得力がない。

レヴィ＝ストロースの構造分析では、『親族の基本構造』におけるインセスト問題でも、あるいは神話、儀礼、トーテミズム〔ある集団が特定の動植物と一定の関係を持つという信仰とそれにかかわる慣行〕の問題の分析でも、人間の分類的思考の基礎として自然／文化、動物／自然という対比が常に重要な武器となっている。たとえば先のバリ島の事例ではレヴィ＝ストロースだったら、人間と動物に関するバリ島の民俗モデルを、自然から文化を構成する人間の思考様式の特徴的な現れだと結論づけるだろう。削歯の儀礼は、バリの人間を動物的な属性から真の人間としての属性を持った存在にメタモルフォーゼさせる儀礼だと解釈される。

レヴィ＝ストロースの構造主義的な考えでは常に分析の結果がフィールドのデータの中にあるのか〔民俗モデル〕、それとも分析者の頭の中に存在するのか〔抽象モデル〕が議論される。ギアツはこうして最終的に自然／文化、動物／人間のような二項対立に還元していくような構造主義は文化同士の差異を消し去っていくと批判している。

しかしながら、レヴィ＝ストロースの構造主義をあるテキスト、文化内での分析の道具だと理解するとその可能性は失われてしまう。それはレヴィ＝ストロース自身にもいえることではあるが、テキスト間の関係性の発見にこそレヴィ＝ストロースの構造主義の最大の特徴がある。今後構造主義は「新たな関係性の発見」という側面で再び活性化される必要がある。

オリエンタリズム

パレスティナ出身のエドワード・サイードは、西欧文明がイスラム社会との対立の歴史の過程で、イスラム社会を他者化して、自己の欲圧された欲望の投影と他者の過剰なまでの暴力性、非人間性を強調してきたことを明らかにした。サイードはこうした傾向を「オリエンタリズム」と呼んだ。サイードの問題意識は、ミッシェル・フーコーと並んで、「知の政治性」ということである。

たとえば『アラビアンナイト』がヨーロッパ社会にどのように受け入れられたかを見てみよう。「アラジンと不思議なランプ」「アリババと四〇人の盗賊」など奇想天外な物語が連続する『アラビアンナイト』は、イギリス人バートンの手によってまるでポルノ小説であるかのような脚色を施されてヨーロッパ社会に紹介された。『アラビアンナイト』は侍女のシェーラザードがある王様の夜伽の話として千夜一夜にわたって語って聞かせたという物語だから、性的な話題が織り込まれているのは事実だが、原典ではそれは十分抑制の効いた語り口であるのに対して、バートン版では過激な性描写で人々のアラブ、イスラム社会へのイメージを掻き立てた。

西欧ではキリスト教が次第に権威を獲得するにつれて、性的なタブーが厳しくなっていった。フーコーの『性の歴史』が明らかにしているように、近代家族に見られる一夫一婦制の強調とそうした家族制度を文明の最も進化した形態と見なす考え方は、たとえばギリシャ時代に普通に見られた同性愛というものを異端の性習慣として抑圧し、異性愛を正常な性行為として過剰に宣伝していく結果となった。

こうした抑圧された西欧の性意識は、他者化されたオリエントにそのはけ口を見出した。エロチック・アラブというイメージである。日本でも西欧流のオリエンタリズムは影響を与えた。スチームバスと男性によるマッサージの組み合わされた入浴法がトルコにあるのは事実だが、日本で「トルコ風呂」とはこうしたトルコ本来の入浴法とはまったく異なる、事実上の売買春のための隠れみのであった。日本に留学したあるトルコ人男性が「トルコ風呂という名称はトルコ人を傷つける」という悲痛な訴えを起こして、業界も大いに反省し、「トルコ風呂」という侮蔑的な名称は消えた。

マリノフスキーはフロイトの精神分析学に興味を持ち、自分の調査資料を用いてその批判も試みた。マリノフスキーはフロイト精神分析学の中心的な概念である「エディプス・コンプレックス」(父を殺し母を妻とする古代ギリシャのエディプス王の物語に由来。息子は父親の強い権威に去勢の不安を覚え、成長のある段階で父親と母の愛をめぐって葛藤を起こすとした。息子はこうした感情を克服してみずからが父となり新たな文化を創造する)は西欧流の、特にユダヤ人であるフロイトの家父長制的家族の伝統の中から創られたと推測していた。だからそうした家族制度とはまったく異なる社会においては、フロイトのいうエディプスコンプレックスは存在しないと考えた。

トロブリアンド諸島は母系制社会である。母系制社会というのは、ある人間と先祖とのつながりが母方親族を排他的に辿っていく社会をいう。トロブリアンド諸島では、女性の妊娠にはバロマと呼ばれる霊が決定的な役割を果たす。バロマが女性の子宮に達して妊娠は完全となる。トロブリアンド諸島では「母の愛人」という意味の言葉はあるが、日本や西欧社会でいうところの「父」に匹敵する言葉はない。少なくとも日本でも西欧社会でも「父」とは血縁関係を辿れるgenitorであることと、生まれた子どもの法的な責任を持つpaterの二つの意味がある。ところがトロブリアンドでは「ジェニター」という面では「母の愛人」はかなり存在感が希薄であり、「ペイター」という意味では子どもの母方おじ〔母の兄弟〕がそうした地位にふさわしい〔これは多くの母系社会の特徴である〕。実際、マリノフスキーはトロブリアンドにおける母方おじと姉妹の子どもとの関係をフロイトのいうエディプス関係になぞらえて理解している。

マリノフスキーの『未開人の性生活』の中身は決してポルノではなく、トロブリアンド諸島民の性的成熟と結婚、姦通の問題を淡々と扱っている。この本はマーガレット・ミードの『サモアにおける思春期』の線に沿った内容である。ミードは「サモアでは西欧社会に見られるような思春期の葛藤がない、その理由はサモアでは結婚前の性交渉が自由であり、夜這いが慣習化している」と報告した。ミードのこの報告は性に関する西欧的価値観とまったく規範を異にする社会が南太平洋に見られるということで、人類学のみならず関連学問分野にも大きな影響を与えた。しかしながらサモア人からの反撃を受け、また人類学者フリーマンも痛烈にミードを批判した。だから、トロブリアンド諸島民は

「結婚前に性的自由を謳歌している」と彼らの性生活が自由かつ奔放であるともとれるマリノフスキーの記述は、後にトロブリアンド諸島の人々の反発を買った。また性交渉と妊娠との因果関係を原住民は理解しないというマリノフスキーの観察も「単にかつがれただけだった」可能性もあると最近では指摘されている。

こうした初期のフィールドワークの名作が現在次々に批判にさらされている。ミードの調査は一年足らずで、しかも通訳を使った調査だったので、フィールドワークの質という点では雑であるといえる。それよりもミード批判がミードの死後噴出してきたのは、ミードが「ゴッドマザー」と呼ばれてアメリカ人類学会を牛耳っていた権威であったこととと関連する。フリーマンがそうしたアメリカ人類学とは一線を画するオーストラリア人であったことが自由な批判の眼を維持できた理由である。

一九八四年「民族誌を書く」というテーマでシンポジュームを組織したジェイムズ・クリフォードは現在の民族誌学の課題を次のように整理している。「いまや書くという作業を行なうとき、言語、レトリック、権力、歴史といった付随事項に正面から向かい合うべきである。文化の研究においては私たちはもはや全体の真実を知ることはおろか、それに達しようと主張することもできない。部分的な真実しか書けない、と認めることに新たな民族誌のスタートがある」。民族誌が従来考えられてきたようには「事実」を伝えていないことは明らかになったが、それに代わる方法はいまだ開発されてはいない。こうした模索の中から次の時代の文化人類学の方法が見出されるのを願うしかない。

3　文化相対主義の諸問題

文化相対主義の限界

クレタ島生まれの詩人で予言者のエピメニデスは、「全てのクレタ人はうそつきである」といった。これが古来有名なエピメニデスのパラドックスである。逆理ともいう。すなわち、もし彼のいったことが正しければ彼もうそつきである。したがって上の言明は正しくない。

文化相対主義もこうしたパラドックスをはらんでいる。文化相対主義を徹底すると、不可知論に陥る。すなわち、「あらゆる文化の価値規範にはどんなに奇妙なものだと見えても当該文化の中では合理的な規範である」とする文化相対主義の立場は、自分の文化の価値規範を完全に捨て去り、異文化の価値規範を自分のものにするのでなければ他の異なる文化を理解することができなくなる、ということにつながる。こうしたことは不可能だから、文化相対主義の立場は結局、異文化を尊重しましょう、というスローガン程度の「規範」になってしまう。

文化相対主義が唱えられた背景には、進歩進化に関する一九世紀的な発想に対する異議申立てという側面があった。進歩進化という発想から、原始、野蛮、未開社会を想定し、「奇妙な」慣行を進化という直線的な時間軸の中に位置づける作業を一九世紀はやってきた。こうした認識方法を批判しながら、フィールドワークによる事実の収集という民族誌学の方法論が確立してきた。文化相対主義はそうした批判を成立させる最大の要請であった。ところが、文化相対主義を唱えることによって、ある文化／社会を批判することができなくなった。政治的にいえば、文化人類学は対象文化の中の整合性だけを強調して、その中の矛盾を認識できなくなった。これは文化というものをどのように捉えるかという中心的な課題である。

社会科学の歴史の中ではマックス・ウェーバーのいう「価値自由（ヴェルトフライ）」の問題が研究者の間で深刻な対立をなしてきた。従来「ヴェルトフライ」は「没価値」として訳され、研究者は現実の問題について判断停止をするべきであるという、きわめて消極的な方法が推奨されてきた。ところが「没価値」ではなく、「価値自由」と訳すべきであるという見解が一九七〇年以降強力に唱えられてきた。「価値自由」というのは、社会科学的な事実の認識においては、現実の価値規範から自由な立場というものは存在せず、むしろある立場に立つということを積極的に認めながらも、それにとらわれないという意味で自由な立場を取るべきだというものである。

マリノフスキーやミードの民族誌にぬぐいがたい植民地主義が存在し、こうした視点による他者の設定が人類学的認識の根底にあったことは大いに糾弾されねばならない。だがそれとともに、文化相対主義を唱えることにより、異文化と等距離を取りうると自己設定し、結果的には批判という視点をまったく放棄してしまうという結果も文化人類学は招来してきた。日本では戦後文化人類学的な観点が大いに人気を博した。戦後の高度経済成長とともに、国際化の時代が叫ばれると、皮肉なことに文化人類学はその魅力を失ったともいわれている。そこには植民地的状況への認識もなしに、また国際政治や世界経済という大状況への関心も理解もなしに、小さな規模の社会をその歴史的な状況抜きに理解しうると考えてきた文化人類学の前提そのものがまったく通用しなくなってきたことにつながる。

文化相対主義への疑問は価値自由という社会科学全体の問題と関連して理解されるべきであろう。

女子割礼

文化相対主義の応用問題として「女子割礼」論争を考えてみよう。アフリカからアジアの諸民族では、幼児から少年に変わる過程において、男性器の先端の包皮部分を切り取る儀礼（割礼）が広く行われている。通過儀礼の一部として強調されると、ヴィクター・ターナーがアフリカのンデンブ族で報告したように、同年代の男性が村から隔離され、割礼を受けて大人としての知識を伝授された上、名前を変えて村に戻ってくる（死と再生）。インドネシアでは特にイスラム信仰の篤い人々の間で割礼がなされるが、集団で行われることはない。また欧米諸国では医学的な理由から新生児に対して「医学的割礼」を行う場合が多い（亀頭が包皮で蔽われていると不潔だというのである）。

これに対して女子割礼とは、アフリカやイスラム社会で行われており、そのやり方もさまざまである。吉岡郁夫の整理によると、女子割礼には次の四種類がある。

1型　狭義の割礼。クリトリスおよび小陰唇の大部分を残して包皮のみ切除するものである。アラブ社会では「スンナ割礼」と呼んでいる（インドネシアでもこうした割礼を新生女児に行う）。

2型　外陰切除。包皮、亀頭、およびそれに接する小陰唇の一部または全部をいっしょに切除するが、大陰唇の切除は行わない。エジプトでは禁止されるまで最も普通に行われ、スーダンでは膣閉鎖が禁止されて以来このやり方が最も普通になった。このタイプの変形として、北東アフリカではクリトリスの全部を灼熱した木の燃えさしで焼灼する。

3型　膣閉鎖。外陰部の全切除に加えて、陰核の縫合を加えたもの。この手術はスーダンで一般に行われたもので、「スーダン式割礼」と呼ばれていた。外陰の全切除は「ファラオの割礼」とも呼ばれていて、古代エジプトで行われていた。この手術では尿と経血の通る穴を残して、クリトリス、小陰唇、大陰唇のほとんどすべてを切除してしまう。

4型　膣切開。オーストラリア原住民の間だけで行われ、膣口を下方（後方）に拡大する手術である。この手術は男性の尿道切開と同じように、結婚の準備として行われた。

ホスケンは女性の人権を守るという立場から、WHOを通してこうした「非人道的な」女子割礼の廃絶のために努力している。女子割礼は麻酔もなしに非衛生的な道具と術後の充分な手当てなしになされる場合が多いので、女性の健康に大きな影響を与えている。たとえば出血と病菌感染、出血と苦痛によるショック、破傷風、血毒症、壊疽、敗血症、排尿困難、隣接部への二次的損傷などの病気や障害が報告されている。また陰部封鎖の場合、出産の際そのままだと母子ともに死ぬので、外陰部を切除しなければならない。また生理が困難になり、陰部封鎖の場合、性交のとき縫い口を切開することが必要となってくる。

女子割礼論争

アリス・ウォーカーの『カラー・パープル』は、白人に差別されてきたアメリカ黒人社会の中の、家族関係、暴力、強姦といった男性と女性の問題を見事に抉り出したことで一躍脚光を浴びた〔訳書名は『紫のふるえ』〕。その延長上にアリス・ウォーカーは『喜びの秘密』（一九九五）を書き、女子割礼論争に一石を投じた。女子割礼は、中国の「てん足」と同様、「抑圧者が女の自由を奪うために押しつけた残酷な行為であり、民族の文化などではなく、単なる女性への虐待、性暴力である」とアリス・ウォーカーは訴えている。アリス・ウォーカーのこの告発に主に先進諸国の女性から賛成が寄せられたが、彼女が期待したアフリカ諸国の女性からはかなり手厳しい批判が投げかけられた。

さらにアリス・ウォーカーは、映画監督プラティバ・パーマーと『戦士の刻印』を書き、同名のドキュメンタリー映画を製作し、アフリカの女性性器切除の風習を厳しく批判した。この映画は、一九九四年国連主催のカイロ人口開発会議で上映され大きな議論を巻き起こした。女子割礼に関して、一方では女性の人権侵害だからやめるべきだという主張と、他方では民族固有の伝統と文化によその人間が口だしするなという主張とが対立して、激しい論争を巻き起こしたと一般的には考えられている。

しかしながらWHOによる「上からの」勧告にもかかわらず、また女性の健康上の理由にもかかわらず、女子割礼は廃絶されない。何故か。なぜアフリカ、中東の人々は、女子割礼にこだわるのだろうか。すると女子割礼を行っている人々の「理由づけ」を理解することが重要となってくる。

多くの場合、女性の処女性の証明としてこの女子割礼がなされることが多い。前出の1と4を除いた2と3のタイプ、特にファラオ型と呼ばれる3型が槍玉に挙げられた。ホスケンは女子割礼の執刀者が職業として収入を上げる確実な方法であることをまず指摘している。次に女子割礼を受けていない者は性欲が強く、貞節が欠け、結婚に不向きだとされている、と述べている。

アフリカ諸国では結婚において花婿側から婚資〔金銭の場合もあれば、牛などの家畜の場合もある〕が支払われる。その婚資を支払う条件として花嫁は点検され、膣がちゃんと閉じているかどうか確かめてから婚資が支払われる。だから花嫁の父親が婚資の受け渡しという社会的な制度を維持していくために娘に女子割礼を強制するケースがほとんどである。陰部封鎖は結婚後切開されるが、離婚して再婚を望めば、再び陰部封鎖をしなければならないこともある。

アフリカ系移民の多いフランスでは自分の娘に女子割礼を施して傷害罪で告発されるという「事件」がニュースで報じられた。アフリカからの移住者団体は「割礼は伝統であり、欧米の批判は文化的な帝国主義だ」と主張し、それに反対する人権擁護団体との間で激しい論争が続いている。

女子割礼問題で侃侃諤諤の議論がまきおこっている。議論は一見、人権の立場から女性への暴力である女子割礼に介入できるという立場と、そうではなく地域固有の習慣には文化相対主義の立場から介入できないとする立場の違いというように整理されがちである。ホスケンやアリス・ウォーカーらの立場が前者の典型である。そして彼女らを批判する立場を、「文化相対主義」という名目でひとくくりにした整理がなされるようだが、事実はそう単純ではない。

まず、女子割礼という言葉そのものが正確ではないと批判された。女子割礼とは男子割礼Circumcisionと対比して用いられている言葉である。だが、男子割礼が亀頭先端の包皮を切り取る程度であるのに対して、女性の場合、クリトリス、小陰唇、大陰唇をすべて切り取り、場合によっては膣の入り口を封鎖してしまうほどの手術を施す。これは女子割礼Female Circumcisionではなく、女性性器切除（ＦＧＭ：Female Genital Mutilation）と呼ぶべきだという意見が主張された。ところがこうした呼び方も欧米の価値観からするアフリカの断罪であるとして、女性性器手術（ＦＧＳ：Female Genital Surgery）と呼ぶべきだという主張がある。いずれにせよ、誰がどのような視点からこの習慣を「断罪」するのかという立場を明らかにしなければならない。

萩原弘子は、キクユ族の「イルア」と呼ばれる成女式の一環としてＦＧＳはなされるのであって、そうした民俗社会における意味づけを抜きにして、西欧社会の基準からＦＧＳを単なる性暴力という視点でのみ断罪する危険性を指摘している。アラブ文学研究者の岡真理は、人類学者大塚和夫の紹介したジャニス・ボッディの調査記録を詳細に読み、次のように述べている。ボッディの調査したスーダン北部の村は少なくとも二〇〇年来植民地支配にあり、ＦＧＭは本来イスラムとは関係ないとはいえ、イスラムの抵抗思想との一体化の表明の手段として村の年長女性の手で行われている。それは、インドのサティ〔寡婦の殉死〕を積年の悪習の犠牲だったと見なしたイギリス植民者と、伝統への忠節という形で民族主義を表明したものとして見なした独立派の人々の間でまったく異なった評価を生み出したというスピバックの主張と同じ現象であるといえる。少なくとも村社会のレベルでは、暴力とか男性の女性支配という意識は「ない」。「一文字にきっと結ばれた口のほうが、だらしなく開いた口よりもはるかに美しい」と彼らはいう。

ＦＧＭを単純に「暴力だ、文化などではない」と批判する側が、長い間植民地支配を受け未だに自立しえず、飢えと民族紛争に苦しんでいるアフリカの現状をどうするかという視点なしに、単に「同じ女だからその苦しみを共感できる」とする欧米フェミニストの立場にぬぐいがたい自文化中心主義が存在している、とこうした人々は批判している。もちろん彼らとて、ＦＧＭを手放しで喜んでいるわけではないが、野蛮な習慣だと断罪するその錦の御旗の根拠を徹底的に追及しないと、文化相対主義という素朴な論理である慣習を擁護する以上に、自文化中心主義でアフリカ社会を再び、未開と野蛮の支配する暗黒大陸に突き落としてしまいかねない。

第二部

家族、ジェンダー、地域社会

（担当　山本真鳥）

第三章　家族とジェンダー

1　父親とは何か

オスと子育て

親が子どもの面倒を見るかどうかは、種によってさまざまである。まったく生みっぱなしの場合もあるし、メスは何もせずにオスだけが面倒を見る種もある。鳥類と哺乳類は一般に親が面倒を見るが、生みっぱなしが多い他の種類の中にも子育てをするものもある。たとえば昆虫のタガメはオスが背中に卵を背負って面倒を見る。カエルの中には卵をメスが背負うものと、オスが背負うものがある。

鳥類は、一般的につがいで雌雄ともに子育てをすることで知られる。一定期間卵を暖めねばならず、また、ヒナが孵ってからも飛べるようになるまでは日数がかかることがその理由であろう。子どもが育った後この「家族」関係は解消し、それぞれが群れに加わって次の繁殖期まで暮らすことになる。

哺乳類の場合ほとんどはメスが世話をし、オスはまったくしないのが普通である。体内受精でメスは長く子どもを体内で育てるし、生まれてからは哺乳がある。それだけ手厚くメスが育てるので、オスがでてくる必要のない場合が多い。オスが子育てをするのは、キツネなどの小型の肉食動物と一部の霊長類に限られている。霊長類の中でも、たとえばマーモセットはオスがメスと一対となってなわばりを作り複数の子どもを生み、子どもの小さい間面倒を見る。しかし、オスの育児行動は子どもが小さい間に限られており、一人前になるとそれぞれは別のなわばりを作りバラバラに暮らすこととなる。種の保存のために備わった本能の一部なのであろう。

霊長類の多くはオスの育児行動を持たない。たとえば、群れで生活するニホンザルの場合、子どもにとって日頃面倒を見て育ててくれる親とは母ザルのことである。もちろん生物学的に父親であるサルは群れの中にいるかもしれないが、そのような生物学的関係は何の意味も持たない。メスザルには発情期があり、この期間は性皮が赤く腫れる。この現象はオスに交尾が可能であることを知らせる印であり、この期間だけはオスを受け入れる。しかし、交尾の関係が恒常的に続くわけではない。

ニホンザルの群れの中央にはボスザルがいて、その周りにメスザルとコザルがいる。さらにそれを取り巻くようにオスたちがいる。メスは子育て、オスは集団の防衛という分業が成立しているが、一対のメスとオスとが組をなし、その子と合わせて何らかのユニットを作るということはない。人間社会にある社会と個人の間に介在する家族というユニットは、ニホンザルの社会には存在していない。チンパンジーやヒヒなどのサルでも同様である。

唯一ゴリラは、父親の萌芽ともいえる関係を子どもとの間に作ることがある。ゴリラの場合、一頭のオスを中心に何頭かのメス、さらにその子どもたちからなる、いわば一夫多妻の群れを作る。授乳の終わった子どもをオスは積極的に面倒を見、子どもたちもオスのそばにベッドを作る。子どもはやがて成長すると生まれた集団を離れるが、メスの場合はすぐに他の集団から誘いがかかりそちらに移籍する。若いオスの場合森を長らく彷徨して、やがてメスを手に入れ自分の集団を作ることになる。

しかし、たまに上記の過程を経ずに自分の集団を作るオスがいる。大人となっても集団に居続け、やがて年老いた統率者である父親から集団をそのまま引き継ぐ。普通、成熟したオス同士が同じ集団にいると、メスの性的独占を巡って反発があるが、幼い頃面倒を見てもらった若オスは、父親には一目置いて同じ集団の中で共存し、やがて集団は父から子へと継承されることになる。ただ、これもいつもそうなるわけではない。萌芽的父親と呼ぶゆえんである。

採集狩猟民の父親

採集狩猟は、人類の発生以来続いてきた生業である。この世で農耕や牧畜など食料生産が始まったのがたかだか一万年前のことであるから、人類のほとんどの歴史は採集狩猟文化であったといえる。採集狩猟とは自然の恵みに依存した生業形態なので、単位面積あたりの収穫高はさほどでもない。採集狩猟民は広大な土地にまばらに住み、周囲で獲得できる食料が減少してきた頃を見計らって季節的移動を行う。採集狩猟民は移動域（テリトリー）の生態的な知識を豊富に持っており、域内でいつ頃どのような食料が獲得可能か熟知している。その知識に基づき最大限の収穫を得るように行動する。

採集狩猟民は、基本的にあまり大規模な共同作業を必要とせず、彼らの形成する集団も、父系制や母系制のような、規則的に出自で所属集団の決まる制度を取っていないことが多い。親族関係や友人関係などの縁で所属が決まる。また集団を離れて、他の集団に加わることも比較的容易である。このようにして形成されている離合集散型の集団を、バンドないしはホルドと呼ぶ。

採集狩猟民の間で、狩猟は男性の行うものとされる。武器を用い、生態的知識を駆使して動物を射止めるには、それなりの技術が必要だ。男と女の間に分業が成り立っている以上、狩猟の技は父親から息子へと伝授されるものである。男の子はやがて、狩りの技術を修得すべく父親と共に行動し技術を磨く。狩猟技術の父から息子への伝授があって、採集狩猟文化が初めてなりたつ。ゴリラの父親と息子の関係より一段進んだ父と息子の関係がここにある。

ジェニターとペイター

出産・授乳など生物学的に子どもと結びついてしまう母親と違って、父親という存在はやや人工的なものを感じさせる。子どもを保護するとか、子どもに財産や出自などの諸権利を与えるといったものが父親の役割とされるならば、必ずしも生物学的な父親である必要はないかもしれない。

また、生物学的に父親であるかどうかを科学的に調べることができるようになる以前、どのようにして父親を確定したのだろうか。ローマ法では「子どもの父親は、子どもの母親と正式に結婚している男性である」としている。子どもの生物学的な父親であることを要件としないところが興味深い。むしろここでは父親という存在を生物学的ではなく社会的に規定しており、父親は子どもと権利や義務を通して結びついている。父親は保護者として子どもを養育する義務があり、子どもは父親の遺産を一定のルールの下に相続する権利がある、といった具合に。

人類学では、生物学的な父親をジェニター、権利義務にかかわる法的な父親をペイターと呼び慣わしてきた。われわれの社会では、ジェニターとペイターとはほとんどの場合一致している。一致しない場合を例外的であると考えている。しかし社会によっては、しばしばこの両者がずれていて、しかもずれていることをまったく気に留めなかったりすることもある。

ブッシュマンの性行動について観察した菅原によると、妻が自分の子でない子どもを生んだとき、しばしば夫はその事実に気づいている。大げさに嘆いたり、おおっぴらに夫婦喧嘩をすることもある。しかし、生まれた子を放り出したりはしない。憎んでいびり抜くということもない。自分がジェニターでないことを知りつつ、他の自分の実子と同様に育て、ペイターとしての役割を果たすのである。

東アフリカの牧畜民社会（ヌアー族等）では、ローマ法のように、父親とは母親と正式に結婚している男性とされている。正式に結婚した男性にだけ、子どもを自分のものとする権利がある。そして、正式な結婚とは、婚資（結婚のときに男性方から女性方に贈られる財。東アフリカではウシ）をきちんと支払うことである。これらの社会には亡霊婚という慣習がある。独身のまま亡くなった男性の名で、婚資を支払って正式に結婚し、生まれた子どもをその男性の子として扱う。人々は子どものジェニターが他にいることは重々承知しているが、亡くなった人をペイターとして考えているのである。ジェニターはしばしば、亡くなったペイターの父系親族である。

また、女性が婚資を支払って妻を娶る女性婚というものがある。誰か男性親族にジェニターになってもらうが、このとき生まれた男子は、ペイターである女性を父として生まれたと見なし、通常系譜に載ることのない女性が、生まれた男子を介してその父親として系譜に登場することになる。

ブッシュマンの場合、父親とは子どもを慈しみ保護し、食物を与えて育て、教育するというものである。一方で、ヌアー族の場合には、ペイターの主たる役割は名目上の父親として系譜に記載されることであり、それこそが婚資を支払う理由でもある。そのようにヌアー族の間で、系譜上の親となり子どもの正式な父親として認知されることが重要となっているのは、単系的な父系出自集団を基礎とした親族システムにより統合されている社会だからである。それに対して、ブッシュマンの社会は離合集散型の弱い集団形成によっており、系譜は集団形成にそれほど重要性を持っていないのである。

2 家族とジェンダー

家族と世帯

家族に当たる用語は、どの言語にも存在し、家族と考えてよい集団はどの社会にもあるが、それらを一義的に定義しようとするとしばしば困難が伴う。マードックは、家族を性・生殖・経済・教育の四つの機能を持つものとして定義しようとした。彼は、家族の原型のような一組の夫婦とその間に生まれた子からなる集団を核家族と呼び、他の家族形態はこの核家族の集合であると考えた。一夫多妻家族は、複数の核家族の夫の役割を一人の男性が果たしていると考える。また、互いに血縁者を含む数組の夫婦とその子が暮らす形態が拡大家族で、複数の核家族が連なっていると考えることができる。

しかし実態としては、拡大家族の内部で、核家族がそれぞれに分離可能な小集団となっているとは限らない。核家族という用語自体も、また実際に拡大家族が核家族の集合であるかどうかについても、マードックの考えはさまざまな批判の的となってきた。

もうすこし実態としての家族を考えようとして、世帯という生活を共にする集団に焦点を当てる方法が近年は追究されてきている。しばしば世帯には、血縁もないし婚姻関係もない構成員がいる。しかしそのような人も含めて、経済共同体としての世帯がどのように存在しているかは、人類学者のフィールドワークで観察することができる。世帯と対比して家族を考えると、家族は関係性の概念であるといえよう。家族は、夫と妻、兄弟姉妹、親子という関係を媒介として人間関係、集団を広げていく源泉なのである。

世帯はほとんどの場合、一組もしくは数組の夫婦と、親子もしくは兄弟姉妹関係にある人々を含む。マードックのいわゆる核家族で構成される世帯は一組の夫婦とその子からなるが、稀に兄弟姉妹を中心に営まれる世帯もある。また一夫多妻の状態の何組もの夫婦関係を含む世帯や、一夫多妻ではないが何組もの夫婦を含む複合世帯も存在する。

図3-1　マードックによる大家族の系譜関係

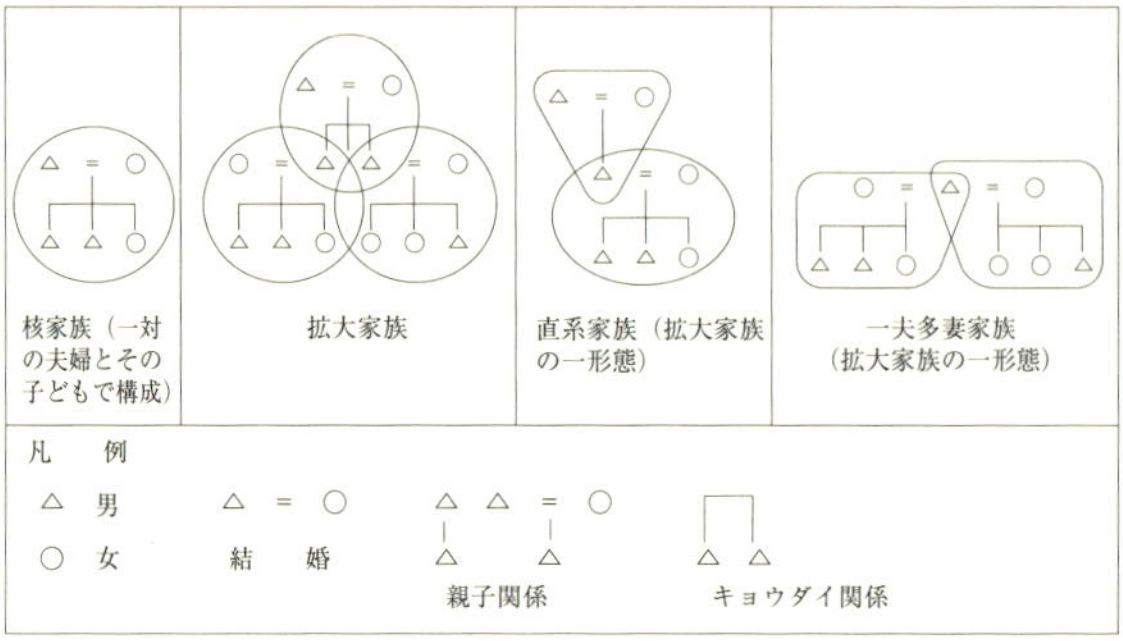

さまざまな形態の世帯内部で、構成員間の性関係は明瞭なものとなっている。夫婦間ではその関係が単に権利であるばかりか、義務も伴っているのが普通である。また、公認の性関係からは子どもが生まれることが期待され、現実に生まれてくる。世帯はそうした子どもを養育し、教育する場でもある。

一方で、夫婦以外の構成員間ではそれが禁じられている。世帯内に血縁関係もなく、誰かの配偶者

図3-2　サモアの大家族の系譜関係

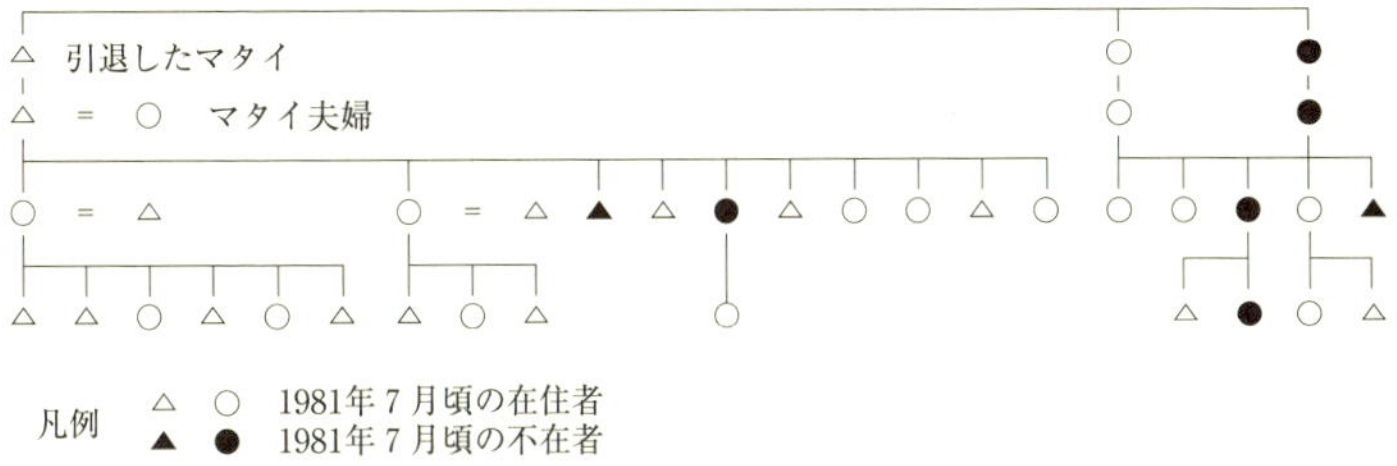

でもない人が含まれる場合でも、世帯内の親子または兄弟姉妹として扱われて世帯構成員の誰とも性関係を持たないものとされるのが普通である。世帯内ではそのように性関係の有無は明瞭なものとなっていて、コントロールされている。

世帯は生計をひとつにして、暮らしを維持する集団である。構成員に病気の人が出ればその面倒は世帯内で見るし、働けない分は他の構成員がカバーする。出産に際して妊婦一人ですべてを行うことは難しいので、それを補い出産を乗り切るために夫や家族の手助けは必要である。ひとつの世帯ですべてカバーしきれなくなれば、他の世帯が援助するシステムがあるが、とりあえずは世帯内で何とか維持することが期待される。世帯はそんな基本的な経済ユニットを形成し、構成員それぞれが役割分担を担っている。

男の仕事、女の仕事——採集狩猟民の場合

採集狩猟民の社会は、生業に関しては人類の最も初期の姿を反映していると考えられているが、そこでは必ず性によって活動が異なっている。人類で最も古い分業は性と年齢によるものであろう。カラハリ砂漠のブッシュマンについて見てみると、男性は狩猟、女性は採集というふうに分業が行われている。採集狩猟民社会によっては、女性が動物をしとめること

をよしとしない場合があるが、この区別は多くの場合それほど固く守られるものではない。たまたま動物がキャンプ内にやってきたとき、女性は武器をとって動物をしとめるし、一方で獲物のない猟から帰宅する途中の男性が、好物の植物性食物を見つけたらとってくるのが自然である。

ただし、概ねこの分業体制は守られている。また、この役割分担で、女性が狩猟、男性が採集、のように逆転している社会は存在していない。ブッシュマンが家族でキャンプ地を移動するときには、夫は弓矢だけを携えて獲物がいないか気遣いながら移動するのに対し、妻は家財道具いっさいを背負い、赤ん坊を抱き、幼い子どもの手を引いていくのである。

女性はカロリー量にして、男性より二七パーセント多い食料を集め、二二パーセント少ない食料を消費している。そのように女性の集める植物性食料は全食料のうちの多大な部分を占めるにもかかわらず、日常食として人々はあまり有難がらない。一方、男性の活動により得られる動物性食料は、人々にとって好ましいものとして賞賛される。誰もが日常的には植物性食料に依存しているが、たまに入手する動物性食料は好ましい食料として心待ちにしているのである。

ジェンダーによる分業

一方農耕民の場合、ジェンダーによる分業は採集狩猟民のときのような峻別が難しくなる。ある種の仕事が男性の仕事か女性の仕事かということは、すべての社会で同じように決まっているとはいえない。たとえば多くの社会で農耕を主に行うのは男性であるが、パラオでは女性がタロイモ田作りを行い、男性は農耕にかかわらない。太平洋の島嶼社会には、男性が漁撈を行うのに対し女性が農耕を行う、というふうに仕事を分けていることがしばしばある。

土器を作る技術も日本では男性の仕事とされてきたが、ニューギニア島沿岸部ではそれと反対の分業が行われている。土器の作製とその交易で生計をたてているコミュニティでは、女性が土器製作を、男性が交易をという分担が見られる。同様に、機織りも男性の仕事とされている社会もある。

南太平洋ポリネシアのサモア諸島では、一〇人から二〇人ほどがひとつの複合世帯で暮らしている。世帯の中は、性と年齢により役割分担がある。概して力のいる仕事、汚れる仕事は男性のものであり、比較的汚れない仕事は女性の仕事となっている。農耕に関していえば、タロイモの植え付け、バナナの手入れなどは男性の仕事であり、女性は畑の草取りくらいしかしない。漁撈も主に男性の仕事で、女性は浜辺での貝、ナマコ、カニ、エビ取りなどだけ行う。主に女性の仕事とされているのは、家の掃除、衣類の世話、ゴザ編みである。

以上の点は、日本の従来の分業に近いようだが、サモアでは料理が男性の仕事となっているところが、「男子厨房に入らず」の日本とは大きく異なる。サモアの伝統的な料理法は、たき火の上で石を焼き、地面のくぼみにその石を入れ、食材を上に載せて覆いをかぶせて蒸し焼きにするというもので、ウムと呼ばれる。料理といっても一度に二〇人から一〇〇人分を作ることのできる大がかりなもので、現在では日曜日や大勢人の集まる結婚式・葬式などの儀礼の日に行われている。そのためにはたき火を焚いて焼け石を作ったり、家畜の処理や下ごしらえなど相当な重労働であるから、男性の仕事なのである。現代では、日常的にはウムではなく石油コンロでおかずの調理が行われているが、こちらは女性の仕事とされている。

このような男女の役割分担を通文化的に見ていくと、細部まで一貫して同じ役割が同じジェンダーに配置されているわけではない。しかし、これは男性の仕事、これは女性の仕事という分担そのものはどの社会にも存在している。仕事内容に普遍性はないが、男女の役割分担はどの社会にもある。男性も女性も割り当てられた領分を持ち、自分の持ち場を守って生活する。互いが互いを生活の中で必要としている。両性がいて初めて完結した人生を送ることができる、あたかもそんな風に役割分担が行われている。その点に注目したイリイチは、そのようにして未開社会や伝統的社会において男女が互いに不可侵の領域を持つことで、相互補完的な互いの位置を確認していたと考えている。

主婦の役割

サモアの複合世帯の家長はかつて自給自足経済の下で、それぞれの男性に指示をしつつ一家の男性の労働力を束ねていた。一方その家長の妻は、「主婦」として一家の女性の労働力をすべて束ねていた。あなたは子守、あなたは洗濯、という具合にそれぞれに指示を出して役割を分担させ、大家族での生活の全般がうまく運ぶように心を配っていた。

日本でも同様に、大家族（大世帯）の暮らしにおいては、一家の食物を管理する「主婦」の役割は重要であった。大家族の中で主婦になれるのは長男の嫁だけで、限られた食料をどのように配分し調理して一家の暮らしを維持するかが主婦の手に委ねられ、家長といえども踏み込むことのできない権限を持っていた。しゃもじはそのような主婦の権力を象徴するもので、食料を分配することができるのは主婦だけなのであった。主婦以外は、しゃもじを使って勝手に食物をとることが禁じられていたのである。そのような主婦となることは、誇らしいものであったに違いない。

イリイチは、産業革命や近代化がこのジェンダー間の役割構成に大きな変化をもたらしたと考えている。産業革命によって労働力が市場で取引可能になり、賃金で生活する労働者が誕生する。産業革命期には、農村の多くの余剰人口が都市へと移動し労働者となった。日本でも明治期には、農村の次三男が都会へと移動していった。都会の労働者の世帯は、核家族により構成されていることが多かった。労働者は労働することで賃金を得て、賃金によって必要なものを購入して生活する。しかし賃金によって購入できるものとできないものとがあり、できないものは家事として行われなくてはならない。たとえば食材の購入は可能だが、その調理は誰かがしなくてはならない。また、衣類を購入しても、その洗濯は誰かが行わなくてはならない。この家事労働を担ったのが主婦である。

こうして近代の主婦が誕生した。主婦は家の中の仕事、すなわち家事労働を一手に引き受け、夫が外の仕事に専念できるよう心を配った。家の中を片づけ、衣類を管理し、おいしい食事を作るのが役割であった。しかし、片や賃金で報われる外の世界の労働と、片や賃金で報われることのない家事労働とに分かれたとき、家事労働を担う女性の立場は夫に対して決定的に弱いものとなってしまった。

さらに近代化と共に家事労働を助ける種々の電気製品やサービスが可能になると、主婦の仕事もますます空洞化する。かつては水汲みをしてたらいに水を張り、洗濯板にこすりつけて洗濯をしていたのが、洗濯機ができると洗濯が実に楽になる。クリーニング店にいけば、ワイシャツを洗濯してアイロンもかけて返してくれる。かつては家族の誰かが調理しないと食事ができなかったが、今ではコンビニで手軽に弁当を買うことができる。スーパーには少しの調理で食べられる食品が並んでいる。

電化製品や家事の外部化により、現代の主婦の生活はさらに変化してきた。かつて近代の主婦が抱えていた家事労働は、全てをなくすことはできないが、かなり軽減化できるようになってきた。また一方で、さまざまな家事のノウハウが発達して、大変高度な家事運営もできるようになってきた。現代の女性は、男性と同様の仕事をもってこなすところから、ボランティア活動、入念な家事運営、というように多様なライフスタイルの選択が可能となってきている。

3 親族システム

出自集団

家族とは、共に暮らし、血縁を媒介とした人間関係であることが多い。親族はどうだろう。オジ、オバ、イトコたちも血がつながっているが、共に住むことはない。そのような人々とは、住居が近かったり親しい人とは始終顔を合わせるが、現代の日本では葬式や結婚式の慶弔だけ、ということも多い。しかし、国家や地方自治、会社や学校などの組織が発達している現代社会に生きるわれわれと違って、他の組織原理のないところではどうだろう。

部族社会には、国家や契約による組織は存在せず、親族がほとんどの人々をつなぐ絆となる。人々は誰の子に生まれたかによってどこの集団に属すかが決まり、どの集団に属すかによって土地や財産、縁組などについて、その人の一生は大きく左右されることとなる。

生まれによって帰属の決まる集団を出自集団という。父方へと出自を辿るシステムを父系制といい、母方へと出自を辿るシステムを母系制という。たとえば、東アフリカの牧畜民、ヌアー族やティヴ族などは父系制をとる。ニューギニア島の東にあるトロブリアンド諸島は母系制である。多くの出自集団は、一定の土地や浜辺、池、井戸などの生産財を共同で所有している。生産財に基づき生産を行い、生産物をある程度融通し合い、消費を行う、という意味で自律的であり、自律集団とも呼ばれる。

トロブリアンド諸島では、「ダラ（母系出自集団）」が生産財（土地）を所有する集団である。ひとつのダラは島のあちこちに土地を保有しており、それぞれの土地に分かれて住むダラの亜集団には、各々土地の管理者がいて、その下で各人は自分で土地を保有し、ヤムイモなどの農作物を作っている。それらの土地に対してダラのメンバーは使用権を持つが、排他的な所有権は持たない。ダラは母系制をとるので、ダラの土地は、管理者の息子たちではなく、彼の姉妹の息子たちに譲られることになる。母系制の下では、女性が財産を所有し集団を支配すると想像している人が多いが、実際にそのような諸権利を女性に与えている社会はない。母系制の下では女性を通じて財が相続され、地位が継承されるが、実際に財を管理し指導的な地位につくのは男性である。母系制は父系性の裏返しではない。

一方、サモア社会は明確な父系制をとらない。もちろん母系制でもない。サモア人は、父母のどちら方の集団にも土地を使う権利を主張することができる。またさらにその父母の父母のどちら方にも、また記憶される限りでは、それより遠い関係であっても血のつながりが意識されている範囲には、同じことが可能である。しかし、いくつもの集団に権利を辿ることはできても、居住していなければ生産財の活用はできない。したがって、人々は可能性としては数多くの親族集団との絆を保っておくが、現実にそれを活用できる親族集団は多くの場合一つ、もしくはせいぜい二〜三に過ぎない。

図3-3　単系出自システム

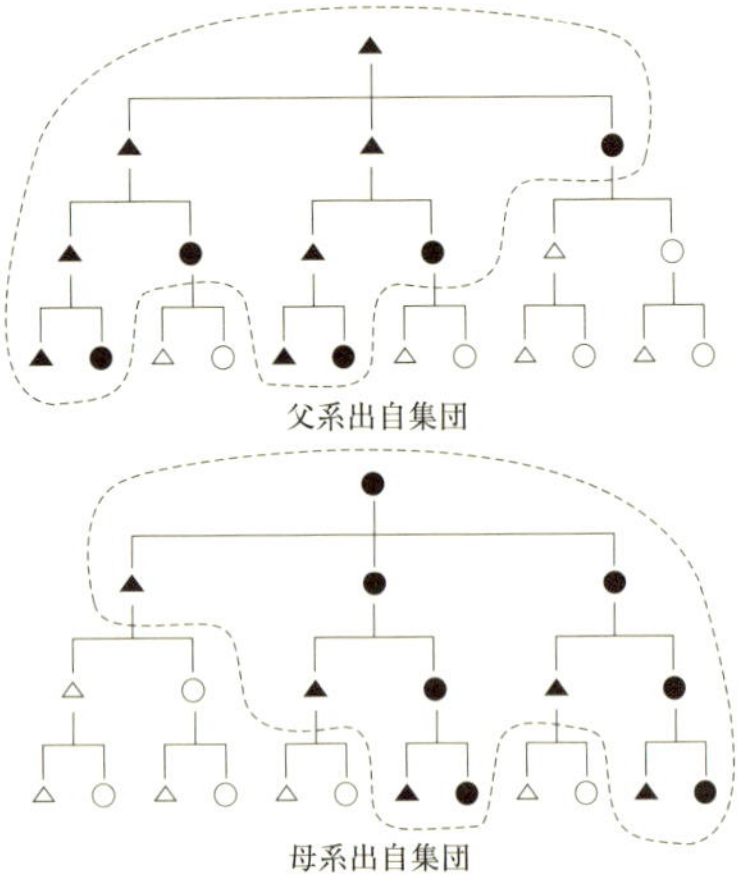

サモアにおける親族集団の形成の仕方は、構成員を単一の原理で確定できないものの、実質的には単系出自集団（父系もしくは母系）として変わらない。親族集団の所有する土地は、名目的には親族集団を代表する首長称号を持つ称号保持者のものである。しかし、それらの首長とて、親族集団のメンバーに土地を配分することはできるが、自分で勝手に土地を第三者に売買することができないのはむろんのこと、使用させることも難しい。必ず親族集団内での合意が必要となってくるのである。

このように、個人による排他的土地所有制度のないところでは、親族システムは重要な意義を持っている。人々は、親族の概念を通して、自律的集団に帰属し、その中で人間関係を形成し、さまざまな権利義務を賦与されているのである。

系譜

自律的な集団が機能するためには、あまり小さくてはだめだし、またあまり大きくても難しい。土地資源を所有したり経営したりする母体として、大きくなりすぎると身動きがとれないからである。自律的出自集団を越える集団形成は、系譜を辿ることで可能となる。集団間が系譜を辿ることによって結びつけられ、より大きな集団を形成することが可能である。二つの自律的出自集団間で、それぞれの先祖の間に何らかの親族関係が認識されていれば、それぞれの成員が互いに親族であることを認識することができる。そのような場合、小さい出自集団内部では、成員の間の系譜関係を実際に辿ることができるが、出自集団がいくつも組み合わさった大きな出自集団では、祖先を共有するという感覚は持ちながら、もはや成員間では互いの関係を系譜的に辿ることはできないこともある。系譜関係を辿ることのできる出自集団はリニージと呼ばれるが、できない出自関係はクランと呼ばれる。

たとえばニュージーランドのマオリ人の場合、家族は複合世帯を営んでおり、これはファナウという。ファナウはともに生産にかかわり生活を共にする集団である。その上位に位置するのがハプーである。ハプーの成員間には、かつて共にファナウを作っていたという意識がある。ハプーは土地などの財を共有して、成員の権利をコントロールする出自集団となっている。ハプーは同じ村の中にも複数存在していることもあり、分析概念としてのリニージに相当する。

ハプーがさらに大きくなったとき、異なる土地にも同じハプーの成員が進出し、やがてそれぞれに異なる名のハプーとなってしまうこともよくあるが、互いに関係のあるハプーであることは認識している。ハプーの連合体はイウィと呼ばれる。イウィはあまりに大きいために、ハプーのように成員相互の系譜関係の確認はできないことが多いが、特定の先祖に系譜を辿ることが認識されている。イウィはもっぱら部族と呼ばれているが、これはわれわれの用語法ではクランに相当するものと考えてよい。イウィは実質的に経済的な自律集団というより、連帯により大集団の認識を高めるもので、一九世紀～二〇世紀初頭になるとニュージーランド国内で政治勢力として力を持つものとなっていた。

系譜は、このように大きな社会組織や集団形成のための枠組として重視されているが、その一方で系譜には他にさまざまな機能がある。日本の家系図はほとんどが、源氏、平家、藤原、及び天皇家のいずれかに辿ることができるが、そのような家系図は、その一族にとって一族の由緒正しさを示すものとして、重要性を持つことはいうまでもない。親族集団の権威付けの上で大きな意味を持っているのである。

姻族

親族のネットワークの中で生活が営まれているとき、結婚は単に夫と妻の問題ではなく、夫や妻のそれぞれの家族や親族一般にも大きくかかわる問題となる。

近親の間で結婚や性交を避ける規範をインセスト・タブー（近親婚禁忌）という。インセスト・タブーは人間社会すべてに存在しているが、その規制の範囲は社会ごとにさまざまに異なる。インセスト・タブーは、近親の間での遺伝子群に劣性遺伝子が重なりやすいのを避けるためであるという考え方があるが、その一方でそのためにインセスト・タブーがあると考えると、合理的でない場合が観察できる。たとえば、生物的距離は同等でも、平行イトコ（各々の父が兄弟同士、または各々の母が姉妹同士であるイトコ関係）との結婚が多くの社会では禁止されているのに対し、交叉イトコ（親同士が姉弟か兄妹の関係にあるイトコ同士）（図3―4参照）との結婚は多くの場合優先的であったりする。

父系制の中での父方平行イトコや、母系制の中での母方平行イトコは同じ集団に属しているのに対し、交叉イトコは単系制をとる限り必ず異なる集団に属す。インセスト・タブーは結局、集団内での

図3-4　イトコ婚と親族構造

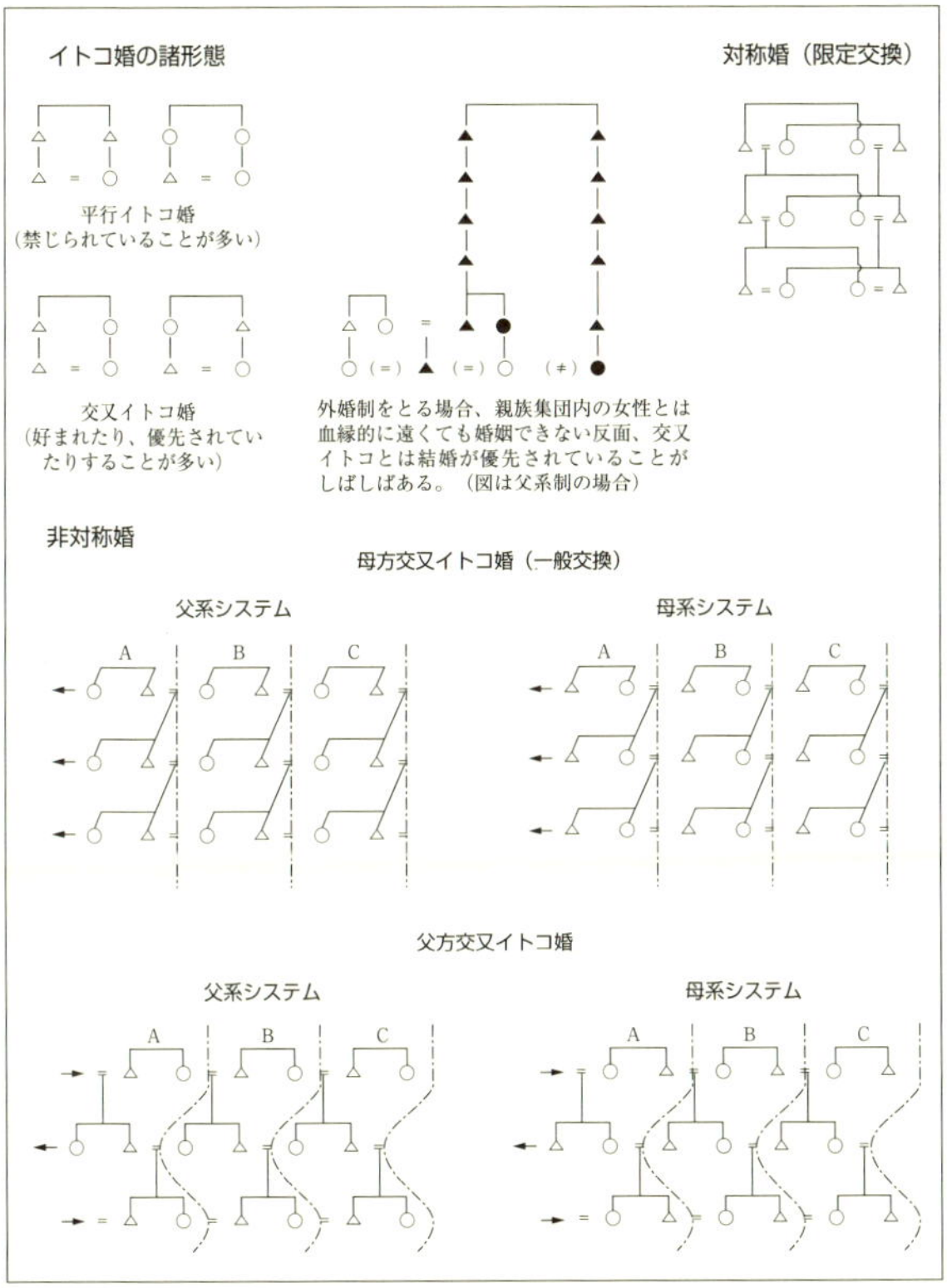

婚姻を避けることによって、外部の人（集団）との間に新たな関係を形成していく仕組を作っている、と考えることができる。

さらに、集団内部での結婚や性交に明瞭な秩序を与えることで、集団内部の秩序を保つ働きもある。サモアの複合世帯の中にはしばしば血縁関係のない男女が含まれている。婚入した女性の妹が世帯を訪問後、一時的に住むことはしばしばあるが、この女性はその世帯の男性に血縁がまったくないにもかかわらず、サモア人の感覚の中では婚姻も性交も禁じられた相手となってしまう。またサモアの家長はサモアの近代法においても、「自らの監督下にある者との性交」が禁じられている。

そのようにして、集団内部での結婚や性交が禁じられる反面、外部の集団からの縁組を求めることを外婚制と呼ぶ。外婚の規制はまた、特定集団との関係を深める仕組を形成する場合がしばしばある。縁組は集団を結びつける。一組の夫婦が存在し、その間に集団の結びつきを象徴する子孫が誕生するとき、集団同士は互いに深いかかわりを持つことになる。サモアでは、親族集団同士を結びつける結婚はただ一つだけであるとされる。結婚に際しては、男性方からはブタやタロイモなどの食料（現在では、代わりに現金が用いられている）、女性方からは細編みゴザといった儀礼財を交換する。その結婚が行われた後、両者は互いに姻族同士であることを認識し、以後互いを結ぶ別の縁組は禁止となる。

4　現代社会と家族

現代社会は、科学技術の発達や社会の仕組の変化により、これまでにはなかった人間関係のあり方を実現することになった。ここでは、それらの問題を考察してみよう。

単身生活者

つい最近まで「ふたり口は食べられるが、ひとり口は食べられない」といういい方があった。これは、独身は何かと無駄使いも多く金がかかるが、妻を持つと無事に暮らせる、という意味である。夫と妻という役割分担があって初めて全き人生が送れるということだ。その意味で、ひとりものの暮らしというのは惨めが相場だった。

ニューギニア高地には一夫多妻の慣習がある。一夫多妻は、社会をとりしきるリーダーたる者の理想の姿である。妻たちの協力によって生産体制は万全となり、多くの生産を実現する。彼らリーダーたちはビッグマンと呼ばれる。一方で、ビッグマンの対極にある男性たちがいる。妻をもって一つの世帯を実現することもできない。彼らの体にはシラミがわき、衣類も整わず、惨めそのものの姿だ。

一方、何組もの夫婦を含む複合世帯を営んできたサモア人は、単独で住むという生活は考えようがなく、独身者は必ず生まれ育った世帯の中で過ごす。独身でも大世帯の中の女手、男手のサービスを受けられるから生活に不自由することはないが、世帯の中で一人前であるとは見なされない。

人類の社会が始まって以来、男女は互いに役割分担を行い、それぞれが子育ても含め互いに必要な役割を果たしてきた。ジェンダーによる分業は豊かに暮らす条件であった。それぞれに必要な活動を行って、生活を支え合ってきたのである。しかし科学技術ならびに資本主義の発達により、単身者の豊かな生活が可能となった。これは現在までの人類社会では不可能だったことである。単身者は生活実態において、従来型のジェンダー的役割分担の枠組からは外れた生活を営むことになる。

このようなジェンダーの規制から逃れた生活様式は、結婚生活を営む男女の生活様式ともかかわる。上野千鶴子は、ジェンダーの違いを最大限に生かすフェミニズムをマキシマリズム、最小限に抑えるフェミニズムをミニマリズムと呼び、自身はミニマリズムを主張した。ミニマリズムの主張する生活はまさに、このような単身生活者の生活がモデルとなるであろう。夫婦ともにそれぞれが家事や育児をこなし、収入も確保する。それぞれが完成した人間となる。これまで人類の生活を貫いてきたのはマキシマリズムであった。ミニマリズムはその意味で、人類の大いなる実験であるといえよう。

夫婦別姓

日本でも女性の社会進出が進むようになると、結婚と同時に姓が変わることに不自由を感じる女性が増えてきた。結婚・離婚など私生活に類することを、なぜ女性だけが仕事上の関係者にまで知られなくてはならないのであろう、というのが最初の疑問である。この問題は妻の姓を名乗ることとなった男性にも同様に存在していたはずであるが、実際には女性が夫と同じ姓を名乗るようになるケースの方が格段に多いことから、女性が主に問題性を主張している。

フェミニズム運動の一環として発生した夫婦別姓運動であるが、現在では国会内部にもこの運動を推進する動きもあり、国会には何度か、選択的夫婦別姓制度として審議されたことがある。ただし、二〇〇三年二月現在、まだ法律改正が実現したわけではない。

すべての日本人が姓を持つようになったのは明治以後のことであり、女性が結婚に際して夫の姓を名乗るという現在一般的に行われていることが、実は日本古来の慣習ではない。この事実は、夫婦別姓を認めるべきであるとする主張の重要な論点となっている。一方、女性の別姓を認めることは、家族の一体感を損なうというのが、選択的夫婦別姓制度に反対する「保守派」の主張である。

たとえば近隣の中国や韓国では、伝統的制度として女性は父の姓を一生涯名乗る。しかしそれが家族の一体感に障碍をもたらしている様子はない。姓が違っていても、結婚して子どもが生まれて長く時も過ごすと、女性はそれなりに婚家先で安定した地位を築くことができる。しかも儒教的倫理からいえば、女性は婚家先で死後の祭祀をしてもらうべきであり、未婚や離婚の女性が実家で祭られることもない。両国ともに父系社会としての特徴を強く備え、女性が実家の系譜に載ることはないし、婚家先の系譜にもどこの家族から嫁にきた女性という記載があるだけで、個人名が出ることはない。

両国の事例はこの問題について二重の意味を持つ。まず「保守派」の心配をよそに、夫婦別姓制度が家族の一体感を損なうことはなさそうである。しかしまた、女性が夫の姓を名乗ることが女性の地位の低さとかかわるというフェミニストの推測に対しても、問題がそう単純でないことを示している。つまり夫婦別姓制度は女性の独立した地位を保証はしない。家父長制と夫婦別姓とが同時に成立するのであれば、夫婦別姓そのものは、必ずしも女性の地位が低いことを改善しないのである。

実は、妻が別姓を名乗るのを認めることそのものは、社会制度上それほど大きな変化をもたらさないであろうと考えられる。むしろ大きいのは、子どもの出自を決めるルールの変更である。夫婦別姓問題は、現在夫婦別姓そのものばかりでなくそれ以上に、子どもの姓をどうするかという議論に踏み込んでいる。国会での議論について見るならば、夫婦別姓を選択した夫婦については、間に生まれた子どもは、兄弟姉妹すべて同じ姓をあらかじめ決めた選択にしたがって用いる、とするものと、子どもが生まれるその都度、どちらかの姓を選択してつける、といった方法が議論されている。

いずれにせよ、できるだけ諸個人の選択を尊重する方向に議論全体が収斂していく傾向が強いが、それは現代という時代の自己決定を尊重する考え方と軌を一にするものなのであろう。しかし実は、自己の名前を最初に個人は選択できないというジレンマがある。夫とは異なる姓を名乗ることを望む妻にしても、その慣れ親しんだ姓は多くの場合、彼女の父親のものであり、彼女自身が選択して取得したものではない。また民法の改正案でも、子どもの姓は選択できるがそれを選択するのは親である。

これらの問題を考えるとき、選択的夫婦別姓制度自体にさまざまな問題解決の可能性をあまりに期待しすぎるのに無理があることがわかる。この新制度が導入されたときには、女性が結婚しても名前を変えることなく、また離婚をしてもそのままでいる、ということは実現できるだろうが、それ以上はまた別の問題である。

お墓の話

お墓や葬式をどうするか。日本人の間で近年さまざまに議論されるようになり、新しい制度の導入が図られている分野である。

旧民法の家督相続の制度はすでになくなっているが、墓の相続順位の法律だけはその例外である。すなわち、長兄が父の墓を相続し次男以下は同じ墓に入ることができる。

一方で、そうした一族郎党の墓を避け、自分とその子孫の墓を用意する人も出てきた。とりわけ、都会に暮らす核家族にとって、夫の郷里にある一族の墓は、妻や子どもにとって必ずしもなじみ深いものではない。しかし、女性一人あたりの出産数が二をはるかに割り込んでいる今日（二〇〇一年で一・三九人）、子どもは一人っ子であったりキョウダイに男子がいなかったり、旧来の墓制度を継続していくことに無理のあるケースも多い。自分たちの核家族から始まる墓を設けてみても、それが継続していくことは望めないかもしれない。

家族のあり方が変わってきているのだ。近年注目されているのは、永代供養の共同墓地である。無宗教の施設であることや、宗教法人が経営する場合もそこに入る人の宗派は限定されないことが多い。継承者なしに購入でき、生前に契約を結んで墓地の代金を支払えば、子孫に頼らずに死後も供養してもらえる。血縁などなくても、友人同士が共に入ることもできる。

また、墓を作らずにどこの墓に入ることもなく、遺灰を野や山に帰す自然葬を行う人も出てきた。これは、散骨の名でも呼ばれている。朝日新聞のデータベースを参照すると、散骨の最も古い記事は、八八年一一月にあるが、そこには散骨は法律で禁じられていると書かれている。しかし、長らく駐日米国大使を勤めたライシャワー氏の遺灰が、遺言に従って九〇年に太平洋に散骨されて以後、日本でも散骨を葬送のひとつのあり方として追究する団体ができて、やがて旧法務省や旧厚生省も、節度をもって行われる限り違法ではないという見解を示した。しかし、山に帰す場合、近隣住民や水源を利用する人々はこれを快くは思わなかった。現在散骨は主に海水浴場や漁場などから離れた海洋上で行われることが多くなっている。

増加しつつある独身のまま亡くなる人のために、また自己決定を重視する人のために、生前に契約を結んで死後遺言を執行するNPOも出現している。葬儀の細かな注文や財産、遺品の処分、分配、ペットの行き先など、実に細かな注文を記して契約を結び、それを履行してもらうのである。

これらの新しい動きは、家族という制度が現代において、新たな枠組を獲得しつつあるということを示すのではなかろうか。

さまざまな「家族」

離婚の珍しかった時代には、死別しない限り父と母がいるのが当たり前であった。しかし現代、旧厚生省の統計ではほぼ四〇秒に一組が結婚するのに対して、二分に一組が離婚するとあるので、結婚する三組のうち一組は離婚すると考えてよい（二〇〇〇年度厚生省調べ）。そうなると、片親の家族や離婚者同士の結婚による家族も増加していることになる。シングル・マザーも増えている。また、単身で生活することも十分可能となった。

小さい家族や単身者の暮らしが増えている中で、血縁に寄らずに家族的に共に暮らす生活共同体を作る試みもある。老後を子どもに頼らずに同年輩の人々が共に助け合って暮らす世帯。シングル・マザーが互いに助け合いながら子育てをするグループ・ホーム。自立した生活を目指して、ヘルパーやボランティアにサポートを受けながら暮らす身障者。

また、同性愛者の諸権利が認められる中で、同性愛者同士の結婚を認めようという動きもヨーロッパなどにはある。正式に「結婚」できるかどうかはともかくとして、共に住んで暮らしているケースは現在でもある。

家族はいつの世も、自らのうちに独り立ちできない人を抱え込んで、互いに助け合いながら共生するという営みを続けてきた。家族や血縁が人々の諸権利や集団形成に密接に結びつくことは現代では減少してきている。しかし血縁を巡る人間関係が変わってきた現在も、共に暮らすという家族の機能は失われてはいない。血縁という絆が、人々の暮らしを結ぶ要因として働かなくなってきた現在、人々はそれを友情や目的、志などに置き換えて、自らの選択による決定をもとに、生活を組織化するようになってきたと考えることはできないだろうか。

第四章　政治とリーダーシップ

1　サモア社会のリーダーシップ

社会を動かし、個々人の力をまとめていくために、人類の社会はどのようなしくみを持っているのだろう。どのような人が中心となっているのだろう。その補充はどうするのだろう。人々の行動の中心となり、集団を導く役割を果たす人をリーダーと呼ぶ。まずは、著者の研究するサモア社会のリーダーについて検討してみよう。

サモア社会も近年の貨幣経済の浸透から、海外移民の増加や送金への著しい依存などを含み、かつての首長制も大きな変更を余儀なくされている。しかしそうした近年の社会変化はさておき、ここでは自給自足体制下での社会についての考察を中心に行う。

サモアの首長

サモアは火山島で、島の中心は高い山になっており、島の海岸近くを道が取り巻く形になっている。その道に沿って村が存在している。各村は通常、いくつかの親族集団で構成されている。

図4-1　サモアのある親族集団の首長称号名保持者の系譜

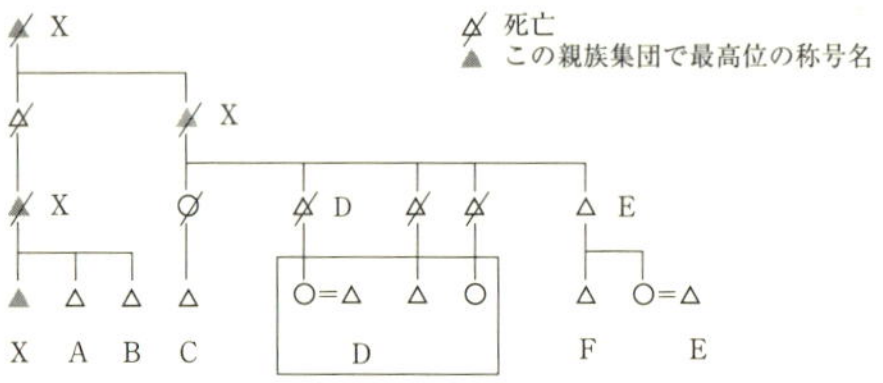

※Dの世帯は筆者のホスト・ファミリー
※アルファベットを付した者が称号名保持者

親族集団は、村の中に宅地と耕地、さらに集団に所属すると考えられているいくつかの称号名を有する。その中でも最高位の称号名を親族集団の総意により授与された者は、親族集団を代表するリーダーとなり、その他のいくつもある下位の称号名を授与された者は、各複合世帯のリーダーとなる。

称号名とは、代々受け継がれていく名前である。その名前には由来があり、かつてその名前を持つに至ったできごとについての伝承がある。その伝承は親族集団内の主だった人のみが知っていて、親族の中で堅く守られてきた話である。すなわち親族集団の主要メンバーしか知らされておらず、それを知っていることは主要メンバーである印となる。人は称号名を人生半ばにして前任者から受け継ぐ。それ以後は公式な場面でも、家族内でも称号名で呼ばれるようになり、称号名保持者としてふさわしい敬意を払われる。そして亡くなるとふさわしい儀礼のもとに葬儀がとりおこなわれ、やがて親族集団の会議を経て親族の誰かがその称号名を受け継ぐ。そのようにして、称号名を持つ人は亡くなっても、同名の首長は常に存在してとぎれることがない。

複合世帯のリーダーとして

称号名を授与された者は複合世帯のリーダーとなる。これを家長と呼ぼう。家長は世帯のリーダーとして、世帯全体の自給自足生産体制を円滑に運営していくのが役割である。サモアの親族集団の持つ土地は、海岸から内陸まで多様な資源を含んでいる。家の周囲にはバナナやパンノキ、パンダナス、パパイヤなどが生え、内陸の畑にはタロイモやタームーイモ（クワズイモ）、ヤムイモ、キャッサバなどの根栽類を栽培し、ココヤシ林が周囲をとりまく。

図4-2　図4-1のD称号名保持者を家長とする複合世帯

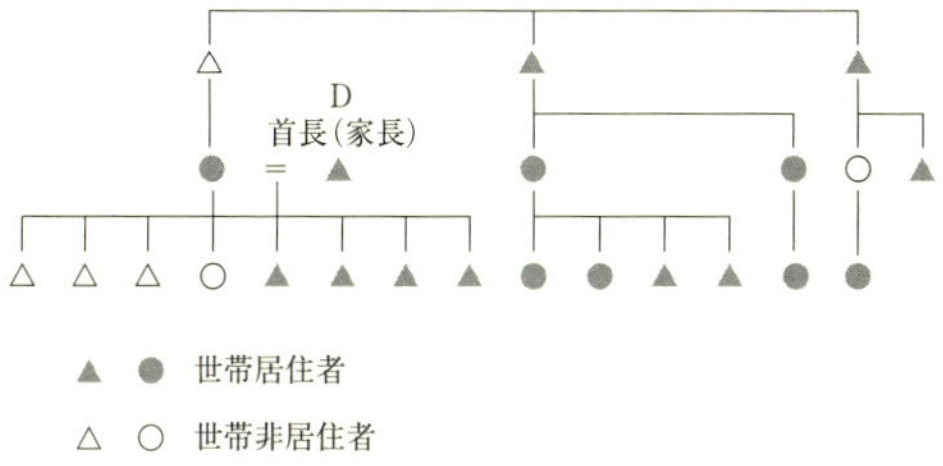

これらの土地は、親族集団の下位単位となっている複合世帯ごとに分割され、それぞれに管理されている。家長は、世帯内の労働力を勘案して生産活動の指揮をとる。ある者たちはタロイモを植えるようにと命令を受け、ブタの世話をいいつけられる者もいる。ココヤシをとってくるように、また漁にでかけて魚を捕ってくるようにという指示をうけることもある。

女性たちの労働を管理するのは、家長の妻の役目となる（第三章第2節参照）。洗濯、掃除、衣類となる樹皮布（カジノキなどの樹皮をたたきのばして作る）の作成やゴザ編みなどがその仕事内容であるが、近年では、輸入の木綿布を用いて、手回しミシンを使って服を縫ったり、消し炭や電気のアイロンを用いてアイロンかけをしたりもする。

年齢に応じた仕事の分担もある。老人は重いものなど持ったりはせず、座って談笑しながら、もっぱらヤシロープを作ることに専念する。子どもはさらに年下の子どもの面倒を見たり、大人や兄姉たちのいうままに走り使いなどをする。世帯にとどまる限り、家長やその妻の命令に従って、分相応に役割を引き受けなくてはならないが、病気や怪我で働けなくても、ここでは安心して休むことができる。家長は、世帯員全員が食物にありつくよう、衣類を持てるよう、しかるべき暮らしができるように面倒を見る責任がある。

複合世帯の集合としての親族集団は、必要に応じて家長やその妻たちを集めての親族会議を開催する。主だった人々のための儀礼や共同事業の計画や、姻族のもとで開催される儀礼に参加する計画を立てるなど、家長とその妻たちが集まって話し合いをする。

親族集団から婚出した人とその子孫は、その土地に住んでいれば享受できるはずの土地や称号への権利を、よそに住んでいるために留保した形となる。場合によってはいずれ戻ってきてそれらを回復することも可能である。最高位の称号名を継承することは難しいが、何らかの土地を分けてもらい、世帯の家長にあたる称号名をもらうことは可能だ。しかし、多くの場合人々はそのような権利を留保したまま、親族集団が名誉と名声を保持してやっていけるよう、外部から見守ることになる。親族集団の外にいても、その集団が立派に栄えていることは人々の誇りである。

親族集団内で最も位の高い称号名を持つ人が亡くなると、次にその称号名を誰が継承すべきか、外部に住む成員も集まってきて皆で相談をする。称号名の格にもよるが、集会は数百人に及ぶこともある。称号名の継承については、たとえば父から長男へというような確固たる原則があるわけではないので、親族集団の成員の中からこれまでの親族集団に対する貢献度、これから貢献する可能性などを勘案して話し合いで決める。多くの場合、親族集団内の下位区分ごとに候補者が出てきて、誰が相応しいか、人々は話し合いを行う。

コミュニティのリーダーとして

称号名を持つ人は、村という地縁集団の中でその称号名にそなわった役割や格を持つ。この役割や格は、称号名保持者が亡くなっても、またその称号名を継承する人に受け継がれるものである。称号名を持つ人は、親族集団内部では家長として成員の労働力や資源の管理維持を行うが、外部に対しては、親族集団や世帯を代表するものとして振る舞うのである。外部に対する称号保持者の役割を考えれば、彼は首長という名にふさわしいものである。

村の中での役割とは、村の代表となる最高位の首長（二〜三人いることもある）、それに仕える儀礼首長（演説を行う役や食物を分配する役など）、会議の開催されることを知らせるふれ役などあり、また会議の席順は、村の称号名の格付けを反映している。村の首長会議は毎週月曜日ないしは、一ヶ月に一回第一月曜日に開催される。この会議は多くの儀礼的な様式を持つが、それと同時に村の意志決定機構として機能しているものである。

首長たちは、朝八時頃には村の最高位首長の客用家屋（正式な接客用の建物）に集まってくる。それぞれの称号名に定められた席があり、首長たちは席に着く。首長たちの集まり具合に配慮をしつつ、カヴァ儀礼が催される。カヴァはポリネシアなどで儀礼に用いられる飲料である。同名のコショウ科の灌木の乾燥した根を砕いて、水と一緒にして木製のボウルの中に浸してエキスを溶かし、木片をこしとってから、一つの杯で回し飲みする。カヴァの作り方やカヴァ杯の配り方には、慣習として委細に定められた作法がある。

カヴァを作るのは村の青年団であり、彼らは首長予備軍である。準備している間、首長たちは最初の演説を誰がすべきか、という儀礼的な演説の掛け合いの後、ほとんどの場合は村の首位の儀礼首長が最初の演説を始める。数々の喩や常套句に彩られた華麗な演説が終わると、平手のゆったりした拍手が響き、カヴァ儀礼の始まりの合図となる。首長たちの間には称号名に応じた格の差があり、席順やカヴァ杯を配る順番はきちんと決まっている。

そののち議題に入る。村の規則を破った者はいないか、盗みや喧嘩、姦通などないか、もし首長の耳に入った事件があれば、報告がある。規則を破った者のいる世帯には重い罰が下される。ブタや食べ物を大量に用意して首長会議に差し出すことが命ぜられるのである。近年、罰は現金で収めることを求め、それを事業の運営資金とする村も出てきた。村の自治は、伝統的な制度に根ざすものとして現在でも行われている。

また首長会議はこのほかに、若者に食料増産をいいつけたり、小学校の校庭清掃などの共同作業を計画したりする。若者たちの行状が最近よろしくないとなると、青年団に巡回監視をさせたり、首長自らが夕方や就寝前の時間帯に出向くこともある。しばしば首長会議は生活に関する村の規則を作り、規則に違反した人を出す世帯からは罰金（物納も含め）を取り立てる。

村のレベルを超えて、地方の主だった首長の集まる会議が招集されることがある。各村を代表する首長がここに出席し、地方の問題を話し合う。さまざまな事業を首長会議はいつも考えている。現在ではサモアも近代国家となっており、議会が存在しているが、選挙に立候補して議員となるためには、首長の称号名を保持していることが条件となっている。

国会の制度はさておき、複合世帯やコミュニティのリーダーとなる首長称号の制度は、さまざまな変容を受けてきたとはいえ、西欧と接触する以前から存在していたものである。文字のない社会では、社会秩序や人々を動かす制度はどのようになっているのだろうか。

2 平等社会のリーダーシップ

バンド社会

採集狩猟民の社会組織はバンド（またはホルド）と呼ばれる。バンドは、血縁、縁組、友人関係などの縁を辿って群をなす人々の一団であり、さまざまな要因で離合集散する集団である。そこに参加している個別の世帯は、いくつかの参加可能なバンドの中から何らかの理由によってひとつを選んで参加していることになる。他の集団に移動してもかまわない。

採集狩猟民が農耕民と決定的に異なる点は、共同作業がほとんど必要ないことである。強いていうならば、大型動物の狩猟は、見張り、追い込み、攻撃役などの役割分担を含んでおり、数人での狩猟が有効である。しかしそれを除いては、農耕の場合のような共同作業の必要はない。共同作業がないので、大きな集団である必要はまったくないし、集団が強固なリーダーシップのもとに団結している必要もない。したがって、バンドの結束力は通常あまり強くはない。

狩猟のうまい人は、上記のように大型動物の狩猟のときにリーダーとなるが、それ以外の場面ではリーダーではない。儀礼は一般に採集狩猟民ではあまり精緻に構成されてはいない。アラスカ・エスキモー（ユピック）を調査した宮岡によれば、通過儀礼を行うことがあるが、そのときには儀礼に豊富な経験を持っているはずの老人が指導をする。しかしそれ以上のリーダーシップを持つことはない。

採集狩猟民社会のリーダーシップがさほど強固なものでないということは、世界各地から報告されている。クラストルは、アマゾン地帯の採集狩猟民を調査した結果、彼らの間にリーダー（クラストルはこれを首長と呼んでいるが）がいても、それらのリーダーが何らの強制力を持たず、人々を従わせるのにリーダー自身がさまざまなサービスを人々に与えていることに注目している。クラストルはこれらの社会が「国家に抗する社会」であるという。国家権力の誕生を阻むものがここにある。

採集狩猟民社会では世襲的なリーダーシップは存在しないばかりか、人々は他人のリーダーシップにしたがうことをよしとしないのである。

実力者

農耕民社会には、さまざまな社会構造があり得る。世襲的なリーダーシップの概念のない平等社会では、採集狩猟民のように他人にしたがうことをできるだけ排する社会もあるが、ニューギニア高地の場合はちょっと違う。ニューギニア高地には世襲的なリーダーシップは存在していないが、リーダーは存在する。人々の間には、人に抜きん出る優秀な人がいるということは了解されていて、そのような優秀なリーダーに人々は従うのである。

このようなリーダーを人類学ではビッグマン（実力者）と呼んでいる。サーリンズはビッグマンと首長を比較して、前者が近代市民社会のブルジョワジー的であるのに対して、後者は中世の封建領主的であると述べている。ニューギニア高地社会では、焼畑でヤムイモ栽培が主たる生業となっており、一部灌漑なども作られている。またブタが財として大切にされ、儀礼などで使用されるほか、さまざまな交換、贈与財として用いられている。言語を同じくする集団はときに数千人にも及ぶが、通常は千人程度であり、比較的世代深度の低い、父系的な要素の強い出自集団に分かれている。ときどき異なる部族や氏族の間では戦闘が生じる。

ビッグマンはこのような社会で、企業家的能力をもって頭角を現した男性である。ビッグマンはまず富を持たなくてはならない。富とは第一にブタであり、その他貝殻の貴重財やヒクイドリの羽などである。結婚、さまざまな代償、親戚づきあい、みなブタが必要となり、そのようなときにブタを融通してくれたビッグマンには借りができる。このようなビッグマンを人々は頼みとし、彼のいうことに従う。ビッグマンは、未亡人や孤児、多くの妻たちの面倒を見、複合世帯を運営し、さまざまな行事の企画を行い、戦いを指導する。力のあるビッグマンには大勢のとりまきが集まって指導を仰ぐ。徒党をなす人々の数が多ければ多いほどビッグマンの勢力も大きい。有力なビッグマンは、近隣に名前が聞こえ渡っている。

また、ビッグマンは演説がうまく、ときに呪術に長けていたり、伝統的な知識に富んでいたりする。さらにしばしば戦いのときの勇気や腕力でもって人々に評価されている。ビッグマンはそうした能力を持つからこそビッグマンである。人に抜きん出ているから、ビッグマンは名声を持ち、人々に信頼され、人々に頼りにされる。

ビッグマンの勢力は、絶えず揺れ動く。ビッグマンの配下に入る人々はビッグマンとの個人的な関係でそうなるのであり、ビッグマンとの二者関係は重要である。そしてそれが二者関係に基づく限り、ある程度を限度としてそれ以上にビッグマンを中心とする徒党が大きくなることはない。

ビッグマンの勢力は、ビッグマン自身の身体的能力や政治活動の活発さと結びつく。ビッグマンの身体能力が衰え始めると、ビッグマンの勢力も衰える。老人のビッグマンは次第に支持者を減らし、死と共にその徒党は瓦解してしまう。ビッグマンが壮年期に亡くなった場合も、徒党はそこで中断の憂き目にあう。ビッグマンの徒党は一代限りのものとしてそれ以上に大きくなることはない。

ビッグマンの息子はビッグマンになれるだろうか。高地メルパ族の調査をしたA・ストラザーンによれば、ビッグマンの息子は結婚に際して、他の若者が最初のブタを大層苦労して手に入れるのに比べると遙かに易しくそれを入手することができるという。しかし、彼がその恵まれたスタートを生かしてビッグマンになることができるかどうかは別のことである。ビッグマンの息子だからといって、父の徒党を受け継ぐことはできないから、ビッグマンの息子でビッグマンになれないケースも数多いのである。

長老制

一方で、そのような実力者を頼みとするのではなく、年齢に応じて年長者には従うという制度もある。人々は実力にしたがうのではなく、年齢の権威にしたがう。このような社会では、死亡しない限り、いずれは長老として人々を支配することが可能である。

東アフリカ社会には、年齢階梯の考え方と制度がある。年齢階梯制は、実はさまざまに細かなバリエーションが存在しているが、その根幹は、同じ年齢層の人々がセットとなり、異なるライフステージにおいて異なる役割を担うというものである。

ナンディ族では、一五年に一度、大々的なイニシエーションの儀式が行われ、少年たちがまとまって戦士見習いの身分に移行する。その先には、戦士、若年寄、長老、最長老の階梯があり、それら階梯に属していた者たちも同時に一ランクだけ階梯を前進する。戦士見習い・戦士の間は同じ階梯に属す仲間たちだけで、村はずれにキャンプを張り共同生活をする。さまざまな戦いの訓練を受け、隣の部族からウシを略奪する襲撃などを繰り返して団結を学ぶ。戦士の身分が終了すると、若者たちは結婚が許され、普通の家族生活を営むようになる。そうして男性は政治生活を始める。

年齢階梯制度が社会を包み込むこうした社会の場合、年齢に応じた役割をしかるべく演じ、その役割に沿ってしかるべく行動することが重要となる。政治的な決定は長老たちに委ねられ、長老たちがコミュニティに君臨する。このような政治形態を長老政治（長老支配）と呼ぶ。誰でもが年を重ねていくにつれ、権力を握ることが可能である。

グロ族の社会システムの研究を行ったメイヤスーは、このような長老支配のもとで、若者が長老の支配を受けざるを得ないことを次のように説明している。長老は女性と財（婚資）を掌握している。一夫多妻制度が行われているために、女性はもともと稀少である。長老は、外婚制の下で異なる出自集団の長老たちと交渉して、妻たちを迎え娘たちを嫁にやる。若者は妻を娶るためには、長老に縁組をまかせなくてはならない。ふさわしい娘を捜し出しふさわしい婚資を用意してもらわねば、結婚はおぼつかない。妻を迎えることができるかどうかは、長老の手に委ねられているといってもよい。若者はこうして、長老の支配を受け入れざるを得ないのである。

平等社会とは、人生の出発点において同等の資格を持つという意味である。しかし、平等といえども社会ごとの能力や支配の正当性に対する考え方の相違において、異なるリーダーシップの発現があるということが理解できる。

3 首長制社会のリーダーシップ

平等社会のリーダーシップの後に、首長社会のリーダーシップについて検討しよう。首長制を持つ社会では、基本的に人々は生まれつき平等ではない。

一八世紀トンガ社会

太平洋は一五世紀の終わり以降、西欧人の航海者が探検踏査の旅を度々行った。トンガには一七世紀初めにオランダの航海者ルメールとスホーテンが訪れて以後、タスマン、ワリスが航海の途上立ち寄っているが、本格的な接触は一七七三年のキャプテン・クックに始まる。これは彼の第二航海の時期であるが、さらに第三航海の途中、一七七七年にもここを訪れ、このときの滞在は長かったので詳細なトンガ社会の記録が残されている。

トンガには、ツイトンガ(トンガ王)という最も位の高い称号名があり、この称号名は代々父から長男へと受け継がれてきた。伝承により伝わる系譜では、第二三代のツイトンガ・タカラウアの次男が新しい分家を作り、初代ツイハアタカラウアを名乗ったという。その後、兄ラインである神聖王ツイトンガに対する、弟ラインの世俗王ツイハアタカラウアとしてこの分家は栄えるが、さらに第六代目ツイハアタカラウアからツイカノクポル名の首長称号が誕生する。ツイカノクポルはツイハアタカラウアに対する世俗王的な地位を最初は占めているが、やがてトンガ全体の実権を握るようになった。トンガの首長称号はごく一部の特殊なものを除いてこのいずれかの首長称号名に辿ることが可能である。

図4‐3　トンガ王家・王族の系譜

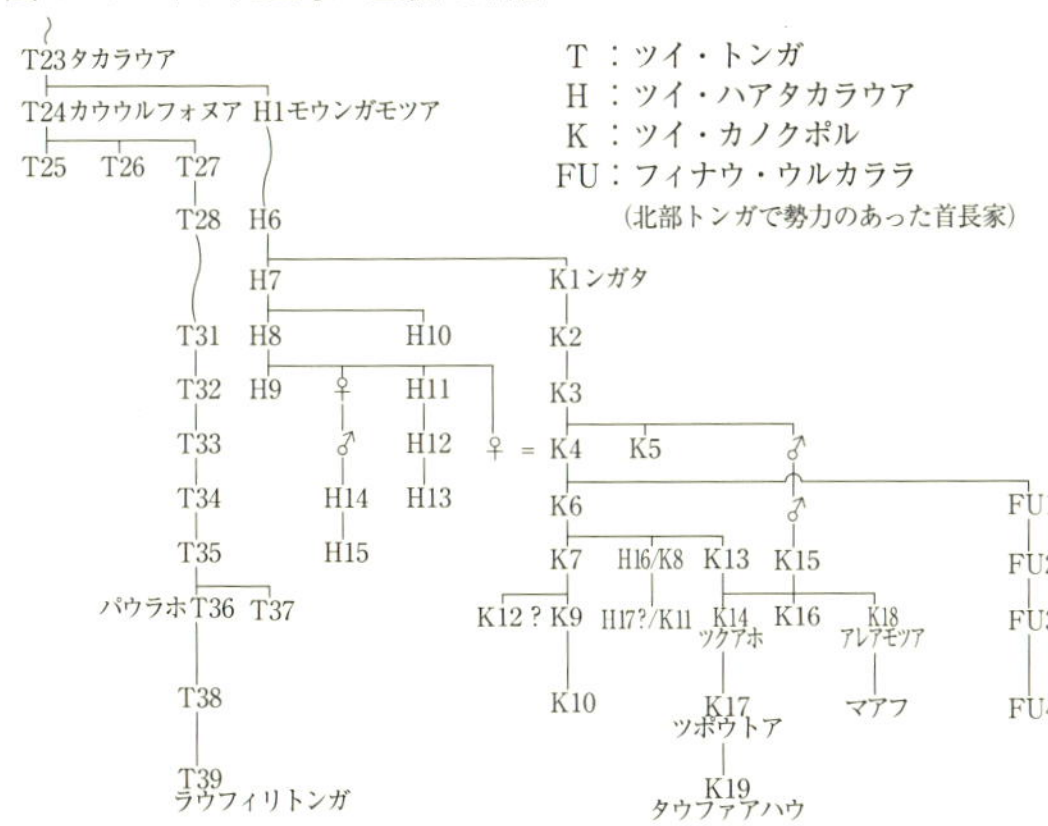

ということは、トンガの首長称号はツイトンガに発するひとつの系譜にまとめられてしまう、ということである。

クックは最後の訪問のときに、当時のツイトンガと親交を持つ。これは、第三六代目ツイトンガ・パウラホであるといわれている。クックは一番偉い人を観察で確かめようとした。位階が上の人に対して、人々は足もとにひれ伏して足の甲に額をつけるという礼を行うので、比較的わかりやすい。その礼を一身に受けるパウラホは帆船の甲板までやってきて、クックたちと友好的関係を持とうとした。やがて船室に降りようとするパウラホを家来たちは止めた。パウラホが船室に降りたあと甲板を歩く者が出ると、パウラホの頭の上を歩くことになるというのがその理由らしかった。

クックが観察したトンガ社会は、王族、首長層、および平民層に分かれており、土地は整然と耕されて、秩序ある社会が実現されていた。王族や首長の権威に人々は従い、ときに服従しない平民に首長が体罰を加える場面が目撃されている。

クックの滞在中にイナシ祭（収穫祭）が催された。これはヤムイモの初物や魚の収穫をツイトンガのもとに集め、ヒクレオ神に豊作を感謝し豊饒を祈って捧げる儀礼である。ヤムイモばかりか多くの収穫物が、ホラ貝を吹き鳴らす合図と共にトンガ各地から運ばれてくる。大勢が各地から集まってきて、盛大な祭りが催される。踊りやスポーツなどの余興に人々は興じる。人々の食事は集められたヤムイモやブタのうちから調理される。これらの食物は神の名において捧げられた後、ツイトンガを含め並み居る首長たちの間で位階に沿って分配されるのであった。うずたかく積まれたヤムイモやブタなどの食料をクックもプレゼントされている。イナシばかりでなく、クックは友人となった首長たちの宴に何度も招待されるが、その際にはヤムイモや薪、魚、ブタなどのプレゼントをふんだんに受けたのである。

首長の地位

さて、それではこのような首長制度を生む社会がどのような構造を持っていたか、検討してみよう。トンガでは、兄弟の間で兄が弟より上の位階を占め、この関係は子孫にも伝わっていく。兄の子が弟の子より年齢が下でもその相対的関係は変わらず、兄の系は系として弟の系より位が高くなる。この関係により、長男の長男を通じて形成された系が最も高い系となる。出自集団の中で最も高い系の長男が首長となるが、同様の出自集団の重層的な関係を通じて、首長間にも格の差が形成され、社会全体が秩序づけられるのである。このような、出自集団同士が系譜によって結びつき、互いに異なる格を持つような政治構造は、円錐クランとよばれている。

各クラン同士について見るならば、対等なクランはない。すべてのクランが系譜を通じて上位、あるいは下位に位置づけられている。そのクラン同士の関係の根拠は、首長間の関係である。首長同士が全体の系譜とのかかわりで首長称号名同士のピラミッドの中に位置づけられているのである。

図4-4　円錐クラン［サーリンズ：1972］［Sahlins:1959］

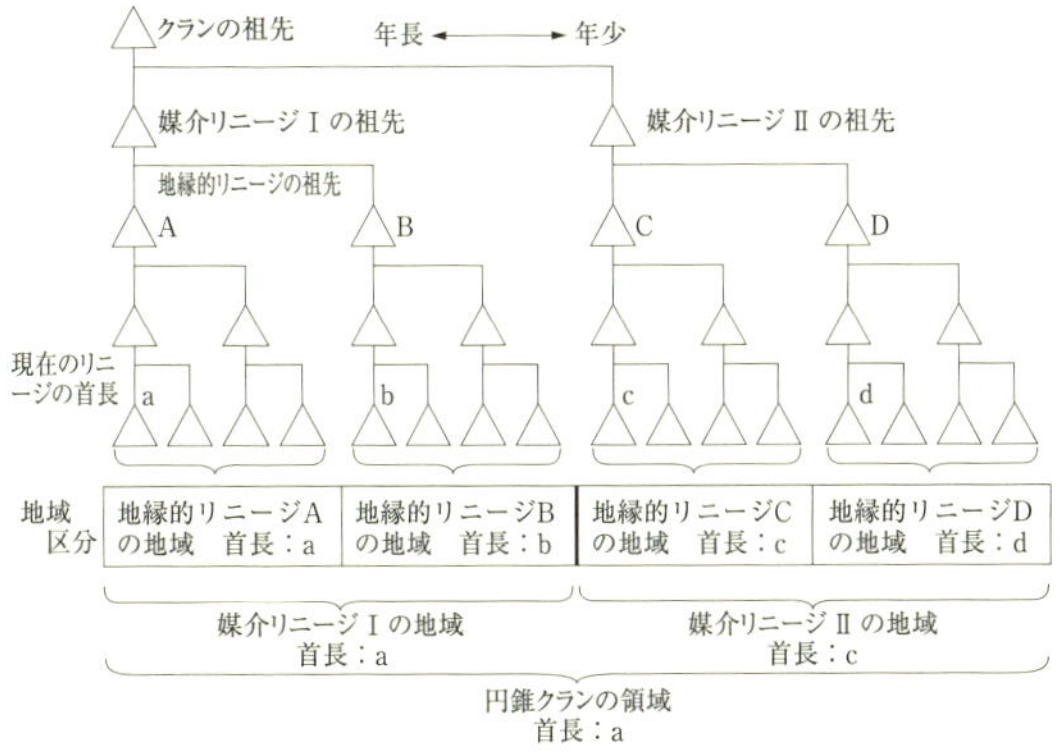

首長制はおおむねこのような親族間の伝統的な不平等に基づいて成立している。サモアでは首長がもっとゆるやかな血縁者間の関係の中で相談によって選出されていく過程があり、さらに地縁集団を媒介としてよりおおきな社会へと組織化されているが、そのような首長制は同じポリネシア地域の中でも特例であるといえよう。むしろ通常は、血縁者間での格付けにより身分が決まるのである。

首長の地位はそうした出生の順位や性別によって決まり、生得的なものである。もって生まれた家系や出生順などですでに決まっているのである。首長の力はすでに生得的にそなわったものと考えられている。そのようにして生まれた人だからこそ、特別なマナ（霊的能力）が備わっているのである。

マナの備わった特別な人として、首長の身体はしばしば聖なるものとなる。クックが観察したトンガでの格の高い人への挨拶は、そうした身体の聖性とかかわりがある。マナの著しく高い人に接触するのは危険であるが、もし間違って触れてしまっても、もし足に額をすりつける儀礼をしていれば、危険にあわずに済むと人々は信じていた。もしものときの予防薬として、この儀礼を行っていたのである。ギリシャ神話に登場するミダス王は触るものがすべて黄金になったが、それと同様に、タヒチでは王はあまりに格が高すぎて、王が歩いた地面は王と同じ聖性が伝染して王以外の人々は誰も歩けなくなってしまう。これをさけるために、王や高位首長は特別な家来の背に負われて移動を行うのであった。

首長制と経済

トンガでは、親族集団の重なりと同様に、土地所有も重層化していた。トンガ全土の土地は原理的にはツイトンガのものであるが、同時にこの土地のかなりの部分がそれぞれに首長の系譜を通じて重層的に所有されている。耕作した平民は自分の直接の首長に貢納し、その首長は集まったもののうちから、一部を自分の上の首長に貢納する。これを繰り返して、ツイトンガのところまで貢納が届く制度となっていた。

首長はこうして首長国の財の循環の中心となっていたわけだが、そうして貢納によって集められた財を首長は独り占めにするのではなく、さまざまの機会に皆に惜しみなく分け与えなくてはならない。最高位の首長はしばしば首長国の「父」に喩えられ、慈愛に満ち満ちた親のようにふるまうことを期待される。儀礼や祭りはそのよい機会で、大盤振舞が繰り返し行われた。そして財はおおむね貢納の時と逆向きに首長の階梯を下向きに流れていくのであった。

このような財の流れは、首長国ではしばしば見ることのできるものである。財は中央の権力者に向かって求心的に流れ、さらにそれは再び逆向きに流れていくのである。この動きは、全体として経済人類学者のポランニーが再分配と呼んだものであり、首長国を統合する経済様式である。

実力者と首長

ここでビッグマン（実力者）と首長の相違を検討してみよう。この二者を比較して論じているサーリンズは、その対照的な性格を強調する。市民社会のブルジョワジーにも喩えることができるビッグマンの地位は、彼が獲得したものである。ビッグマンは実力を持つものとして、人々に抜きんでることによって頭角を現し、人々の信頼を受ける。人々に勝る企業家精神を持ち財をなしているが、これがビッグマンのビッグマンたるゆえんである。

一方で、封建領主によく似た首長の地位は、生得的なものである。家柄、血筋、出生順によって得た地位は、初めから彼にそなわっている。首長の身体は公的なものとしての表象を持つ。首長制とは、首長の能力やリーダーシップによって成り立っているのではなく、人間の能力の外に作られた超時間的な地位とそれに付随した権力に伴うものなのである。その地位についた人に集団が従うという了解が成り立っているのであり、首長の地位は超人的である。首長が亡くなっても、代わりがその地位に就くことによって社会はそのまま継続していく。誰がその地位に就こうが、その地位に就いた者を中心として社会が動いていくのである。

ビッグマンは能力があるからビッグマンであるが、首長はそうではない。ビッグマンは大きいからビッグマンであるが、首長は首長だから大きい。ビッグマンが身につけるビッグマンの印はしばしば獲得したものである。ニューギニア高地のメルパ社会では、ブタを贈与するモカ儀礼を行う毎に、小さな竹の節を胸のペンダントに付け加えることができる。その「勲章」が多ければ多いほどビッグマンであることを示すことになる。

それに対して首長制の下では、首長やその直接の家族だけがまとうことのできる特別な衣料や装飾品がある。ハワイでは鳥の羽で作った特別なマントが王族の印であった。またハワイではやはり鳥の羽でできたヘルメットも王族の印だった。タヒチの腰帯、サモアの踊りの頭飾りなども同様である。ハエ追い状笏《しゃく》〔ココヤシロープなどで作った房をつけた笏のようなもの。太平洋各地で身分の高い人や演説をする人などが用いる、地位を示す持ちもので、ハエを追うように振り回すのでその名があるが、実際にはそのために用いるのではない〕や杖、入れ墨なども身分の違いを示す指標となっていた。

呪術的な力は、ビッグマンの場合獲得して身につけるものである。ビッグマン自身が呪文を学び、修練して使えるようにする。ところが首長に関していえば、そのような呪術的な能力は初めから首長に備わっており、鍛錬して身につけるものではない。たとえば一八世紀のトンガの場合、ツイトンガの身体に触れると病にかかってしまうと信じられていた。これを防ぐことができるのは、王の足下にひれ伏して足の甲に額をつけることである。ツイトンガの食べ残しも危険であり、間違って食べてしまったときにはお腹がふくれてやがて死んでしまう。そうならないためには、お腹をツイトンガに足で蹴ってもらうとよい。つまりは病気の原因もその治療法もツイトンガの身体に発するものなのである。亡くなったときどうなるか。ビッグマンの場合は先に述べているように、亡くなるとビッグマンの徒党は瓦解してしまう。ビッグマンの個人的リーダーシップに自らついていく人々からなっていたのだから、そのグループはビッグマンの死とともに終了してしまう。

しかし、首長というのは地位であって、その個人的な能力や魅力を力の源泉とするものではない。首長が亡くなると、コミュニティは統合の中心を失い一時的な危機に瀕する。サモアで高位首長が亡くなると、下位の首長たちは「天空が破れ、月が砕け散った」といった口上を叫んで村を練り歩く。かつては体に消し炭を塗った男たちが大げさに嘆き悲しんで暴れ、運悪く道に出てきた人や家畜を殺したり、ヤシの木を切り倒すなどの非日常的行為に及んだという。

その危機は最終的に次の首長の就任式（即位式）をもって終わる。次の首長は、カヴァ儀礼を行って新しい地位への就任を明かなものとする。彼に至る系譜がそこでは読み上げられ、その称号名が彼に授けられたことを確認する。就任式以後、首長は襲名した新しい名前で呼ばれ、前任者の持っていた権能をすべて受け継ぐことになる。

4 リーダーシップとジェンダー

われわれの社会で、女性の社会進出が進んできた最近では、官公庁や政財界で女性リーダーを見ることが珍しくなくなったが、このような現象は近年のことである。男女共同参画社会の実現は、政府や地方自治体の目標に掲げられるようになっているが、これもごく最近のことだ。

戦前は男女も別学で、大学に女性が入ることは希であった。日本で女性の参政権が認められたのは、戦後のことである。しかし、女性が主としてリーダーシップをとるような社会はこれまでなかったのだろうか。

母権制

ギリシャ神話の伝承の中に、武術に長け、狩猟と戦いにいそしむ女戦士の集団アマゾネスが登場する。彼女らは他国の男性と交わって子種を得るが、女児のみ育て、男児は殺すか父の下へやるなどして、女だけの集団を維持していたという。しかしアマゾン族の実在は確かめられていない。このような女性だけの部族の伝承は世界各地にあり、日本にも同様の女護ヶ島の伝説がある。これは見るからに男女の役割を転倒させ、パターン化した物語であるといえよう。

一九世紀、当時の男性優位の社会が普遍的であると考えられていた。そこにバッハオーフェンは、かつては女性が優位であった社会、すなわち母権制が存在していたと『母権論』で論じた。彼はその著書の中で、まず乱婚制（婚姻制度のない状態）から母権制に移行し、そのあと現在の父権制（家父長制）が確立されたとしている。彼の提示した母権制は進化主義者たちに大きな影響を及ぼした。この議論は、今日の経験的なデータを重んじる人類学とは方法論を異にし、ギリシャ古典の文献学や神話学をもとにしたものであった。

そこで論じられている母権制とは、①母を通じて集団の成員権や財産の相続、地位の継承が行われること（母系制）、②夫が妻方に婿入りすること（妻方居住）、③女性が主として母として集団の中で権限を握ること（狭義の母権制）、などが含まれており、大変広い概念を指していた。現在、人類学者のフィールドワークやさまざまな歴史文書を見る限りにおいて、①と②はそれぞれに確かめることができるが、③が存在する、ないしは存在したという証拠はない。従って、このすべてが実現されている社会としての母権制を論じることはできない。また①と②にしても、以下に述べるように、同時に発生するとは限らないのである。現在の文化人類学では、母権制という用語を現実に当てはめて用いることはほとんどない。

母系制

人類学では母権制の代わりに母系制を主たる分析概念としてきた。母系制は父系制に比べるとずっと少ないが、世界各地に点在する。その中でも結婚後の居住を含めると、おおまかに二つのタイプがある。（A）母系制かつ妻方居住を行うものと、（B）母系制かつ夫方居住（オジ方居住）を行うものである。それぞれの親族システム内部でのリーダーシップがどのようになっているかを検討してみよう。

まずA型であるが、こちらはわれわれが普通に考える母系制である。形式的には、ほとんどの父系制が夫方居住を伴うのとちょうど裏返しの形となる。しかし、この形はリーダーシップに関して父系制の場合を裏返したように女性が権威を持つことにはならない。母系制・妻方居住の制度を持つミクロネシアのサタワル島で調査した須藤健一は、男性の婿としての地位は大変低くて婚家先にて妻の親族に仕えなければならない一方で、その実家での発言力は大きく、実家の財産に対する発言権や実際の運用をめぐっての決定権は姉妹に優越するという。つまり、兄弟たちは結婚後も実家にある種の権限を持ち、姉妹を後見することになるのである。

B型は少々複雑な形をとる。この型の母系制と夫方居住がともに発生する場合、夫方居住の代わりにオジ方居住とよぶ場合もある。この典型的な例は、トロブリアンド諸島である。このシステムのもとでは、男も女も生まれたところに生涯住み続けることはない。ダラという親族集団はあちこちの村々に分かれていて、それぞれに一定の土地を持つ。その土地の管理者を中心としてダラの男性成員たちとその妻子がここに暮らす。この子どもたちはそれぞれに妻のダラの成員であるので、生涯ここに暮らすわけではない。ダラの女性成員は夫のダラ（すなわち、自分の所属するのでないダラ）に住んでいるが、その子どもたちはこのダラの成員である。男の子は生産活動を始める頃に母の兄弟の下に行き、ここでダラの土地の管理を行っているオジ（ないしは同じダラの男性成員）から土地を分けてもらってヤムイモ畑を作り、やがて世帯を持つ。女性はやがて父の村をあとにして夫のもとに嫁いでいく。男性成員はダラに戻りその土地で生活するが、女性成員はいつもダラの外に住む。しかし、ダラの血筋を続けるのは女性である。

A型にせよB型にせよ、いずれも親族集団内の財の管理、運営などは、親族集団内の男性たちに委ねられている。父系制がしばしば、男性優位とセットで出現しているのに対して、母系制はその逆の女性優位になるのではなく、そこでもやはり男性優位となっている。母権制の存在自体を人類学者が疑うゆえんであり、また母系制というのは、単に父系制の裏返しではないということでもある。

男性優位理論と舞台裏の権力

しかしそのような女性の二次的な地位はどうして生じるのか。かつては生物学的にそれが説明されていたが、生物学的に女性が劣位にあるということは、必ずしもいえないことがわかってきている。たとえば男性の方が筋力もあるし体も大きいが、食料や水を欠いている条件下で長く生き延びる能力は女性の方が上である。どちらが生物学的に劣位にあるかは指標の取り方ひとつで変わってくるのである。

そのことを、男性が文化に、女性が自然に喩えられることを通じて説明したのが、シェリ・オートナーである。①女性の生理現象がより自然に近い。②出産・授乳などの役割が女性はより自然に近いことを示す。③女性の心理がより自然に近い、といったことを示すことで、男性が文化に喩えられるのに対し、女性は自然に喩えられることを示した。そのような人間界の関係性についての想像力ゆえに、女性が文化たる男性に対して劣位に置かれるという現象となって現れたと説明する。

また、ミシェル・ロザルドは、採集狩猟民の男女の役割分化（男性は狩猟、女性は家内、という区分）から、命を奪う男性の機能（狩猟、戦い）に対して、命を生み出す女性の機能（出産）が、文化対自然という関係の中で劣位に置かれるようになる経緯を、同様に象徴人類学的立場から説明している。すなわち、生を与えることが自然に行われるのに対し、生を奪うことはまさに文化であるということである。文化が自然より優位に置かれるのであれば、男性は女性より優位に置かれることになる、というのがその考えである。

これら、文化対自然という図式の中での議論に対して、そのような対立自体がきわめて西欧的な世界観の中でいえることであり、普遍的なものではないという批判もある。マリリン・ストラザーンはフィールドとしているニューギニア高地の事例をあげて、このような考え方の反証としている。

さらに、女性に公的なリーダーシップの地位は与えられていないが、「舞台裏の権力」（Behind-the-scenes-power）をふるうことで、女性も実際の意思決定には参加しているのである、という考え方がある。家族内での意思決定に注目したランフィアは、多くの場合女性は、親族集団内部でも、男性の正式な序列関係に委ねられている意思決定のシステムからは疎外されているが、夫や息子を通じてちょっとした影響力を及ぼしたり、隣近所の女性達とゴシップを流してみたり、自分の親族を使って婚家先の事項に介入したり、といった非公式な方法で意思決定に参加するという。女性が意思決定からまったく排除されていると考える必要はないかもしれない。そうした非公式な影響力は時として、王や皇帝を動かす可能性もあるかもしれない。しかしそれはあくまでも公式の権利や義務があることとは違う。非公式はあくまでも非公式なのである。

女性と男性のリーダーシップにおける非対称について、フェミニスト人類学の分野からは、以上のようなやや悲観的な結論に達する結果となっている。しかし、確かにかつて夢想したような母権的社会は存在しないのかもしれないが、人類社会でいつでもどこでも女性が権力から疎外されてきたと考える必要はないのではなかろうか。

ポリネシアは本来首長制を持つ諸社会であるが、西ポリネシアでは女性が継承順位から疎外されているのに対し、東ポリネシアではもともと、男女かかわりなく出生順に父の持つ首長位の継承権が定められているので、女性であろうとも兄弟姉妹の中で初子であれば、その地位に就くこととされていた。現在、クック諸島の最高位首長の地位も、ニュージーランド・マオリ族のキンギタンガ王朝の王（女王）の地位も女性が占めているが、これは近代的男女平等の思想から発したものではないことに注目したい。

また、筆者のフィールドであるサモアでは、双系的な考え方が強く、男女ともに父方／母方どちらにもたどることができ、夫方／妻方のどちらに居住することも可能であるが、一方で、父方をたどり、夫方に住むのが多くの人々の選択である。この親族集団の長である首長が亡くなり次の継承者を選ぶとき、あるいはまた集団運営上の大きな意思決定が必要となるとき、単にその親族集団に居住する主な成員ばかりでなく、外部に婚出した人々、別な系譜をたどって外部に暮らす人々など、外部成員と認められている大勢がこの親族会議に出席する。そのような場で、この親族集団から外に婚出した女性たちは、親族集団内に残留して日々暮らす兄弟たちに対して、ひけをとらない発言力を有している。老女たちは堂々と発言し、同席する人々はそれを傾聴している。最終的な決定はその地に暮らす兄弟たちに委ねられることが多いにしても、姉妹たちがその決定に納得しないときは、拒否権を発動して対抗することすらできるといわれている。

これはあたかも、沖縄の親族集団の祭祀が婚出した女性たちによって行われていることに通ずるものがある。われわれの生活習慣の中で、男女関係はもっぱら夫と妻の関係と捉えがちであるが、兄弟／姉妹の関係も同様に着目して分析していく必要があるだろう。

第五章　交換と経済

1　経済とは何か

貨幣とは何か

貨幣とは奇妙なものである。それ自体ほかのものと交換する以外の使い道はない。たまに硬貨を使って、ねじを回したり、表裏どちらが出るかに賭をしたりすることはあるが、そのために貨幣を入手することはない。紙幣に至っては交換以外の使用法はまずない。

貨幣は誰でもが欲しいと思っている。いくらあってもまだ欲しい。なぜ貨幣を欲しいと思うのだろうか。貨幣は交換に供する以外の使い道はないし、貨幣そのものの魅力で集めたいというほどではない。何の役にも立たない貨幣をわれわれが欲しいと思うのは、逆説的ながら、実は誰もが貨幣を欲しいと思っているからなのである。誰もが貨幣とならば、何か役に立つ有用なものとの交換に応じてくれる。もしも誰かが自分の欲しいものを然るべき額の貨幣と交換してくれるならば、貨幣を持っている価値があるというものだ。今貨幣を貯めるのは、将来欲しいものが生じたときに、その貨幣と交換することにより欲しいものを入手するためなのである。

経済史学者は、貨幣を物々交換から発生したと考えた。互いにいるものといらないものを交換するという方法では、互いの欲求と手放せるものとが一致しないと交換できない。しかしここで、他のものと交換可能な何かに一旦換えておくという方法をとれば、何でも交換が可能となる。ミカンを持って市場に来て魚を欲しいと思っている人は、ミカンを欲しいが米を持っている人と交換を行って一旦ミカンを米に換える。もしも米が誰もが欲しがっているものであるならば、早晩魚を持った人が現れたとき交換可能である。魚を持った人は米でないものが欲しいかもしれないが、一旦米に換えておけば、やがて自分の欲しいものと交換してもらえる、という読みのもとに米との交換に応じるであろう。

そのように交換の媒体となるものは、長期保存に耐え、量の調節が容易にできるものが望ましいはずである。消費財の中でも交換の媒体にしばしば用いられたものとして、穀物、たばこ、干し肉などがある。石器時代の遺跡からは、矢尻や細石器に使う黒曜石や、ひすい、琥珀などが出土する。生産地から遠く離れていることからよそから持ち込まれたことが明らかなものも多く、交換の媒体となっていたことをうかがわせる。しかし一方で、それらが欲しい物を手に入れるための交換であったのか、儀礼的な贈与交換であったかは議論の余地があろう。この問題はあとでまた検討する。

経済学では、貨幣の持つ機能を以下の三つとして論じている。

①交換の媒介としての機能＝受け取ったものの対価として支払う。
②貯蔵手段としての機能＝価値を貯蔵してとっておく。必要が生じても、貨幣と交換で入手可能である。
③価値尺度としての機能＝さまざまなものの価値を貨幣との交換により互いに比較可能とする。価値の異なるものを貨幣に換算することで、互いの価値を比較できる。

市場とは何か

市場《いちば》とは、大勢の人々が一堂に会してものを売り買いする場のことをさす。ここに人々は、譲渡可能なものを持ちより、欲しいものと交換する。需要と供給によってものの価値が決まり、それぞれの交換比率が決まる。市場《いちば》は具体的にそのような売買の機会を人々に与える場であるが、それと同時に、そのようなものとものとの交換比率を競争・交渉して決定する場であるといえよう。未開社会では、市場《いちば》で直接ものとものとの交換が行われることもある。そのような物々交換の場合でもやはり、需要と供給とで交換比率が決まり、売買が行われることは同じである。

しかし、市場《しじょう》とは、そのような具体的な場をさすというよりは、もう一段抽象的な概念である。それは、ものとものとの交換をごく普通の活動であると考える常識、そんな行為が可能であるという考え、また個々のものとものの、ものと貨幣とのおおよその交換比率が過去の事例の積み重ねで予想できる、そんな概念のことをさしていると考えるべきであろう。ミカン何個はリンゴ何個に相当し、米ならば何合と交換できる、といった予想がついていれば、交換という行動に向かう意欲もわいてくる。そのような概念を共有している間柄であれば、取り立てて市場《いちば》という場がなくても取引は可能となる。市場《いちば》でのもののやりとり、ものを介して出会う人々が知り合いである必要はない。その場に参入して、交渉し同意すれば交換は行われるのであり、互いに知らない人々をそのように結びつける役割を市場《しじょう》は持っていることになる。人々はものを得ることを目的として市場《しじょう》に参入し、目的のものをできるだけ有利な条件で得ようとする。

市場《しじょう》における行動を観察すると、人々は最小の損失（手段）で最大の利益を得ようとする。同じミカンならば、一個三〇円のものより、二〇円のものを買う。同じ米なら、一キロ六〇〇円のものより一キロ五〇〇円のものの方が売れるはずだ。これを経済学では、最適化行動と呼ぶ。経済学では、このように合理的行動をとる人間を想定して、経済人（ホモ・エコノミクス）と呼ぶ。経済人がそれぞれ自己の利益を最大になるように行動するという想定で、経済の分析や予想を行う。経済人類学に大きな影響を与えた経済史家カール・ポランニーは、最適化行動の理論を経済の形式的意味と呼んだ。

ポランニーは経済という語にはもう一つの意味があると述べているが、それは経済の実質的（実体＝実在的）意味である。生を維持するために、人々は何らかの食物を食べ、何らかの衣類をまとい、何らかの住居に住まなくてはならない。そこにミカンを選ぶか、リンゴを選ぶかの選択はあるが、何も選択しない、という選択はない。このようにして、生きた身体を維持する人間は、生命を維持するために環境に働きかけ、環境から生きる手段を入手して生活することになる。この経済の実質的意味は、市場《しじょう》や貨幣の有無にかかわらず存在している。市場《しじょう》の存在しない社会にもこの実質的意味は存在しているのである。

非市場社会の経済

われわれの生活は、ほとんど貨幣が媒介となり成立している。衣類、食物、住居など生活の基本的な部分は皆、貨幣を通じて得たものである。料理に必要な食材をスーパーで買ってくる。調理具も食器も買ってきたものだ。現在では料理すらしないで、外食したり弁当を買うこともある。衣類を作ることはあっても、布を織るところから始めることはまずない。既製品を買う方がずっと安上がりだったりする。住居にしても同様である。われわれは貨幣がなければ生きてはいけない。それはつまり、貨幣を得るために労働しないと生活はできないということになる。このような社会を、近代産業社会、または資本主義社会、ないしは市場《しじょう》社会とも呼ぶ。

それに対して、現在地球上では減少しつつあるが、生産と消費が密接に結びついた経済もある。自給自足=生計維持（subsistence）経済の下では、消費するものは自分たちが生産したものである。採集狩猟民は、獲物を狩猟で得てそれを調理して食べる。植物性食物も生計維持の上で重要であり、木の実、植物の根など採集し調理して食べる。農耕民も多くは食物を自給している。現在日本でも農家はサラリーマン家庭に比べると自給率は高く、米・野菜など多くを自家生産しているのが普通である。ましてや、市場《しじょう》システムの整っていないところでは自給が原則となる。

しかし、自給自足経済の下でもすべて自給可能ではない。それぞれの生産者の収穫には増減があり、一時的な病気、怪我、主たる働き手の死亡などによって、自家生産だけで暮らせない世帯も出てくる。またある程度は世帯ごとのものの偏在を調整する必要がある。さらに、財の種類においてもその量においても生産と消費の間のギャップを埋めるためとは思えない、社会学的な意味を持つと考えられるもののやりとりもある。互いの間で生産物をどのように調整しているのだろうか。それを考えるためには、経済の形式的意味から考察するのではなく、実質的意味において考察することが必要となってくる。ものの生産・流通・消費を検討すべきであるが、とりわけポランニーは流通について考察することを重視している。

2　贈与交換の互酬性

贈りものの習慣

贈りものは、市場社会にも非市場社会にも存在するが、非市場社会ではとりわけ贈りものを通じたものの流通が重要な位置を占める。

贈りものは売買とは違う。売買が、できるだけ有利に自分の欲しいものを対価を払って手に入れることであるのに対して、贈りものは人に何かものをあげてしまうことである。自分はものを失うが、相手は、何もあきらめるものなしにものを得ることができる。しかし贈る人は何の意味があってそんな利他的行為を行うのであろう。注目すべきは、贈る人と贈られる人の間には、通常は何らかの関係があることだ。友人関係、または親子関係、兄弟関係、親戚関係、職場関係といった人間関係に沿って贈り物がなされる。

たとえばA子さんが友人のB子さんの誕生日に贈りものをあげるとしよう。A子さんは、親しい友人の印として贈りものをあげる。B子さんは一方的に贈りものをもらう。もらったものは実はあまり気に入らない柄のハンカチである。しかし、そんなことはあまり問題ではない。B子さんはそんな友達の心遣いがうれしいと思い、感謝して受け取るであろう。もし、受け取らなかったらどうだろう。それは、B子さんがA子さんを友達としてあまりよく思っていないという意思表示になるかもしれない。その結果友人関係は続かなくなるかもしれない。そんなことを考えると、友人関係を続けるつもりであれば、B子さんは感謝して受け取ることになる。さて次は、A子さんの誕生日にB子さんはきっと贈りものをすることになるだろう。互いに贈ったものは、結局釣り合いがとれていることになる。

次に、お葬式に行くときはどうだろう。A子さんのお父さんが亡くなったので、香典を持ってB子さんは葬式に出席する。A子さんの家族からは香典返しが贈られる。香典返しは普通半額相当を返すので、お返しは釣り合っていないかもしれない。しかしこれも長期的に見るならば、バランスはとれる。B子さんの父親が亡くなれば、A子さんは香典を持ってお葬式に出席するだろうから。

このように贈りものは、一見一方的にものを譲り渡す損な行為のようであるが、見返りがあるので結局目立った損になるわけではない。そして、互いの関係を見直し、友情を強化し、連帯関係を更新することができる。このような贈りものの交換は、多くの場合社会的慣習に従って行われる。交換を行う間柄、交換するもの、交換する時期、交換する場面などを規定する慣習が存在しており、それに沿って人々はものを贈り合う。

このようにして、長期間にわたって相殺される贈りもののやりとりにも、経済人類学では交換という語をあてはめて考察する。ものの取得のために、ものとものとを交換したり、ものと貨幣を交換するのを市場交換というのに対して、贈りものの交換は贈与交換と呼ばれている。贈与交換は贈与／返礼の循環の中で、やりとりの財の増減が長期的に相殺されていくことが多い。あるいは、厳密には相殺されなくても、相殺されるであろうことを前提に相互行為が成り立っている。このような財のやりとりを人類学では互酬的交換と呼び、そのような慣行をさして互酬性という。

ある人からない人へ

隣近所との間で交わす「お裾分け」という慣習について考えてみよう。実家からミカンを箱で送ってきた。とても全部は食べられない。腐らせてしまうよりは誰かにあげよう、と思い、隣人にミカンを一袋あげる。隣人は感謝して受け取る。やがて隣人は釣りに行ってたくさんマスを釣ってきた。そんなにいっぱいあっても食べきれない。今度は前にもらったミカンの代わりにマスをくれる。

最初の贈り手も隣人も、ともに自分の持っている過剰なものの一部を贈与によって手放すわけだが、代わりに何か別のものをもらっているので、結局損をしたことにはならない。腐らせてしまう過剰なものを、別なものに換えたのであると考えるならば、これは市場《いちば》に出向いて不要なものを有用なものに換えてくる市場交換と実質的にはそうかわらない。ただし、交換する人々は、入手するものを選択できない点が違うかもしれない。しかし、ここで贈与に供されるものは食料など誰でも入用なものであるのが普通で、あげたものが無駄にならないように贈り手は調整している。

採集狩猟民の間では、とれすぎた獲物について、しとめた狩人とその家族ばかりでなく、同じキャンプの人々が分け合って食べる。カラハリ砂漠の採集狩猟民を調査した田中二郎によれば、誰かがキリンなどの大型動物をしとめると、キャンプはお祭り気分に沸き立つという。しとめた人は一番良い部位の肉をとり、あとはキャンプ全体が肉にありつく。大型動物の肉を一家族だけで独占しようとするなら、結局肉の一部は腐らせてしまう。それくらいなら、皆で分けてしまう方が合理的だ。そうやって誰もが自分の収穫を皆に分け合うなら、結果的に肉を食べる機会はずいぶん増すはずだ。過剰な肉を他人に贈与し、将来代わりの肉を受け取ることができる。

採集狩猟民の間柄では、ある人がない人にものを与えるのは普通のこととされている。たばこを持っている人はない人にあげる。ない人がある人におねだりをしたとき、ある人は拒否できない。そのようにして、市場《いちば》などなくてもものは流通する。採集狩猟民の間でそれが可能なのは、人々の間にあまり貧富の差がなく、あげる人ともらう人の役割が固定していないからだろう。今日もらっても明日はあげるから、あまり気にせずにものをねだることになる。

採集狩猟民のもののやりとりについては、贈与とそれに対する返礼といった明確な贈り合いの手順があるというよりは、あるときにはあげて、ないときにはもらうといった方法であるが、これにも互いに相殺しあうものの流れがあり、互酬的交換になっていることが確認できる。

それでは、一方的に贈与してしまうということはないのだろうか。贈りものは売買と違って、損得勘定にだけ基づいてものの交換が行われるわけではない。むしろ損か得かということよりも、そういう慣習になっているから贈りものの授受をするのだ。そのような意味で、たとえば親が子にものを与えるのは、親は子にものを与えるのが当然とされているからである。乞食にお金を恵むのも、決して見返りを期待しているわけではない。

しかしこれも、まったく互酬的でないとはいい切れない。親子関係は多くの場合連鎖的である。子はいずれ親になり、親にしてもらったことを自分の子にもしてやる。その子が親になったら、やっぱり同様にするだろう。ものは一方的に流れるが、出入は相殺される。乞食にお金を恵むのがどの程度連鎖的であるかは難しいが、困っている人に余裕のある人が与えるという制度自体を支えることは、一種の保険かもしれないし、そんな社会常識を支える常識的市民の印として差し出すといえるかもしれない。そして万が一、自分が乞食になってしまったら、大手をふって恵んでもらうことができる。

　レヴィ＝ストロースは、三つ以上の外婚集団が環状に結びついて互いに自分たちの集団の女性を妻として与え合うシステムを一般交換と呼んだ。それぞれの外婚集団をA、B、Cと呼ぶならば、AはBに、BはCに、CはAにそれぞれ女性を妻として与える。環状に連なった外婚集団は、それぞれに一方から女性を妻としてもらい、一方へと女性を妻として与える、という関係になっている。

図5-1　一般交換（図3-4も参照）

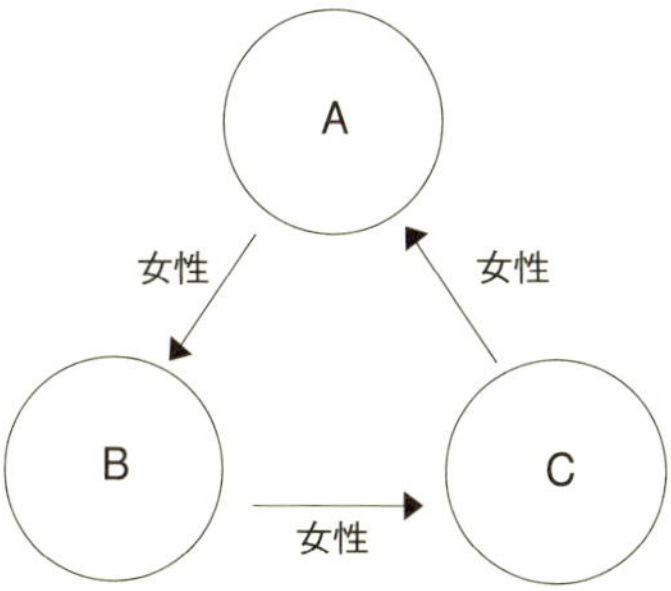

　クリスマスの子ども会などで、こんな遊びを経験したことはないだろうか。ちょっとしたプレゼントを一個だけ持ちよる。参加者は自分のプレゼントを持って丸く輪を作って座る。音楽に合わせてプレゼントを右隣に渡し、別なプレゼントを左隣から受け取る。音楽が止まったときに手元にあるのがあなたのプレゼントだ。一個のプレゼントを持っていって、一個のプレゼントをもらって帰る。

　こうしたシステムもやりとりが相殺になる傾向が高く、これも経済人類学では互酬的であると見なす。次節においては部族社会の互酬的慣習について重点的に検討するが、その前にこの節のまとめとして、贈与交換と市場交換の違いについて整理しておこう。

贈与交換と市場交換の違い

まず、交換の目的。市場交換が明らかに何らかの財（もの）を入手することを目的としているのに対し、贈与交換で目的とするのは人間関係である。もの自体に関心がないといったら嘘になるが、何を交換するかは誰と交換するかに比べれば二の次である。

次に、交換にかかわる人間関係。贈与交換では、無関係の他人ということはまずない。その人間関係は、贈与交換を通じて更新されたり、より親密となったり、互いの位置関係を確認したり、場合によっては（それ以前にまったく無関係だったとき）新しくできあがったり、ともかくも交換によってその人間関係には影響が生じる。しかし市場《しじょう》交換の場合、交換を行う人々は無関係であるのが普通だし、交換後もかかわりはない。

表5-1　贈与交換と市場交換の比較

	贈与交換	市場交換
交換への参加	義務	自由
交換の目的	人間関係	財（もの）の入手
交換に関わる人間関係	対等とは限らない。既に関係があるのが普通。交換を通じて関係の更新・強化。	対等・無関係
交換にかかる時間	長期	短期
交渉	不可。贈り手にイニシアチヴ	可

また交換にかかわる人間関係は、市場交換においては常に売り手と買い手として互いに対等であるのに対して、贈与交換でそうとは限らない。親子関係、職場の上司と部下、といった関係もある。

交換にかかる時間。市場交換が即座に行われるのに対し、贈与交換は概して時間がかかるものである。友人の結婚式に招待されたときまだ結婚の計画のない人は、将来の返礼をいかにするか決まっていない。またお裾分けでミカンをもらった人も、もらった時点で何をいつ返すかまで考えることは普通あるまい。市場交換でも現代ではクレジットカードや為替などで支払いを先延ばしにするが、それにしても、金額、決済の手順その他は契約の段階で決定してしまい、あとは事務手続きだけとなってしまう。

交渉。贈与交換が、何をどれくらい贈るかについて贈り手主導であるのに対し、市場交換では常に交渉が可能である。定価販売の場合も、買わないという形でその値段が相応しくないと意思表示することができる。その意味で市場交換の値段や交換比率は絶えざる交渉にさらされている。それに対して、贈与交換は、贈り手次第。贈り手は慣習に規定される可能な贈りものの中から相応しいと思うものを選び取って贈る。

3 贈与交換と社会構造

さて、第2節では、贈与交換がもの（財）の偏在を調整する局面、流通を促進する機能について、主として論じてきたが、この節は、そのような役目を果たすとはとても思えないような種類の贈与交換について考察してみたい。

それは、贈っているものが誰もが生産している種類のもので、贈り合いを通じてもの（財）は一巡するが、そこにポランニーのいう形式的意味がまったくない場合、または、まったく消費財ではないものが、人々の手から手へと絶えず贈られて交換に供されている場合である。

こうした交換は儀礼交換または社会交換と呼ばれている。

クラ交換

儀礼交換の典型例によく用いられるのはクラ（*kula*）交換である。この交換は、マリノフスキーが一九一〇年代に詳細な調査を行い、モースが『贈与論』（原著初版一九二五）において取り上げて以来有名になった。クラの慣習があるのはニューギニア島の東側にあるマッシム諸島で、交換を行う島々は円環状のネットワークで結ばれている。トロブリアンド諸島はその北西部に位置する。それぞれの島々は言語、文化、社会組織を異にしているが、両隣の島々とは互いに船を操って訪問を行う間柄である。取り交わされる財はヴァイグア（ヴァギ）と呼ばれる。赤いウミギクの首飾り（ソウラヴァ）と白いシャコ貝の腕輪（ムワリ）である。首飾りは時計回りに贈り、腕輪はその逆方向に贈る。

交換を行うのは個人個人であり、異なる島の住人たちがパートナーシップで結ばれ、ヴァイグアを互いに贈り合う関係となっている。時期になると人々は船を何隻も作り、船団を仕立てて訪問にいく。その航海は決して楽なものではなく、遭難の危険と隣り合わせの冒険旅行である。隣の島のパートナーに会って、到来した財をもらって首尾よく帰島し、反対側の島々の人々がやがて訪問してくるのを待つ。訪問者が首飾りを持って帰ってしばらくしたら、今度は腕輪をもらいに彼らの住む島へと訪問の船団を繰り出す。そのようにして首飾りは時計回りに、腕輪は反時計回りに循環していく。

クラ交換は多くの慣習に取り巻かれている。船を建造するときや出航するときの呪文、到着した村に入るときの歌と踊り、財の展示方法、交渉の仕方、欲しい財の乞い方、もらったときの態度、返礼の出し方等々、すべて慣習に支配されているといってもよい。

この交換は経済的に何らかのメリットがあるといえるだろうか。西欧の学者たちが問題としたのはその点である。単なる装飾品でそれ以外の使用目的をもたない首飾りと腕輪をただ循環させているだけで、一見何の意味もない交換のように思えるからである。

図5-2　マッシム諸島のクラの環［マリノフスキー：1980］

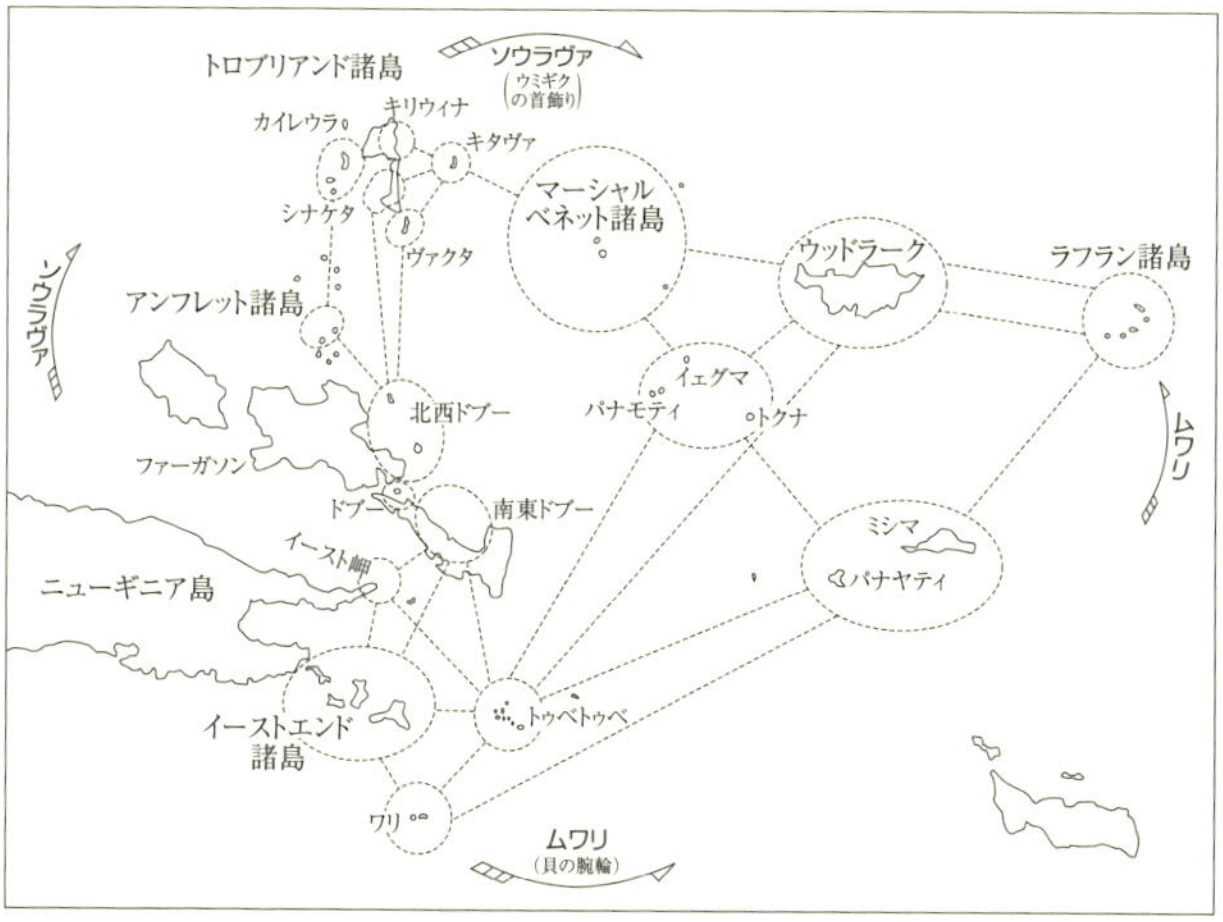

実はクラにともなって、人々は島の特産品を訪問地へと持参し、交易を行っている。ギムワリと呼ばれるこの交易は、しかしクラのパートナーとの間に行うことは禁じられている。クラの真の目的はこのギムワリである、と考えている研究者もいる。人々は本当はギムワリがしたいが、その口実にクラを行っているというわけである。

クラが近隣の諸島との間に友好関係を作るためである、という分析もある。儀礼交換は友好関係を更新し創出する機能があるから、クラはこの海域諸社会の平和を作り出しているということはいえる。

さらに、この財の獲得が人々の間に名声を作り出すことにも注目したい。クラでの立派なヴァイグアの獲得は島内の誰もがうらやむ事業で、この名声は島内政治で必ずや重要な側面を持つのである。

クラ交換そのものは経済学の立場から見る限り、あまりメリットがあるとは思えない。クラ交換の意味は、社会学的に考えなくてはならないのである。

儀礼交換の諸相

トロブリアンド諸島内で行われる同種の交換もある。これはウリグブと呼ばれる。母系制をとるトロブリアンド社会の男性は農作物の耕作に余念がないが、中でもタイトゥという小ぶりのヤムイモの耕作は重要である。男性は収穫したタイトゥのほとんどを、自分の姉妹（ないしは従姉妹）とその夫にあげてしまう。これがウリグブ交換である。相手は一人とは限らず、一人の主たる受け手のほかに、余裕があれば何人も贈る相手を作る。ウリグブ交換で男性はイモを与えてしまうけれど、彼も妻を持っているならば、その兄弟（または従兄弟）からタイトゥをもらえる。つまり、出ていく分はまたよそから補充される、きわめて互酬的な交換なのである。

図5-3　ウリグブ交換（トロブリアンド諸島）

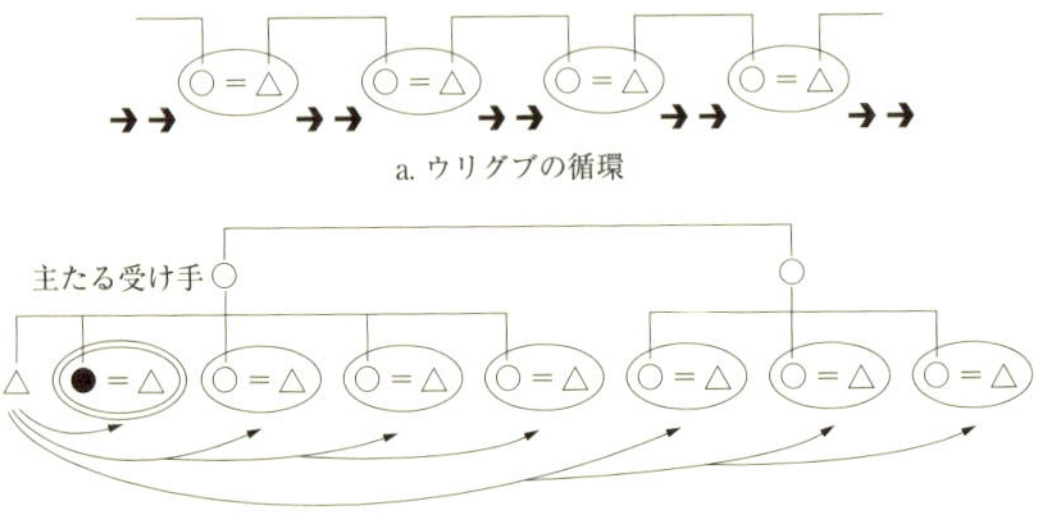

a. ウリグブの循環

b. ウリグブの送り手からみた受け手

　このイモはヤムイモ小屋に保存され、さまざまな儀礼や交換に用いられる。美しく装飾が施されたヤムイモ小屋はトロブリアンドでは男性の所有物であり、男性の誇りとするものである。

　しかしこれも、なぜこんな無駄なことをするのだろうと文明人は不思議に思いたがる。同じものをあげて、同じものをもらう。どうせなら、初めから自分のイモをとっておいたらいいのに、と考えてしまう。この儀礼交換も社会学的な説明がないと意味をなさない。

マリノフスキーの調査後六〇年たってトロブリアンド諸島で調査したアネット・ワイナーは、喪明け儀礼において、死者の姉妹らが、葬儀の儀礼で働き手となっていた死者の妻の親族集団に、腰みのや乾燥したバナナの葉といった女性の財を贈っており、さらにそれがちょうどウリグブと逆方向に贈られていることに気づく。姉妹らが、日頃ウリグブをしていた兄弟のためにこの贈りものをしていることは、彼女らの言辞の中で明らかなものとなっていた。ウリグブとバナナの葉の交換は、兄弟と姉妹を結びつける意味を持つ。姉妹にいかほどつくしたかは、葬式における姉妹の持ちよるバナナの葉の束と腰みのの量によって明白となる。

サモアでは、結婚式の際に花嫁方の親族集団から花婿方の親族集団へと細編みゴザが贈られ、逆に花婿方から花嫁方にはかつてはブタが、現在では現金が贈られる。このようにして結ばれた双方の親族集団は、以後どちらかに冠婚葬祭が生じたときには、細編みゴザやブタ（ないしはそれに代わる、コーンビーフ缶詰・樽詰め塩漬け肉など）、あるいは現金（儀礼の文脈で財として扱われている）など、互いの集団に助力の財を届けに行くのである。そのときの財の配分は、女方（かつての花

図5-4　バナナの葉の交換（トロブリアンド諸島）

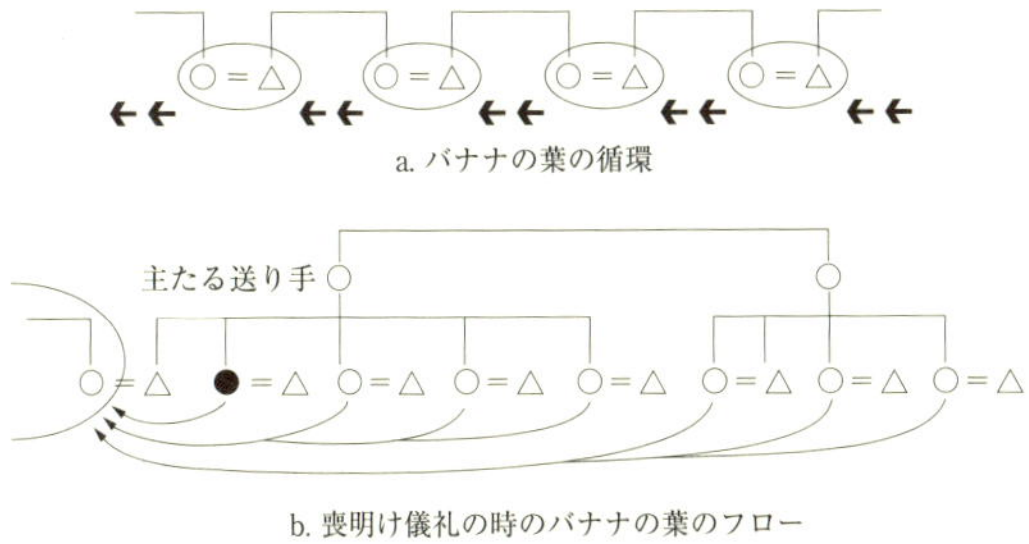

a. バナナの葉の循環

b. 喪明け儀礼の時のバナナの葉のフロー

嫁方）からは細編みゴザが多めに、男方（花婿方）からは現金や食料が多めに渡されることになる。

サモアでは親族集団の内婚（集団内の縁組）が禁止されているが、それと同時に一度縁組を行ったことのある別の親族集団とは記憶のある限り縁組が禁止となる。冠婚葬祭で財を贈り合う親族集団は、過去に縁組を行った集団だから、将来の縁組が不可能な集団である。互いに交換を行う親族集団の成員とは結婚してはならない。結婚してならない間柄は、冠婚葬祭の度に確認することになる。

ニューギニア高地のエンガ族とメルパ族はテないしはモカと呼ばれる習慣を持つが、これはおよそ七年程度の間隔をおいてブタの贈り合いをするものである。テ／モカは部族の域内にある一筋の「道」をたどる。村の有力者は、以前にブタの贈与をもらった村へブタを贈る計画をたてて集め始める。隣近所の村々は同様にブタを集める。人々はこの時期にこれまでにたまった、縁組、葬儀、賠償などで生じている負債をすべて清算しようとする。「道」の端の方でブタの贈与が始まると、その贈与が起爆剤となって、次から次へと「道」に沿って将棋倒しのようにブタの贈与が続いていく。人々は贈られたブタに自分たちの集めたブタを足して贈与するので、「道」の終わりに到達する頃にはブタは数千頭にものぼる。ここですべてのブタは屠殺され、石蒸しの手法で調理される。調理されたブタは、今度は今来た「道」を反対方向に、少しずつ分け前をはぎ取られつつ贈与の始まったところまで逆のぼっていく。やがて七年くらいたつと、今度は逆向きに贈与が開始されてサイクルが一巡することになる。

冷蔵システムのないところなので、ブタは何度も火を通され、しまいには炭のようになってしまう。この時期にはかなりの食中毒患者も出るらしい。なぜこんなややこしいことをして、貴重なタンパク資源を無駄にするのだろう。これも、功利的行為として説明しようとするのは難しい。儀礼交換そのものは、常時内戦状態のニューギニア高地において、友好関係を作るものとして重要である。また、この交換システムを牛耳るビッグマン（第四章参照）が、より大きな交換を行うことで名声を高めようとしていることが、交換を大きくする要因であるだろう。それぞれの儀礼交換の事例は、各社会の文脈の中での分析が必要である。

儀礼交換と交換財

儀礼交換の事例を調べると、しばしばほかに用途はなく、頻繁に交換されるだけの財がある。クラ交換の財である赤い首飾りと白い腕輪を、マリノフスキーは宝石にたとえて説明している。サモアの儀礼交換に用いられる細編みゴザは、パンダナスという植物の葉を乾燥させてしごいて細く裂き、女性が丹念に手先を使って編むもので、かつては仕上げるのに数ヶ月から一年もかかったといわれる。新しい製造も行われているが、必要なときは既に出回っているものを入手して贈るのである。テ／モカに際しては、ブタの贈与にともない、貝貨やヒクイドリの羽などの贈与も行われる。

以上の例以外にも、ミクロネシア・ヤップ島の石貨、北米北西海岸ネイティブ・アメリカンのクワキウトル族の銅板〔天然の銅鉱で、掘り出してきて宝物扱いしていた〕、メラネシア・ソロモン諸島の貝ビーズ、サンタクルス諸島の羽のベルトなど、枚挙にいとまがない。

経済史学者はこれら未開社会で用いられている「貨幣」もどきを貨幣の原始形態と考え、原始貨幣の名で呼んだ。しかし、それらの中には例外もあるが、多くは儀礼の場で、特定の場面で特定の関係にある人々の間で取り交わされることが慣習によって規定されているのである。市場交換でとりかわされる財貨が合意の上で決済されると、交換を行った二者は無関係に帰すのに対して、儀礼交換の場で用いられる交換財はさまざまな意味作用を持ちつつ、交換にかかわる人々を結びつけていく。交換財はその意味で貨幣の対極の性格を持つことがわかる。

4　経済のグローバル化と暮らし

現在地球上で完璧な自給自足＝生計維持経済を営んでいる人々はもはやいないだろう。人類学者は現在どのような「秘境」に行っても、文明の持ち込んだ工業製品をまったく使わずに暮らしている人々を見出すことは難しい。ビデオ撮影に余念のないアマゾン流域先住民、犬ぞりの代わりにスノーモービルを愛用する極北民、弓矢の代わりにライフルを使う採集狩猟民。彼らばかりでなく世界中はグローバル化のさまざまな影響を受けている。しかし一方で、つい先頃まで自給自足経済で暮らしていたこれらの人々の生活が急にわれわれと同じようになるわけではない。現在の彼らの暮らしを垣間見ておこう。

自給自足の暮らしと商品経済

サモアはもともと自給自足経済であったが、西欧と接触した一九世紀以来徐々に市場経済が進行して、コプラ、カカオ、バナナなどの換金作物を栽培したり、第二次大戦後は海外に移民を送り出すようになった。白人入植者などが集まるようになった港湾アピアは、白人やハーフの貿易商などが商売をする商業地域となり、さまざまな国籍の白人が居住した。やがて、今世紀の始まる頃にドイツ領となり、その後第一次大戦を経て国連ニュージーランド委任統治領となる。第二次大戦後の一九六二年に独立。ターラー（サモア・ドル）という近代貨幣が存在している。現在ではかなり貨幣での売買可能なもの（商品）の種類が増えているが、それでもなお、われわれの社会ほどではない。また町（アピア＝首都）と村とでは、貨幣で買えるものと買えないものの区別に違いがある。各村には数軒の何でも屋的なストアがあり、さまざまな品が売られているが、それらのほとんどは、マッチや缶詰、トイレットペーパーなどの外国から輸入した工業製品である。生鮮食料品のタロイモ、ヤムイモなどのイモ類、ココヤシ、パンの実など、また海からとれる魚介類などは、町の市場《いちば》では買うことができるが、これらの村のストアで売られるということはない。これらの物資は、もともと誰もが自分の世帯で作り、若干の増減は周囲の親族や村人たちと融通し合って生活してきたのである。親戚や隣人に「ください！」ということはできても、「売ってください！」ということはない。町の市場では売っているが、村では取引できないのである。

近年、町の市場で野菜が売れるというので、トマトやキュウリ、キャベツ、ナスなどを畑で栽培する人がいるが、それらの換金作物は町の市場まで持参して初めて売ることができる。同じ村の人々もそれらの野菜を欲しいときは町の市場まで出かける。市場で出会った同じ村出身の売り手と買い手は、村でできなかった貨幣を用いての取引を町の市場で行うが、そのことを何ら不思議には思わない。

商品とは、市場交換の対象となるものである。この場合、野菜は村では商品ではないが、町では商品である。何が商品となりうるかは、文化・社会のみならず社会コンテクストによって異なる。市場経済下であっても、商品化できないものはある。たとえばわれわれは、愛情は金では買えない、と思っているし、人間を売り買いすることもできない。親、子ども、兄弟姉妹などの親族関係も買うことができない。

町で暮らすサモア人は、政府や町の商業セクターで職を持つ人であるケースが多い。これらの人々は町の住民であるが、それぞれに地方の出身の村とのネットワークは途絶えずにいることが普通だ。村の人々は町に行って宿泊するとき、生鮮食料品を持参して、町に住む親族を訪ねる。寝場所と温かい食事をもらう代わりに、村でとれた生鮮食料品をあげる。自分にないものを提供してもらうお礼に、相手にないものを差し出す形で、互酬性が成り立っている。

人の移動とものの移動

ポリネシアから環太平洋先進国への移動が始まるのは第二次大戦後のことである。西サモアが独立する前の戦後まもなくの頃、ニュージーランドが工業化して労働力が必要となり、またサモア社会の市場経済の浸透により賃金労働が必要となって、若年層の出稼ぎが生じた。やがて出稼ぎからサモア人コミュニティの誕生に至り、定住者が増え、その後定住を目的とした移民も多く海を渡った。

サモア（旧西サモア）はサモア諸島の西側にあるが、東側はアメリカ領サモアとなっている。西サモアとアメリカ領サモアとは、今世紀の始まる頃にドイツとアメリカ合衆国の間で分割されて、後者は現在でもアメリカの未統合領土である。アメリカ領サモアにあった海軍基地が戦後ハワイに撤退したとき、大勢のサモア人兵士とその家族が海を渡った。これがきっかけとなり、アメリカ領サモア人の移民ブームが始まり、ハワイへ、アメリカ本土へと人々は渡っていった。

もともと、サモア人とアメリカ領サモア人とは通婚関係にあり、親族は互いに行き来していた。さらに親族が太平洋の両側へと拡がることにともない、現在のサモア人の活動領域は大変広い。筆者の出会ったあるサモア老人は、教育省の役人を定年で辞めたあと、親族の招きで、妻と共に一年間、ホノルル、サンフランシスコ、ソルトレークシティ、再びサンフランシスコ、ホノルル、オークランド（ニュージーランド）、シドニーとそれぞれの親族の家に泊まって旅をしてきたという。航空運賃もすべて海外の親族が払ってくれた。

海外のサモア人の多くは故郷の親族へと送金し、さらに別な海外コミュニティに住む親族とのネットワークを維持しつつ暮らしている。時給が額面では一〇倍以上にもなる海外で賃金を得ている海外移民は、ある者がない者へ分けるべき、という互酬性の論理に絡め取られるからか、苦しい中からも何とか送金している人が多い。また、故郷の誰かを訪問に招待したり、年若い甥や姪を移民として呼び寄せたりもする。さらに里帰り訪問には、電化製品を持ち帰ることも重要である。テレビ、カセットテープレコーダー、オーディオコンポなどを持参して訪問者はやってくる。

海外に行っても、儀礼交換は行われており、また故郷の親族の葬式にも海外移民が参加してくる。これらにかかる費用のほとんどは移民自身が手当てするのである。故郷の人々から海外の移民へと贈られていくものは、儀礼の際の細編みゴザや故郷でしかとれない食物である。海外サモア人に招待された人が海外へと向かうとき、その人の家では、人きな石蒸しオーブンを仕立て、タロイモの蒸し焼きやココナッツ・プディングを大量に作って箱に詰める。また、ナマコの腸の塩漬けもきっと持参する。さらに、海外での儀礼交換に参加するために渡航するのであれば、大量の細編みゴザは欠かせない贈答品となる。

こうして、海外移民のコミュニティと故郷との財の贈り合いは続く。少なくとも貨幣額に換算する限りバランスはとれていないが、もともと等価であるという判断は、その交換を行う当事者の感覚に頼るしかない。ある昔話にあるように、のどが乾いて死にそうなときにもらった夏みかんは、時価の数倍のお礼に相当するのである。

開発と市場経済

一九六二年に独立したサモア（旧西サモア）は、人口一八万人ほど（二〇〇一年推計）の極小国で、独立当時から自立を目指すさまざまな試みが行われてきた。ここで、女性開発プログラムの一環として九〇年代後半に行われていたソーイング技術指導プログラムを観察した倉光ミナ子は以下のように報告している。

このプログラムは、女性が村で収入を得ることを目指し、そのために裁縫の技術を教える。サモアでは洋装が取り入れられているが、学校や教会活動、コミュニティ活動など、さまざまな機会に制服や民族衣装を新調しなくてはならない。そのために親族の裁縫のできる女性に頼んだり、首都周辺ではテーラーに行き、縫製を注文したりしている。このプログラムでは、村の女性をテーラーにして現金収入を得ることができるようにすることを視野に入れている。

プログラムの参加費は現在無料となっているが、プログラムが行われている文化センターまでの往復交通費と布地などの材料費を自分で負担しなくてはならない。そのために、途中でやめたり中断してしまう女性もいる。倉光は、この課程を修了した三人の女性にインタヴューしている。

ロレタは、二八歳の既婚。夫婦子ども共々に夫の実家に同居。夫の両親のほかに未婚の弟妹もいる。移民先から姉妹が送ってくれる布地を使って民族衣装を作り、ひと月に一度市場《いちば》に売りに行く。また村人が個別に頼みにくる衣装も縫製して代金をとる。裁縫に忙しい時は姑や義弟妹が家事や子どもの世話もしてくれる。夫よりも多い収入を得るが、それをどのように使うかは夫や家族と相談する。

ティナは三八歳の既婚。夫と五人の子どもという核家族構成で暮らしている。家事を行うのがティナだけなので、裁縫の時間をとるのに苦労している。夫は役人で村落内では比較的裕福といえる。自分の稼ぎは自分で使うという彼女は、しかし実際にはあまり稼げていない。センターから委託された制服請負をしてから村人が縫製を彼女に頼むようになったが、村人はお礼をいうだけで礼金を払わなかった。比較的裕福であると人々は見なし、礼金を払う必要を感じないようだ。またそう見られていると知っている彼女にとって、お金を払ってほしいということはとても難しい。

マリアは二一歳の未婚。父母、姉とその家族、兄、弟と暮らす。センターの制服請負事業に参加したり、また個別に村人から縫製の請負をすることで、不定期ではあるが収入を確保している。その収入はすべて両親に渡す。そのうちからいくらかの小遣いを両親はくれる。両親はそれまで使っていた手回しミシンの代わりに足踏みミシンを買ってくれた。マリアは父母や家族に貢献できることが誇らしく、収入が自分の自由にならないことは一向に苦にならない。

次第に現金の必要度が増してくるサモアにおいて、現金収入を持つことの重要性は増大している。女性もその例外ではない。興味深いことに、大家族の中に暮らすサモア女性は比較的容易に家事育児の負担軽減が可能である。姑や夫の弟妹がそれをカバーしてくれるロレタは、そのよい例だ。一方で、核家族に暮らすティナは時間の捻出に苦労している。

ティナはまた、比較的裕福と思われているが故に、裁縫をビジネスとして定着させることができずに苦労している。筆者も裁縫の得意な女性を何人も知っているが、ビジネスにしているケースはない。もっぱら家族や親族の女性や親しい女友達に頼まれて裁縫をしているが、仕上がりの時のちょっとしたお礼や、何かのついでのおみやげなどをもらったりするくらいである。

三人のうち二人までが現金収入の必要な理由の第一に儀礼交換をあげている。この習慣は、現金が交換のアイテムに加わるようになったことに加え、伝統的食料（ブタ、タロイモ）の代わりに現金で購入可能な缶詰や塩漬肉〔保存食。何度も水を換えて煮るとコーンビーフのようになる〕を用いるようになって交換がエスカレートし、人々の生活を圧迫している。海外移民の送金に加え、銀行ローンや商店の掛け売りなどが、人々にますます競争を強いているのである。

うまく所得を得られているロレタとマリアについて、それが彼女らの個人的な所得になるのではなく、世帯全体の家計に組み入れられているのは注視すべきことだ。しかもそれを二人とも不満に思っていないところがいかにもサモア的である。女性の「自立」を促すために行われているプログラムであるが、必ずしも計画者の意図通りには動いていない。その意味で、外形的なプランに即せばこの開発プログラムは失敗だったかもしれない。しかし、それぞれに家族内では構成員として面目も果たし、参加者はそれなりの充実感を得ている。倉光はその充実感を、裁縫が女性として生きていくのに必要な技術であると見なす傾向があり、その技術を習得したことを好ましいことと参加者が考えているからと推測している。

これが、日本で行われたプログラムであると、いったいどうなるだろうか。おそらく研修の終了後、女性たちは直ちに縫製工場に就職するか、内職の仕事を見つけるかして、資本主義のシステムに繰り入れられることだろう。所得は生じて当初の目的は達成されるが、それを幸せと感じるかどうかはわからない。また、工場などもなく、しかもミシンなど買う余裕もない人の多い社会なら、せっかく技術を得ても所得創出という意味では役に立たないかもしれない。またそのような社会では、たとえ無料であろうとも、研修に参加できる人はごく限られるだろう。一般的にどこにでも通用する開発プログラムというのはない。それぞれの社会のあり方とのかかわりで計画していかなくてはならないのである。

自給自足の暮らしから次第に市場経済に組み入れられつつあるサモア社会では、移民や町での勤め人の送金、賃労働、内職などで人々は現金を得ているが、しかし一方で現金収入だけで暮らしている我々の生活とは大分異なる。イモやバナナなど主たる食料の自家生産、親族や村人同士の互酬的な物資の流通と親族集団間での儀礼交換、何より大家族での暮らしぶりは、そう簡単には変化しないかもしれない。それらの社会制度はむしろ、市場経済を取りこむことで温存されている側面もあるだろう。移民の送金が儀礼交換をさらにエスカレートさせていることはその一例である。

第三部

身体、自己、世界観

（担当　川野美砂子）

第六章　世界宗教と民俗社会

1　宗教と日本社会

日本社会における「宗教」の位置

「オウム真理教事件以来、宗教は恐ろしいという印象が日本社会の中に広がっている。この事件はもともとあった日本人の宗教アレルギーに油を注いだ形となった」。アメリカ宗教研究者の森孝一はこのように述べているが、これは現在の日本社会における宗教に対する反応をよく表現しているといえるだろう。宗教に対する日本人のこの恐怖感は、特に新興宗教やイスラムなどに対して、うさん臭さや偏狭さという印象とともに持たれるようである。

新興宗教に関する一般の感情の背景には、オウム真理教だけではなく「法の華」による事件など、宗教的理念からはほど遠い、教祖とその周辺の人間の世俗的欲望を満足させるために、宗教を求める人の心が利用された事件が社会問題となってきたことがある。これは現代に限ったことではなく、たとえば一九四九年から五一年にかけて書かれた林芙美子の小説『浮雲』にも、インチキな新興宗教の教祖となって金儲けをする男が登場し、当時の社会状況をリアルに映している。

また、宗教があるから無用な憎しみと争いが牛まれるという考えも一般的に見られる。宗教対立や原理主義グループにより引き起こされたとされる暴力的な事件の報道がその考えを裏打ちすることになるのだが、事件の要因が宗教のみに求められるのは一面的な見方である。特にイスラムのイメージには、歴史的に敵対関係にあったヨーロッパ・キリスト教により、中世以来形成されてきた角と尻尾を持つ悪魔の表象が、検討されることなく持ち込まれている。イスラムとヒンドゥーの関係についてその対立のみが報じられるインドについても、互いに隣人や友人として暮らし、共存している人々の姿を私たちは知るべきだろう。

他方、日本社会には宗教を「弱者」のものと受け止める傾向があるとして、森孝一はこれをアメリカにおける「強い」宗教イメージと比較している。宗教が盛んな発展途上国の人々に対する、「無為に過ごしながら宗教にすがる無力な人々」という批判と同情のないまぜになった視線なども、そうした日本人の宗教に対する見方の表れといえる。すなわち「宗教は問題解決のための努力を回避する人々のもので、自分には関係がない」という考え方である。ところが欧米のキリスト教には博愛と自由の精神や精神的な修養を見、近代的合理性や科学とも矛盾しないと漠然と考えている人々もまた少なくない。

同時に日本社会の「宗教」に対する一般の感情の源泉として忘れてはならないのは、歴史的経験である。それはアジア太平洋地域に対する侵略を行い、国内では言論の自由を奪い思想を弾圧しながら戦争に突入していった、全体主義国家体制を支えた国家神道に対する否定である。すなわち法哲学者の土屋恵一郎が「何よりももっとも大きなタブーの破壊」と呼ぶ、「政治体制の内側には入らないという天皇のタブーを明治憲法がやぶって、憲法の条文の内に天皇を位置づけ、……政治への軍部の介入を準備した」「近代的宗教」に対する批判であるといえる。

「近代」とタブーの破壊

日本社会では、「特定の宗教を持たないこと」あるいは「無宗教であること」を、「宗教に囚われない」自由で合理的な精神と見なし、偏向を帯びず、中立的で公平な態度がとれるための条件とする考え方が一般的である。しかしこれは、これまでに見てきたような宗教に対する否定的な態度をベースにしている。そのため日本で無宗教であることは、必ずしも他の人々の信仰に対する開かれた態度を意味しているわけではない。

土屋は、現在の日本社会に支配的な「宗教上のタブーのみならず、あらゆるタブーを、進歩の妨害者として考える立場」の中に、明治維新以降の日本の近代にとっての「開化と進歩のイデオロギーの母型」を見出す。そして明治政府によっておし進められた「文明開化」の思想の中から、タブーをめぐる思考の対立軸を取り出している。

肉食をタブー視する者		肉食する者
仏教信仰	対立軸	神道思想
文明開化の妨害者		文明開化を信奉する者

この対立軸の中で、仏教上の食のタブーは進歩を妨害するものとされ、そのことによって、タブー

を持つ文化が「古い」「非科学的」「反進歩的」というレッテルを貼られることになる。食のタブーの否定は、保守的「旧情」に対する進歩的「文明」という社会的価値の「説諭」として語られ、政策として実行されたのだと土屋は述べる。そして「タブーの破壊は、決して人間の自由に結びつく仕方で行われたのではない」ことを指摘している。

「文明開化」の象徴として牛の食用化が積極的におし進められたとき、明治政府の政策として行われた仏教の肉食のタブーの破壊は、「廃仏毀釈《はいぶつきしゃく》」という明治政府の宗教政策と一体となっていたのであり、その背景にはむしろ信教の自由の否定があるのである。

私たちはともすればタブーを持たないことを精神の自由と考えがちであるが、はたしてそうだろうか。むしろ私たちは、日本人のうちにも存在していた食のタブーを捨てたことで、タブーというものへの無関心と不感症におちいっているのではないか。そのことを示す例として土屋は、インドネシアの男性と結婚してムスリムとなった女性が日本で豚肉を拒んだできごとを取りあげ、それを「野蛮な因習と考え、あるいは郷にいれば郷に従え、という諺への違反と考え、偏狭で不寛容な態度と思う者」もいるだろうという。そして、私たちが無宗教であることで無差別な宗教儀礼を行い、それが日本人の寛容さだと思いながら、彼女のような人々に対して無宗教の態度を強制しているのではないかと指摘している。

宗教儀式としてのアメリカ大統領就任式

宗教に対する私たちの態度は、しかし、世界ではむしろ例外に近い。このことを、「近代的な」社会の代表のように日本で見なされるアメリカ社会を例にとって見てみよう。アメリカ宗教研究者の森孝一は、アメリカが「個人と公的領域の双方において、宗教が究極的な価値と重要性をもって機能している社会」であることを、大統領就任式を例にとって示している。それは祈りをもって始まり、祈りをもって終わる、アメリカの一般的なプロテスタント教会の礼拝そのものである。大統領による就任演説もまた、聖書からのテーマとシンボルを多用し、再生を呼びかける福音派の代表的な説教の形式を踏んでいる。このことはアメリカ国民の大半によって意識され、その意味が理解され、ごく自然なふさわしいことと受け止められているばかりでなく、大統領に期待されていることである。

その背景には、全人口の約八八パーセントの人々が聖書を聖典とする「ユダヤ・キリスト教的伝統」の宗教を信仰していることがある。神の存在を信じている人は半世紀の間ほとんど変化なくほぼ九五パーセントで、さらに五人に三人は宗教や神が日常生活や社会で問題に回答を与える、意味ある有用なものだと信じている。宗教がこのような価値と重要性を持っている社会はアメリカばかりではなく、たとえばイスラム社会も、また後に紹介する東南アジアのタイもそうである。世界の他の社会を見れば、宗教は日本社会で考えられているように近代化と合理化によってその意味を失うとはいえないことがわかる。

他の社会やそこに住む人々について理解しようとするとき、私たちは、自らの宗教観を無自覚に投影することによって、当の人々にとって持つ意味を理解することなく、しかもそのことに気づかない危険性に注意する必要がある。森の分析によれば、私たちのもとに届く大統領就任式の「同時中継」や就任演説の「詳報」は、宗教的な儀式の部分や言葉がカットされている。このことによって日本の報道関係者は、「アメリカとアメリカ国民にとって大統領就任式とは何なのか」という現実を、正確に報道することに失敗しているという。

日本の宗教の特徴

イギリス人人類学者ナイジェル・バーリーは、アフリカで隣り合わせで調査をしていたある日本人人類学者と初めて会ったときのことを、次のように紹介している。「『私は彼らの宗教を研究するつもりでした。けれどもちっとも興味がわきません。それでかわりに経済を調べました……』と彼はいった。宗教に興味がわかない？　骨の処置や頭蓋骨の破壊、死者と生者の間のあらゆる種類のやりとりなどを含む、かなり複雑な祖先崇拝の型があるではないか。『はいはい。ですからね、興味がないんです』。彼はもちろん仏教徒だった。仏教徒は居間に死んだ両親を祭る仏壇を置き、供物を欠かさない。あとになって彼は、死んだ父親の脚の骨の一部をていねいに白い布で包んで、フィールドワークのお守りとしてアフリカに持って来たと、ふと漏らした。私にとって、祖先崇拝は記述し分析するものだった。彼にとっては生者と死者の間のそのような絆がないことこそ、特別な説明を要するのだろう」。

私たちの多くは普段意識していないのだが、他の社会の人々から見れば説明を要する日本の宗教の一端が、ここにはユーモラスに描かれている。ただし世界中の仏教徒が居間に仏壇を置くわけではない――たとえばタイ仏教には仏壇というものはない――ことは断っておかなければならないが。

仏教研究者の山折哲雄もまた、これと同様の骨に関する話を紹介している。大阪出身のある作家は、若い頃、両親の遺骨の一部を袋の中に入れて持ち歩き、落ちこんだとき、苦しいとき、それをそっと出して眺めては自分の心を慰めていたと書いている。場合によってはそれをなめたり噛んだりしたこともある。あまりなめすぎて骨片が小さくなっていくので、それ以後は眺めるだけにしたという。「死者の骨を噛むという行為は、むしろ死者と生き残った者とのあいだの特別の結びつきを確かめ合うということだったのではないか」。

また森孝一は、年末年始の恒例のテレビ番組の「紅白歌合戦」から「ゆく年くる年」へのリズム、騒々しさから突然画面が変わり、しばらくの沈黙ののちトーンを抑えた声が新しい年の到来を告げるという落差は、外国人から見ればきっと「宗教的なもの」と映るに違いないと指摘している。宗教学者M・エリアーデは『永遠回帰の神話』の中で、新年儀式においては天地創造すなわち「混沌」（カオス）からの創造（コスモス化）を儀礼的に再現することによって、「新しい時」が創造し直されることを示した。「紅白歌合戦」などの年末の騒々しさは、まさに意図的に行われる社会の「再混沌化」である。このことを日本人は「宗教的である」と意識することなく、毎年繰り返し確実に「新しい年」を獲得しているのである。

このような濃厚な宗教性にもかかわらず、日本人自らはそれを意識せず、また世界の中では例外的ともいえるほど「宗教」が軽視されているのはなぜかという問いの答えとして、森は、日本においては「教団としての宗教」は本質的な位置を占めず、伝統的に低い評価しか受けてこなかったと述べる。そして「日本型」宗教の特質として、「まじない」（現世利益あるいは呪術）としての宗教と「生活のリズム」としての宗教を挙げている。

2　民俗社会における世界宗教

世界宗教

仏教、キリスト教、イスラムの三大宗教は、教祖や開祖によって始められ、教義やテキストを持ち、特定の民族や地域を越えて信仰されている世界宗教である。世界宗教に対してユダヤ教のようにある特定の民族に固有のものは、民族宗教と呼ばれる。ヒンドゥー教は、信奉する人々の数は八億六〇〇〇万にも及ぶが、世界宗教ではなくインドで信仰される民族宗教である。それは紀元前に成立し、かつてはインドシナ半島や現在のインドネシアにまで広がって、ヒンドゥー文化圏を形成したこともあったが、その後この地域への上座部仏教とイスラムの浸透によって、今ではインドの外ではインドネシアのバリ島に残るだけになった〔ただしマックス・ウェーバーはヒンドゥー教も儒教も「世界宗教」と捉え、その著『世界宗教の経済倫理』の中で、なぜイスラム、仏教、ヒンドゥー、儒教世界からは近代資本主義は発生しなかったのか、という問いを立てている〕。

キリスト教は、イエスを神の子キリストと信じ、旧約聖書と新約聖書を聖典とする宗教で、ヨーロッパおよび南北アメリカを中心に約二〇億（世界人口の約三二パーセント）の人々が信仰している。キリストとは「油を注がれた者」という意味で、「救い主」（メシア）を表す。イエスは福音書によれば紀元前四～七年頃に誕生して、三〇歳あまりでその生涯を閉じたことになる。イエスは救い主、神の子、神の言葉ロゴスであり、神とともにあるが、原罪すなわち人類の祖先アダムの犯した罪に苦しむ人類を救うために受肉したとされる。

イスラムは、五七〇年頃にアラビア半島の町メッカに生まれたムハンマドを開祖とする宗教で、北アフリカ、西アジア、南アジア、東南アジアを中心に約一二億（約一九パーセント）の人々が信仰している。ムハンマドは唯一神アッラーの啓示を受けて預言者を名のり、布教を行った。その死後、政治・宗教的対立から、スンニー派、シーア派などの分派が生まれた。ムスリム人口の九割はスンニー派といわれ、他方シーア派はイラン、イラクなどの湾岸諸国に多い。スンニー派の基礎的教義は六信五行、すなわちアッラー、天使、教典、預言者、審判の日、定命の六つの存在を信じ、信仰告白、一日五回の礼拝、ラマダーン月の断食、喜捨、メッカへの巡礼の五つの行為を実践することを説く。一九世紀半ば以降、伝統的イスラム理解に対抗して改革主義の潮流が生まれ、原理主義運動が活発になっている。

仏教は紀元前五世紀頃インドに現れた釈迦によって始められた宗教で、約三億六〇〇〇万（約六パーセント）の人々によって信仰されている。インド北西部から中央アジアを経て、中国、朝鮮、日本などの東アジアに広まった北伝仏教と、紀元前三世紀にスリランカに伝えられ、そこからタイ、ミャンマー、ラオス、カンボジアの東南アジア大陸部に広まった南伝仏教がある。北伝仏教は大乗仏教と呼ばれ、南伝仏教は上座部仏教——上座仏教ともいう——と呼ばれる。大乗仏教はまた、ネパールなどを経てチベット、モンゴルなどの内陸アジアに広まり、ラマ教（密教）となって信仰されている。またベトナムやシンガポールなど東南アジアの華僑は、儒教や道教とシンクレティズムをなす中国系大乗仏教を信奉している。

上座部仏教では戒律と瞑想に重点がおかれるため、僧は解脱《げだつ》を求めて涅槃《ねはん》に至ることを目標に修行し、一般の人々はこれを支えることによって仏教的価値を得る。これに対して大乗仏教は生活する人間のままでの救済を説く。大乗仏教側は、自分たちの信仰する仏教は一般の人々を含めた多くの人を救済する大きな救いの乗り物、すなわち大乗であるのに対し、上座部仏教は宗教的専門家しか救済しない小さな乗り物、すなわち小乗であるとして、これを「小乗仏教」と呼んだ。上座部仏教側はもちろんこのようには考えず、「小乗」という名称を認めていない。

インドでは独立後、被差別民を中心としてネオ・ブディスト（新仏教徒）が生まれている。

「生きられた宗教」——宗教的シンクレティズムの理解

以上のような世界宗教に関しては、それぞれ内部の宗教的専門家や学者による教義の解釈や哲学的議論の膨大な蓄積があり、外部からの宗教研究もまた、かつては教義を中心に行われてきた。こうした立場からは、世俗のふつうの人々の信仰に対しては、「真の○○教ではない」とか「純粋な○○教ではない」という否定的な見方が一般的であった。文化人類学はこれと立場を異にし、教義に書かれた宗教ではなく、人々によって生きられた宗教を研究する。また信仰と実践を民俗社会の中で、あるいは具体的な社会的脈絡の中で研究する必要が、今、人類学においてのみならず広く認識されている。

たとえばイスラム研究では、教義を中心とする研究では、一般の人々の間で見られるイスラム現象は、ムスリム学者ウラマーの説く真の信仰とは異なるとされ、イスラムの衣をつけた古代信仰の残存形態とされたりした。文化人類学はむしろ一般の人々の生の中で重要な意味を持つ信仰を対象とし、聖者信仰、精霊信仰、憑霊、治療儀礼、護符や呪文などを中心とする呪術行為、邪視などの民間信仰についての研究を行っている。

またタイで信奉されている上座部仏教の場合、教義の中では完結した個人主義の理論を作り上げているブン（功徳）の概念が、生きられた仏教の中では、タイ社会の流動的でエネルギーに満ちた社会関係の中で共有されたり贈与されたりする実体的なものとなる。理論においては首尾一貫した個人主義が説かれ、人々もそれを理解しているが、人々の実践においては優れて社会的なのである。またタイ仏教は精霊信仰と分かちがたく混淆しているが、それはタイ仏教に限ったことではない。すでにイスラムに関してもふれたように、世界宗教は世界のどの地域でも、主に導入以前の宗教と混淆して、それぞれ地域ごとの特色ある宗教を作り上げている。どこかに純粋なキリスト教やイスラムや仏教が存在するわけではなく、たとえば仏教はタイ仏教やビルマ仏教という具体的な宗教として生きられるのである。

こうした宗教的状況は一般にシンクレティズム（混淆、並存）として理解され、タイの宗教理解においてはしばしば地層の比喩を用いて、最古層の精霊信仰、その上の層のヒンドゥーイズム、最上層の仏教という形で説明される。この比喩はタイの宗教の歴史的理解の助けとはなる反面、現在の人々の生を形作る宗教の実態とは異なる理解を招く可能性も持っている。歴史的にはたしかに、タイ族がもともと持っていたと思われる精霊信仰の上を、紀元一世紀以降インドシナ半島全体をおおったヒンドゥーイズム、さらに一三世紀頃までに導入された上座部仏教がおおったというモデルが、私たちの理解を助けるだろう。しかし現在のタイの人々の生活では、精霊信仰がより深層に隠されているということはなく、仏教的コスモロジー（宇宙論または世界観）とともに表面に現れている。ただし人々の自己認識はあくまで仏教徒である。

ミャンマー社会ではタイと同じ上座部仏教が信仰され、同じ仏教理論を共有しているが、一般の人々の信仰はパゴダ（仏塔）をめぐって、タイとは異なる展開を示す。また僧と一般の人々の関係も、社会における僧の位置も異なる。先に述べたように文化人類学はこれを、それぞれ生きられた仏教としてのタイ仏教、ビルマ仏教として研究する立場をとる。教義に書かれた理論の枠組を理解した上で、それが人々によっていかに解釈され、実践されているかを理解することが重要だと考えるのである。そのためには人々が自己や他者について、そして経験する事柄についていかに語るか、その語りを実際の社会関係や活動の中に置いて理解すること、そして行為の意味、つまりなぜ行為するかを理解することが求められる。

キリスト教とマヤの宗教のシンクレティズム

シンクレティズムの一例として、南メキシコ・チャパス州にあるシナカンタンの人々の宗教を見てみよう。シナカンタンの町の中央広場には教会があり、その他にも中心部一帯に小さな教会が散在している。教会の中にはろうそくと聖餐台、聖人の像があって、人々がカトリックの信仰を持っていることを示している。しかし同時に人々は、マヤの伝統的宗教世界に住んでいるのである。シナカンタンの人々は、世界を大きな立方体だと考えている。立方体の上部は高い山々と深い谷からなり、世界の中心には低い丘があって、ここが儀礼を行う中心地になっている。この立方体の世界は神々の肩の上に乗っている。その下は「下の世界」であり、古代マヤのピラミッドの形をしている。太陽と月は神聖な宇宙的力と見なされ、太陽は男性、月は女性と考えられている。しかしまた太陽は象徴的にカトリックの神に結びつけられ、月は処女マリアに結びつけられている。

宇宙にはさまざまな種類の霊的存在が住み、人間の生に対して重要な役割を果たしている。その中でも最も重要なのは祖先の神々で、シナカンタンの周りの山々に住み、子孫の状況をいつも気にかけている。祖先たちはシナカンタン人としての正しい社会的・宗教的生活の規則を維持し、子孫の行動を導きながら、子孫たちが鶏とろうそくと香と酒の供物を捧げるのを期待している。そして子孫が自分たちに対する礼節を逸しないか監視しているのである。大地の所有者である別の神は、トウモロコシ、雨、土地、木、池など、人間の生存の源であり、物質的支えでもあるものを支配している。この神は人間に対して恩恵的である一方、大地の収穫を用いるときには、もし供物を捧げて饗宴することを怠れば、人間にとって危険な存在ともなる。

シナカンタンには、スペインによる征服以来カトリックの五五の「聖人」が、彫像やプラスチック像など、聖なる物という形で入ってきた。聖人はそれぞれ異なる個性と神話的歴史を持ち、その中でも最も重要なサンセバスチャンは、年間の儀礼活動の中心となっている。シナカンタンの人々は聖人たちを巨大な力を持つ神々と見なし、教会を神々の「家」だと考えている。聖人たちも祖先の神々と同様、ろうそくと香と花の供物を期待しているのである。

シナカンタンの人々は二種類の「魂」を持っている。一つは心臓にある「内部の魂」で、一三の部分に分かれている。そのうちいくつかは眠っているとき、驚いたとき、性的興奮状態にあるとき、あるいは悪い態度に対する祖先の罰として、身体を離れると考えられている。魂が体を離れると病気になるのだが、それを治療するのがシャーマンである。シャーマンは、魂の一部分が失われることによって引き起こされた病気を、祖先との調和を取り戻し、患者の内部の魂を再統合することによって治療する。

「内部の魂」を持つのは人間だけではなく、シナカンタンの人々にとって重要で価値あるものは、事実上すべて「内部の魂」を持っている。家畜、植物、塩は強い「内部の魂」を持っている。家や炉の火、聖なる山々の洞窟や川の深みのそばに建てられた木の十字架、聖人、楽器、そしてさまざまな神々も「内部の魂」を持っている。宇宙で最も重要な相互作用は、人間同士の間でも人間と物との間でもなく、人間や物の中にある「内部の魂」同士の間で行われる。

人間は「内部の魂」の他にいわば「外部の魂」、すなわち「動物霊の盟友」を持っていると信じられている。これは超自然的な動物で、中央シナカンタンにそびえる山の中に、ジャガー、コヨーテ、オセロット、袋ネズミなどとして、それぞれの柵の中に住んでいる。「動物霊の盟友」を管理しているのは祖先の神々である。人間は「動物霊の盟友」と「内部の魂」を共有しているので、その幸福は、自分の「動物霊の盟友」が祖先の神々によって守られ、大事にされているかどうかによっている。人が文化的規範を侵犯したときには、「動物霊の盟友」は祖先によって柵の中から追い払われる。シャーマンは「盟友」を柵の中に帰すよう、祖先に取りなすのである。

シナカンタンの人々にとっては、表面的にはカトリックの儀礼であるものも、祖先との交流を意味している。幾百もの礼拝堂は、祖先の神々が会合して子孫たちの行動について審議し、供物を待つ場であり、十字架の祭壇は神々に通じる扉である。十字架に花を架け、香を炊き、酒を飲み、音楽を奏でることは、人々にとっては神々との交流のための舞台を効果的に設定することになる。供物は神々のためのトルティーヤ〔メキシコ料理タコスを包む、とうもろこし粉でできた皮〕と肉であり、神々は特に黒鶏の「内部の魂」を好んで食べると考えられている。神々は患者の「内部の魂」を回復し、トウモロコシを育てる雨を贈り、悪魔を追い払い、シナカンタンの人々のために物事を正しく定めることで、供物に報いるのである。

3 仏教とタイ社会

仏教国タイ

タイ国憲法は「国王は仏教徒でなければならない」と定めている。タイ仏教研究者の石井米雄によれば、この点について「タイ人の注釈家は、タイ国は仏教国であって、タイ人の大多数が仏教を信奉しており、仏教は古来民族の宗教であったから、タイ国の元首たる国王は、仏教徒でなければならないのであるという論理を用いる点で一致している」。

幾世紀にもわたって中国南部からインドシナ半島に南下してきたタイ族が、一三世紀にその国家を建設したとき、その基盤としたのが仏教であった。当時すでに一般の人々の間では、一世紀から東南アジアで支配的であったヒンドゥー思想の階層制に対して、新しく平等な思想として大陸部では仏教が、島嶼部ではイスラムが信仰されるようになっていた。タイの数々の国家が、歴史過程を通じて仏教を礎とし現在に至っていることは、チェンマイ、アユタヤ、バンコクなどの都市やスコータイなどの仏教遺跡を訪れ、王権によって建立された寺院群を見た人なら、おそらく強く印象づけられるだろう。

一九世紀後半、日本とちょうど同じ時期に西欧列強の帝国主義の脅威にさらされたタイ国は、キリスト教宣教師たちの国内での活動を認め、西欧の科学技術を熱心に導入し、さらにイギリスとの間にボーリング条約を締結して世界に経済を開放しながらも、政治的にはついに英仏米いずれの支配下に置かれることもなく、独立を維持した。こうした危機を乗り越えることに貢献した歴史上最も賢明で進歩的な王の一人として、今でもタイの人々から尊敬を集めているのがモンクット王（ラーマⅣ世）である。王は僧籍にあった親王時代に、キリスト教宣教師の仏教批判に対してまっこうから反論すると同時に、国内ではスリランカから仏典を取り寄せて、仏教思想の原点に立ち返ろうとする仏教改革、タンマユット運動を行った。

しかしここで扱うのはそのような国家的な仏教ではなく、一般の人々が日常において実践している仏教である。タイでは国民の九五パーセントにも及ぶ人々が仏教徒であり、歴史的な都市ばかりでなく、ほとんどすべての町や村の中心に仏教寺院がある。中でも人気のある寺院では、光り輝く巨大な仏像の前で祈りを捧げる人々が、いつもほとんど絶えることがない。村や町の寺院では、村長、町長などの出席のもとに、共同体全体にとって重要な意味を持つ仏教儀礼が行われる。それは同時に人々の生活の中で一年を刻み、時間を進行させていく年中行事でもある。寺院で唱和されるお経は身近で必要不可欠な素養であり、小学生もごく自然に唱える。タイの人々がその中で生きている基本的な世界観、価値観を提示しているのが上座部仏教なのである。

個人主義の哲学としての仏教

上座部仏教の教義に理論的枠組を与えているのは「カルマ（行為）」の理論である。そこでは個人の行為はすべて倫理的に良いカルマ（ブン）か悪いカルマ（バープ）へと分類されて、その個人に属するものとして登録され、蓄積される。ブンやバープは数量化され、プラスとマイナスで相殺されて合計される。こうして登録されたブンの総量、すなわち個人のカルマこそが個人にとっての本質的価値であり、仏教的位階における個人の位置を決定する。

カルマはまた、それぞれの倫理的価値に応じて各の結果を生み出す。つまり「良いカルマ」は望ましい結果と、「悪いカルマ」は望ましくない結果と結びつけられるのである。仏教教義においては、自己が人生でたどる軌跡や運命は、自己の行為の集積であるカルマによって完全に決定されることになる。仏教が徹底した個人主義哲学であるといわれるのはこのためである。私たちの日常生活の中で用いられる「自業自得」という言葉もまた、この仏教的観念の表現である。

しかしカルマの登録と結果の回収は、現世のみで最終的に行われるわけではない。あらゆる生ある存在は「この生」を終えた後、また「次の生」へと生まれ変わるからである。この再生もまた登録されたカルマの結果として行われ、蓄積されたブンとバープの総和に応じて、新しい生での存在の位階の中への位置づけが決定される。こうして前世までのカルマの総和の結果が現世における位置、状況として現れ、現世までのカルマの総和は来世においてその結果を生み出すのである。したがって本来平等主義的であるはずの仏教理論が、社会的不平等を前世から現在までの各人の行為の結果と見なし、社会体制を正当化する働きをすることにもなる。

再生による無限の生の連続は、しかし、仏教の正当教義ではそれ自体が「苦」とされる。そしていくら良いカルマあるいはブンを積んだとしても、この再生の永久運動（輪廻《りんね》）から逃れることはできない。この意味で「救い」は良いカルマからは得られない。真の救い（涅槃《ねはん》）とは輪廻から脱することであって、それは唯一、悪いカルマはおろか良いカルマも含めて、行為そのものを停止することによって達せられる。しかしもちろんこの方法による救いを目指すのは、宗教的専門家である僧だけである。解脱を目的として厳しい修行を積む僧は、仏陀の教えを存続させ実践する者として、タイ社会で最も価値ある存在と考えられている。

聖と俗の関係

良いカルマすなわちブンは、理論上は良い行為全てを指すのだが、タイの人々にとって最も標準的なブンの行為は、寺院や僧に対する寄進や喜捨である。僧は自らは生産行為その他一切の世俗的な行為をしてはならないとされているため、食事を初めとする日常生活を一般の人々に負っている。托鉢は僧への食事の喜捨であり、最も基本的なタン・ブン（ブンを積むこと）である。また寺院の建造と修理は、特に大きなブンを得る行為である。僧と一般の人々の間には、一般の人々が僧の修業を支え、僧は一般の人々にブンを与えるという、相互依存関係が成り立っている。

また上座部仏教では、出家することはふつう涅槃に到達するための手段としてよりも、ブンを得る最大の源泉として考えられている。僧や見習い僧になる人は、自分自身のために莫大なブンを蓄えると同時に、大衆が僧に対して行う喜捨がブンを獲得する最高の道徳的行為であるという点で、大衆にとっての幸福の源すなわち「福田《ふくでん》」として役立つのである。

僧には専門的な僧と一時的な僧がいる。一時的な僧にも、その期間には数年にわたるものから雨期の間の三ヶ月ほどというものまで、さらに少年の場合には親族の葬式の日に一日だけというものまである。しかし僧である間は、世俗の人々から尊敬を受け、ブンを与える存在であることに変わりはない。また男性は僧としての経験を経ることによって、コン・ディップ（未熟な人）からコン・スック（成熟した人）になり、社会的信頼を得る。男性が一生に一度は僧になることが望ましいと考えられているのは、そのためである。

一般大衆の仏教的実践

世俗に生きる一般の人々は、仏教の究極的目的である解脱は念頭におかず、もっぱら現世での幸福と良い再生を望んで、良いカルマを蓄えようとする。ただし良い再生とはいっても、人間よりさらに上の位階の天上界に生まれ変わりたいと願うわけではなく、動物界に落ちることなく再び人間に、しかも人間の世界でより苦しみの少ない上の位階へと上昇し、より裕福で幸福な人間に生まれ変わりたいのだという。北タイの村ではこれは、再び同じ村の同じ家族、あるいは親族に生まれ変わりたいという望みとなって表れていた。

ブンは一般の人々にとって、人の内部に蓄えられ、石を積み上げるように一つ一つ増えていくというような具体性を持つものである。このように実体性を帯びることによって、ブンは他者と贈与しあうことが可能になる。タイの人々はこれを、通貨のように蓄えられ数えられ、他人に与えたりもらったりすることができると説明する。また電気やろうそくの灯のたとえも用いられる。つまり「ろうそくの灯は他のろうそくから灯をもらい、他のろうそくを灯して、元のろうそくの灯を減らすことなく灯の数を増やしていくことができる」のである。

　このようにブンは本来個人的な行為でありながら、個人に内在化されるとともに一種の実体性を帯びることで、他者と共有したり贈与しあったりすることが可能になる。ブンが共有されるのはふつう家族の範囲である。托鉢や寺院で行われる共同体的儀礼で女性たちが積むブンは、家族全員のブンと考えられている。また家族ごとに共同でブンを積む儀礼もある(写真)。

家族共同でブンを積む儀礼「キン・カオ・サラーク」

　男性が出家によって獲得するブンは、ふつうその両親に贈与される。特に女性は出家できず、最大のタン・ブンの機会を持たないので、息子の出家を望むという。タイで女性が男の子を一人はほしいと願うのは、日本社会で考えられるように跡継ぎのためではなく、出家によるブンの贈与を望んでのことである。また男性にとって特に母親に対しての最大の親孝行は、出家することであるといわれる。

　しかしブンを共有するのは家族だけとはかぎらない。人々は共同で仕事を始めるときなどには、仕事の成功を願って一緒に寺院に行き、ブンを積む。一緒にブンを積むことは、共同のアイデンティティを築き、それを維持していく意味を持つのである。ブンの贈与が最も重要な意味をもち、大規模に行われるのは死者儀礼の場である。

ブンはまた、望ましい出来事や状態を生み出すことのできる、個人に内在化され実体性を帯びたものという意味で、一種の力と見なされている。上座部仏教の伝統において、ブンを蓄積した人は徳高い人、すなわち価値とされる性格や資質を身につけている人であるばかりでなく、力を所有する人でもある。特に僧には仏教的力が備わっていると考えられている。僧はその力を用いて、人々のために仏教儀礼ばかりでなくヒンドゥー儀礼、精霊に関する儀礼を行う。

長い修行を積んで儀礼のテキストが読めるようになった男性には、還俗して一般社会に戻った後も仏教的力が備わっていると考えられている。それは呪術的な力であると同時に、社会で活動するうえで高い評価を得るものであり、僧経験者はポ・ナンと呼ばれて、社会の中で重要な役割を果たしている。私の住んだ村で最も尊敬され、威信の高かった人物の一人は、一〇年に及ぶ僧としての修業を二回積み、その間に村長も勤めた。彼は村における治療儀礼と災厄除去の儀礼をもっぱら受けもち、村人たちはその仏教的力を信頼していた。

宗教と社会

タイの人々が寺院にブンを積みに行くのは、特定の目的のためばかりではない。タイの人に最も好きなことは何かと尋ねると、寺院に行くことだという答えがしばしば返ってくる。そこで喜捨をし、ブンを積むことは、「サバーイ」（さっぱりして心地よい）という感覚とともに語られる。人々に仏教的行為の動機づけを与えているのは、仏教理論と同時にこうした幸福感である。これと同じようにミャンマーの人々は、しばしばパゴダ（仏塔）に行って喜捨するのが最もいいと答える。疲れたときにはパゴダに行くのが、映画館に行くよりどんな娯楽よりもいいのだという人もいる。パゴダを拝むとブッダを信じ尊敬する心で自分を反省し、悩みがとれて心がきれいになり、いい気持ちになる。あるいはパゴダはダゴー、すなわち力を発していて、人間はそれを受け取って元気になるのだ、とも理解されている。

僧や寺院に依存した積徳行為に対しては、タイ社会内部から批判もされてきた。仏教改革運動タンマユット運動も、そうした批判を行った。タイ社会における欺瞞性を告発して投獄され、のちに共産党に加わって山中で政府軍に射殺された思想家チット・プーミサックも、一九五七年、その批判と提案を、「このきてれつなおのれのための功徳積み」という題の詩にして発表している。

朝は僧侶に食事を捧げ／夕べはしきりに経文を唱える／これがブンを積む人か／ブン、ああ、なんたる堕落！／貯水池を造り橋を架け／道路を造り教育を高めれば／民衆全体のためになるものを／経文を唱えるよりも／はるかにいいブンにきまってる／大きな仏像、巨大な仏塔を造るのは／もうたくさん

来てブンを積め／すばらしいブンを／苦しむ民衆を助け、楽にしてあげよう／数えられないほど多くの人が／まだ貧窮に喘いでいる／仏塔を建てるよりもっと大切

また一九八〇年以降増大した都市中間層の間で盛んな新宗教運動も、タン・ブン志向の仏教的実践に対して、僧侶集団サンガという「外在する神聖性」からブンを受けることを中心に組織されているとして批判を行った。これらの運動ではサンガの権威を否定し、内面的な宗教体験を重視している。喜捨を中心としたタイ仏教の姿に対し、高額の布施を信者に要求する新興宗教とどこが違うのかといった質問が、日本ではしばしばなされる。両者の違いは何であろうか。それは宗教が社会に対して開かれているか否かであるといえるだろう。そこで説かれている教義が社会全体の人々の持つ世界観と連続性を持っているだろうか。社会から隔離されず、社会からの情報を遮断されない状態、社会との相互交流と社会に戻っていく自由が信徒に保証されているかという問題である。

さらに寺院は社会全体に開かれ、喜捨される金銭は社会に還元されるだろうか、という問題が重要である。タイでは寺院は伝統的に親の元で育つことのできない子ども（ただし男の子に限られるが）が教育を受ける場として機能してきた。パエットーピックは伝統社会における仏教寺院の機能を次の一一項目に要約している。すなわち①学校、②貧困者福祉施設、③病院、④旅行者の宿泊所、⑤社交機関、⑥娯楽場（祭りなど）、⑦簡易裁判所、⑧芸術的創造と保存の場、⑨共有財産の倉庫、⑩行政機関の保護施設、⑪儀礼執行の場である。

現在ではさらに麻薬中毒患者の治療の場として、エイズに感染した人々の最後の生活の場として、人々に救いを与えている寺院の存在が注目される。そうした寺院の活動はすべて喜捨や寄進のお金で運営されている。イスラムもその基礎教義六信五行の一つに喜捨を定め、収入に応じてなされる喜捨は社会の中でそれを必要とする人々の家に届けられる。

第七章　コスモロジーと儀礼

1　生活世界と宗教的領域

映画『ピクチャー・ブライド』と灯籠流し

二〇世紀前半のハワイの日系移民たちの姿を描いた、日系アメリカ人女性製作の映画『ピクチャー・ブライド』の最後は、主人公リヨとその夫マツジがともに手を携えて流す灯籠の場面で結ばれている。ピクチャー・ブライド、写真花嫁とは、当時アメリカに渡った移民たちの間で行われていた結婚の慣行である。単身アメリカに渡った男性から送られてきた写真によって結婚の取り決めが行われ、その写真を相手として「写真花嫁」が誕生するのである。

「夫」マツジの写真を手に写真花嫁としてハワイに渡ったリヨは、「夫」が写真とは違って、貧相な中年男であったことを知って失望する。しかし彼女にも隠していた過去があった。リヨの両親は結核によって相次いで亡くなっていたのである。当時日本では結核は強い伝染力を持つ死病として恐れられ、しかも遺伝性の病気と考えられていた。リヨは両親の葬儀の場でも、ただ世間の目に対して感じる恥ずかしさに打ちのめされて、その死を悼むことすらできなかった。ある晩、そのことを聞かされたマツジが示した驚愕と恐怖を見て、リヨは絶望して家を飛び出す。

こうした葛藤を経て二人が真の夫婦になったとき、マツジがリヨのためにしたことが、彼女の両親のためにささやかな仏壇を作り、位牌を置いて、二人で手を合わせて拝むことだった。そして巡ってきた「お盆」に、マツジの郷里の習慣に従って、ハワイの川に灯籠を流す。それまで忌むべきものとしか考えられなかった両親の死を、リヨは初めて弔い、供養するのである。

不条理の経験と宗教

シュルツとラヴェンダは、人類学の考え方の基礎となっている人間についての二つの基本的な前提について、次のように述べている。「第一に人間は自らの経験に文化的意味を与えること、第二に人間は自分たちの周囲の世界を受動的に受け入れるよりも、具体的な行為を通じてそれを変貌させる存在であるということである」。不可解な事柄に対して、人間はそれを説明も解釈もせずにそのままにしておくことはできない。人間は本来矛盾も含み曖昧である経験の世界に対して、文化的意味を創造し、その矛盾や曖昧性を解決して行動を組織しようとする。宗教はこうした人間の文化的営みを最も集約的に表している。特に人間が経験する不条理に、宗教は深くかかわってきたのである。

『ピクチャー・ブライド』では、受け入れることができず、自己の経験の中にうまく組み込むことができなかった両親の死、そしてあまりにも理不尽で無惨な友人とその子どもの死が、仏壇を作って拝んだり、灯籠を流すという宗教的行為によって受容され、解決されていく。また一九六一年から六二年にかけて連載された有吉佐和子の小説『香華』では、主人公朋子が、二〇年来会うことのなかった昔の恋人が戦犯として絞首刑の判決を受けたことを新聞で知って、「毎日のように東京中の神社仏閣から小さな祈祷所のような所まで出かけて行って、江崎文武の延命長寿の祈願をこまめに歩く」。朋子は理不尽に思える江崎の処刑を中止にする何の手だても持っていないが、このようなとき、それに対して何もせずに受動的に受け入れることはできない。何らかの方法で自分の行動を組織していくことで、その不条理を生きていくのである。映画ではこれは「お百度を踏む」場面になっていたが、「お百度を踏む」、「お茶断ち」などもこうした宗教的行為として、私たちにはよく理解できるものだろう。

ギアツは「文化体系としての宗教」の中で、宗教のかかわる領域について次のようにいう。「ある経験的な出来事の奇妙な不透明さ、はげしく無情な痛みの言葉で表されない無意味さや、大きな不正の謎めいた不可解さはすべて、世界とそして世界における人間の生活には、本当の秩序がまったくないのではないかという不快な疑念を起こさせる。この疑念に対する象徴的反応は、どの場合も同じである。象徴の手段によって、世界の真の秩序のイメージが形成され、そういうイメージの形成は、人生の経験の中に感じられたあいまいさ、疑念、逆説を説明し、祝賀さえするだろう。その努力は否定できないもの——説明されない出来事があり、人生は痛みに満ち、雨は正しいものの上に降り注ぐこと——を否定することではなく、世の中には説明不可能な出来事があり、人生は耐えられないものであり、正義は妄想であることを否定することである」。

宗教の定義

それでは宗教はどのように定義されるだろうか。最も一般的、包括的な定義としては、タイラーによる「霊的存在の信仰」があげられる。これに対してデュルケームは「霊的存在」や「神的存在」よりも、世界を「俗」と「聖」という根本的に異なる二つの領域から構成されるとする思考に宗教の本質を認めている。キージングは宗教を「人間の知覚によって直接認識しうる世界と並行し、その背後にあって、それを説明する不可視の存在と力の世界」と捉え、その機能を次の三点にまとめている。

第一に宗教は、世界はいかにして存在するようになったのか、人間は自然の動植物や力とどのような関係を持っているのか、なぜ人間は死ぬのか、なぜ人間の努力はあるときには成功し、あるときには失敗するのかといったような存在論的な疑問に答え、説明する。第二に宗教は正当性を与える。宗教は宇宙の中に、人間の道徳と社会秩序を維持する支配的な力――たとえば祖先、精霊、神など――をすえる。これらの力は規則を強化し、人間の行為に正当性と意味を与える。第三に宗教は、死、病気、飢饉、洪水、失敗など、人間の生のはかなさを処理する力を強める。宗教は悲劇、心配、危機に際して、人間を心理的に強めることによって、予測不可能で不安定で偶然の悲劇に満ちた世界に、確かさと意味を与えるのである。

最もよく引用されるのはギアツの次のような定義である。「(一)象徴の体系であり、(二)人間の中に強力な、広く行き渡った永続する情調と動機づけを打ち立てる。(三)一般的な存在の秩序の概念を形成し(四)これらの概念を事実性の層をもっておおい、(五)そのために情調と動機づけが独特な形で現実的であるように見える」。

「一般的な存在の秩序の概念」はコスモロジー（世界観あるいは宇宙論）と呼ばれ、これをおおう「事実性の層」とは、たとえば仏壇を作り、位牌を置き、手を合わせて拝む行為や、灯籠流し、お百度を踏む、お茶断ちなどを含んでいる。これらは一方では生活世界を構成するが、他方において儀礼と呼ばれるものでもある。

ハヴィランドによれば宗教的な儀礼は、人間がそれを通して聖なる存在と関係を持つ方法であり、宗教が行為の形をとったものである。儀礼は集団の社会的絆を強化し、社会的緊張を解放する手段であるばかりでなく、多くの重要な出来事を祝福し、死のような危機を、社会にとってより破壊的でなくなるよう、また個人にとってはそれに耐える困難をより小さくするようにする手段である。儀礼には、個人のライフ・サイクルに関係のある通過儀礼、集団の危機に際して個人を結びつける機能を果たす強化儀礼などがある。

2　象徴体系としての宗教

象徴の織りなす体系

私たちは正月には玄関や車にしめ飾りをつけ、神社に初詣に行く。神社では賽銭を投げ、自分と家族の健康と幸福を祈る。そこには破魔矢や家内安全、交通安全、合格祈願、安産祈願など、さまざまな目的のお守りが並べられ、飛ぶように売れていく。また春と秋の「彼岸」には「墓参り」に行く。先祖の墓を水で洗い清め、墓所を掃き清めて、花や、先祖たちの中でも特に生前の記憶のある死者に対して、好物だった食べ物やお酒などを供え、線香を焚いて祈る。

これらの行為が何を意味しているかは、自分ではそれをしない人も、さらにそんなことはばかばかしいと否定する人ですら、私たちはほとんど知っている。しかし異文化の人には説明しなければわからない。文化人類学の研究者はこれとちょうど逆の立場に身を置くことになる。そこに現れる事物や人々が行っていることが異文化の人からは見ただけでは理解できないものであるのは、宗教が豊かな象徴によって構成されているからである。文化人類学が対象とするのはこのような共有された意味の体系としての宗教である。それはしばしばただ昔からそうしてきたのだという感覚によって、つまり慣習として受けとめられている。また人々にとっては侵しがたく、ないがしろにできない領域を形成していることも多い。


象徴とは、ギアツによれば、思想、態度、判断、希望、信仰など、経験から抽象された観念の具体的な表現であり、それらが理解可能なように形象化され、知覚可能な形に固定されたものである。それは概念の媒介物として働く。先ほど見た日本の例でいえば、しめ縄、破魔矢やお守り、供え物、墓、墓参りに持って行く水などは象徴、神社で祈る、墓参りなどの行為は象徴的行為であり、儀礼である。

これら象徴の織り成す体系の中でも墓は中心的な象徴であり、日本社会では他の象徴や象徴的行為がそれをめぐって交錯する。墓は生者にとって親しい感情を持つ死者の身体そのものでもある。人はあたかもその人の体にするように墓を撫でたり話しかけたりする。あるいは立派に成長した子どもを墓の前に連れてきて「亡き夫に」見せたりする。墓だけでなく位牌や遺影も、先祖や死者を象徴するものとしてふだんは家の仏壇にある。家の者たちは毎日仏壇にご飯を上げ、季節の果物を供える。いただき物をすればひとまず仏壇に置き、先祖に「食べてもらって」から、それを下げて生きている者たちが食べる。

「『殺された妻に犯人の顔をしっかりと見せてやりたい』。自分への逆恨みの身代わりとして妻を殺害されたO弁護士の要請を受け、東京高裁のK裁判長は、殺人罪に問われた被告の控訴審第一回公判が開かれるのを前に、傍聴席に遺影と位牌を持ち込むことを認めた。刑事裁判では被告を心理的に圧迫するなどの理由で担当裁判官が遺影などの持ち込みを禁止する場合が多い。……Oさんは『当たり前のことを当たり前に認めてもらえたと思う』と話している。……Mさんは妻子を殺した被告の山口地裁での公判で遺影を持って傍聴しようとして拒まれ、布で覆った。広島高裁の控訴審では、被告に見えないことを条件に持ち込んだ」(「朝日新聞」二〇〇〇年九月二六日)。位牌と遺影を傍聴席に持ち込むことは、日本社会では、亡くなったその人に裁判を傍聴させることとして理解される。死者の身体の象徴としての位牌を裁判の場に持ち込むことの是非をめぐるこうした対立は、そのような象徴を持たない人々から見れば、奇妙なものに映るかもしれない。

墓はまたその中に先祖たちの住んでいる空間としても考えられている。墓は現在、日本で活発な議論の行われているテーマの一つである。中でも夫のイエの墓に入りたくないと考える女性たちが、新たな選択肢を求めて模索している。そこでしばしば聞かれるのが、「若い頃つらい思いをさせられたお姑さんと同じ墓に入るのはいやだ」「死んでまで夫に仕えるのはたくさんだ」という主張である。ここには、墓の中で生前と同じ姿で展開される人間関係が、私たちの感覚に訴えるリアリティーをもって現れる。このとき墓は懐かしい死者の身体としてではなく、イエを象徴し、女性たちの自由を死後までも奪うものとして現れるのである。

墓は人間社会に普遍的にあるものではない。また同じ墓でも、個人の墓と「○○家の墓」という形をとる先祖代々の墓では、人々にとってその意味が異なる。個人の墓の場合、墓は死者個人の記憶、あるいは記念の形象である。一方今の日本の一般的な墓の場合、通常それは、自分が生きている間は先祖を守り、そのかわりに自分が死んだ後は子孫たちに守られていくことを意味している。現在日本社会では、兄弟のうちだれが家の墓を守るのかという問題や、死後墓を守ってくれる子孫のない「無縁仏」になることへの不安が顕在化している。それらが問題とされるのは、このような意味での墓という象徴を共有する文化の中においてなのである。

コスモロジーの併存

これら象徴の体系は一般的な存在の秩序の概念を形成し、人々が世界や自己のあり方についてどう理解するかについての全体的な体系、すなわち世界観（コスモロジー）を供給している。日本人のコスモロジーでは、毎年八月（あるいは七月）の「盆」の季節になると、先祖は死者の世界から生者の世界の子孫たちの住む家に迎えられ、もてなしを受ける。それから子孫たちに送り出されて再び死者の世界に還り、また次の一年を過ごす。先祖たちがやって来て再び還って行く所は曖昧で、天国や地獄のようにどことはっきり特定されない。

神奈川県西部では丹沢の大山が先祖の住む世界である。この地域では盆になると、大山を模した砂山の上にナスに割り箸を指して馬をかたどったものを乗せて、家の門口に置く。先祖たちはこの馬に乗って大山から降りて来るのである。大山は古くから信仰の山で、正月には初日の出を仰ぐために登る人々や、大山神社に初詣に来る人々で賑わう。このような山は日本全国いたる所にある。私たちの世界では、先祖は子孫からそれほど遠くない所に、生きていたときと同じ食べ物を好み、酒や煙草をたしなむ身体をもって住んでいる。先祖や死者たちはまた、私たちの感覚では、前項で述べたように同時に墓の中や家の仏壇にもいる。

しかし私たちの日常生活にコスモロジーを供給しているのはもちろん宗教だけではない。むしろ私たちは「科学的な」コスモロジー（天文学的宇宙論）を「正しい知識」として持っている。さらに地球上の生物の秩序を説明する理論として、生物の進化と人類の出現という進化論的コスモロジー、地球上の菌類を含むあらゆる生物が、人間をもその一つとして互いに連関を持って生きているという生態学的コスモロジーを持っている。

これらの科学的なコスモロジーは、主に学校教育によって「近代的知識」として与えられてきた。近年ではテレビなどを通して家庭でも日常的に見られるコンピューター・グラフィックスなどによって、視覚に訴え、よりリアリティーのあるイメージを持つようになっている。けれど科学的コスモロジーは、たとえ社会の近代化と合理化が進んでも、必ずしも宗教的コスモロジーを駆逐することにはならないことは、たとえば次のような例が示している。

独立した所帯を持って都会に暮らしている子どもたちが「お盆」に故郷の実家に集まり、花と供物を用意して死者を迎えることは、私たちにとって科学的コスモロジーに対する無知を意味するものではない。また非合理的であると非難されることでもない。それどころかむしろ「お盆休み」は、日本の社会全体が企業の集中する都市を中心に機能し、交通手段が発達したことによって、全国的に了解された当然の予定として生活世界の中に組み込まれているといえる。この時期になるとほとんどすべての企業は休暇に入り、故郷に帰る人々によって人口の大移動が引き起こされる。テレビのニュースは毎年恒例のようにそのトップに「帰省列車」の混雑度を報じ、都心を覆うスモッグまでもが、フル回転し続ける近代産業活動の中断によって、一時的ではあるが消えるのである。

科学的コスモロジーを「正しい知識」として持っているにもかかわらず、私たちが宗教的コスモロジーを捨て去ることをしないのは、それぞれが参照される場が異なるからである。科学的コスモロジー――それは唯物論的コスモロジーということができるだろう――には死者たちは存在しないが、私たち人間は死者を亡くなったその日から存在しないものとして生きていくことはしない。

子どもを亡くした人は、その部屋を何年も生前のままの状態にしておくことがある。人が亡き夫あるいは妻の写真に向かって語りかけるという風景も、私たちにとってごく自然なものである。またたとえば親や亡妻の「墓に報告に行く」という行為は、死者の承認を得ることとして私たちの社会関係の中で重要な意味を帯びている。これらの行為は、死者の死を認めない、あるいは死者があたかも生きているかのようにふるまう「現実に背を向けた」姿勢としてのみ理解されるべきではないだろう。むしろ私たちの生、いいかえれば自己を構成していた他者との対話、それをこの他者が亡くなった後も続けていくことによって、自己を日々構成しながら生きていく、そうした人間のあり方を示しているといえる。

しかし宗教的コスモロジーもまた、文化によって多様であると同時に歴史的にも変化していく。ある学生のレポートは、この変化と連続性をよく表現している。「特に宗教だとは意識はしていないだろうが、私の両親はお墓参りやお盆にはやけに熱心だ。そういったことは欠かしたことがない。お盆の時には迎え盆も送り盆もやる。ナスとキュウリの馬、わらなどを毎回用意している。燃えるわらから出る煙をあびろとしきりに勧める。私の家の近所ではわらまで燃やしているのはうちくらいだ。以前父が私に『おまえもずっと先祖の送り迎えをしていけよ』といったことがある。両親にとってこういったことは当然のことで、きっと自分たちが死んだ後は盆には帰ってきたいと思っているのだろう」。

3　タイ人のコスモロジーと儀礼

福因論と災因論

上座部仏教のコスモロジーはあたかも垂直に立てた梯子段のような階梯をなしていて、あらゆる有情の存在は、それぞれのカルマすなわちブンの総量に応じ、この位階的な秩序に従って存在している。ブンの総量が多ければ多いほどコスモロジカルな階梯の上位に、少なければ少ないほど下位に位置することになる。仏教的世界の下位にあるほど苦しみが大きく、上位にあるほど苦しみから自由で、小さな労力で大きな効果を生むことができる。

この仏教的コスモロジーの中に、人間を真中にしてその上に天使や神々といった非身体的存在、下に身体的存在という点では人間と同様の動物が位置づけられる。人間の世界もこの宇宙論的秩序の一部であり、ここもまた同じブンの多寡による位階からなっている。タイ人の自己にとっての本質的価値は、仏教的コスモロジーにおける位置であるとされる。カルマの理論は人々に存在の秩序、すなわちコスモロジーと価値の体系を供給しているのである。

人々が自己と他者、そして経験する事柄をいかに理解し、語り、動機づけを与えられるかを理解するために、コスモロジーを構成する要素として「福因論」と「災因論」を分けて考えることが有効である。長島信弘によれば、福因論の体系とは、「いかにして現状より恵まれた状態（プラスの状態）を獲得するかについての理論と行動の体系」であり、「災因論」とは、「さまざまな個人的不運や災いをどのように説明し、またそれらにどのように対処しているか……このような災いについての観念と行動の社会・文化複合」である。

カルマの理論は、理論的には同時に福因論と災因論の体系を構成しているということができる。しかし実際には、不幸や災いがカルマの理論で説明され、解決が図られることはふだんの生活ではないといえる。私が出会ったただ一つの例は、子どもが不慮の事故で亡くなり、それを受容するほかなくなったときであった。日常の中で経験する不幸や災いの多くは、天体の力や宇宙的元素といったヒンドゥー的観念、ピーという精霊信仰の観念によって説明され、対処が図られる。つまり仏教はタイの人々に福因論を供給し、災因論を受け持つのはもっぱらヒンドゥーイズムと精霊信仰なのである。ただし精霊信仰は、次に述べるように福因論も供給している。

精霊信仰

タイの人々にコスモロジーを供給しているのは仏教ばかりではなく、同じくらい重要なものとして精霊信仰がある。精霊信仰のコスモロジーにおいては、世界は人間の領域と精霊（ピー）の領域から構成されている。そこではピーは人間の上位にあり、人間を幸福にする力も不幸にする力も持っている。人間はピーに供物を供えてその力を引き出し、災厄を予防し幸福を得ようとする。病気になったり災いがふりかかった場合には、人間はそれがピーの仕業であると考えて供物を捧げて慰撫し、災いを起こすのをやめるようピーに頼むのである。このように人間はピーの意向をうかがい、ピーと交渉しながら生きていく。ピーは日本の宗教的コスモロジーにおける、山や木や石や家に住む八百万の神々と共通性を持っている。

タイに来た外国人が初めて出会うピーは、おそらく土地のピーだろう。ホテルの前には必ずピーを祀った社があるからである。ここに祀られているピーはチャオ・ティー「土地の神」と呼ばれ、土地の真の所有者と考えられている。土地を使う人間は「土地の神」に花や線香、ご飯などの供え物をして、一定の関係を取り結ばなければならない。そのかぎりでは「土地の神」は人間に安寧と繁栄をもたらすが、怠れば災いをもたらすのである。日本で家を建てる前に行われる地鎮祭も、これと同じ宗教的観念に基づく儀礼であるといえる。ピーは村、寺院、川、森、灌漑堰にも棲んでいる。タイ正月には「村のピー」の棲む大木の脇に供物が置かれる。

北タイでは古くから自然灌漑による稲作が行われていた。毎年五月、雨が降り始める頃に、川の水をせき止める堰を協働で築き、扇状地の自然の傾斜を利用して水田に水を引き入れる。それは竹と木と周りの土でできた堰で、ちょうど稲が実る頃、川の水位が最も高くなって押し流され、川の流れは元に戻るのである。堰を築く協働作業では毎年、各家の男性たちが一人ずつ、木と竹と「堰のピー」に捧げる供物（各家鶏二羽ずつか皆で豚一頭）を持って集まる。協働作業の間、数人の男たちは供物のご馳走作りに専念し、堰が完成するとまず「堰のピー」にご馳走と酒を捧げる。そして人間たちも一緒に皆でご馳走と酒を楽しむ。ピーは、自然をただ利用するものと見なすのではなく、対話的な関係を結ぶ他者として働きかけるためのメタファーである。人間はピーに供物を捧げて許可を得、ピーは人間に幸福を与えて、人間はピーに感謝を捧げる。これとは反対にピーの棲まない近代的コンクリート・ダムは、生態系に対して取り返しのつかない破壊を行ってきた。

タイの人々はまた、亡くなったばかりの死者を危険をもたらす恐ろしいピーとして恐れ、生者の世界から追い払って「ピーの世界」に落ち着くことを望む。死後時間が経過するにつれて死者もだんだん危険な存在ではなくなっていくが、それでもなお人間には自由にできない「力」の所有者として存在し続ける。「死者のピー」は日本で恐れられる死霊に似ている。

死生観と死者儀礼

仏教的コスモロジーにおいては、人は死後肉体を失ってウィニャーン（霊魂）となり、火葬の火によって天界に上る。ウィニャーンはそこでカルマの秩序に入り、再生して地上に下りてくる。もはや現世を終えてしまった死者に対しては、生者たちはただ良い再生を願うばかりなのだが、再生を決定する現世までのブンの総量が、それが可能なだけ充分かどうかはだれにもわからない。死者儀礼では、自分自身でブンを積むことのできない死者のために、家族のみならず共同体の人々など、生前社会関係のあった人々が総出でやってきてブンを積み、死者に贈る。その後も死者がすでに再生しているかどうかわからないので、死者の記憶があるかぎり、寺院での共同体的儀礼のたびごとに死者のウィニャーンにブンを贈り続けて、良い再生を願う。こうしてタイでは、死者と生者の絆はブンを贈る行為によって維持されていくのである。

死者のためのタン・ブンは、死後遺体が家に帰り、家の中に安置されたその晩から三晩、僧を招いて食事でもてなし、金銭、食べ物、日用品を喜捨し、読経してもらうことによって行う。この三日間は毎日ほとんどすべての家から人々が死者の家に集まり、僧とともに皆で食べる大量のご馳走を作る。楽隊が呼ばれて毎晩音楽が演奏され、老若男女が遺体の近くや家の周りでご馳走を食べて、一晩中賑やかに時を過ごす。死者を介して広い地域から人が集まってくるこの場は、かつてはまた男女の出会いの特に重要な機会でもあった。法律で禁止されている博打もそこここの草むらで行われる。

三晩が明けて葬儀の朝になると、家の入り口には受付の机が置かれ、タン・ブンのお金を持ってきた人々が記帳する。お金を受付に出すのも、生前お世話になった恩に報いるために葬式に駆けつけるのも日本の葬式と同じ光景であるが、同じ行為に人々が見る意味は異なる。タイではそれが死者の再生のために必要なブンを贈るという具体的な意味を持つ。お金を出すことでブンを積み、死者に贈ることも、さらに会食の輪に加わることもだれにでも開かれているので、生前親しかった人、世話になった人たちばかりでなく、見知らぬ人間が自分自身のためのタン・ブンの機会としてやってくることも歓迎される。タン・ブンした人の名は拡声器を通して放送され、社会的に知らされることになる。

葬儀の際にはさらに親族の少年たちが得度し、それによって得られる最大のブンが死者に贈られる。葬式が終わって窓から出された棺は、共同体の男性たちが造り、ピンクや水色や紫の切り紙細工とペーパーフラワーで飾られた美しい御輿に乗せられて、人々とともに焼き場に向かう（写真）。火葬場ではサーラー（休憩所）の下に並んだ僧たちに、社会の主だった人々が順番に僧衣を寄進していく。これもまた、僧は元来死者が着ていた物を身につけるものという仏教の教えにしたがった、タン・ブン儀礼である。火葬直前に僧たちが読経しながら竹筒に入った水を地面に注ぐことで、そのブンを地母神が死者に送り届けるのである。

棺を御輿に乗せ、焼き場へ向かう人々

死者のウィニャーンは御輿に乗せられて、火葬の火で天まで運ばれる。御輿はパサート（宮殿）と呼ばれ、ウィニャーンの乗り物であると同時に、天界での家になる。遺体が家に戻ってきてから火葬の火に包まれるまで日常的な時間は停止し、非日常の時空間が現出する。死者儀礼は共同体全体によって行われる賑やかで華やかな祝祭である。死者の家族はそこで慰められるのである。

僧侶の死に際しては、タン・ブンの規模は一般の人々の比ではない。タン・ブンのための安置期間は一〇〇日間に及び、最後の葬式にブンを積みに来る人々は共同体の範囲をはるかに越えて、町から何台もの貸し切りバスに乗ってやってくる。そして町から遠く離れた寺院ですらも、五〇人は優に越える僧侶が列席する。僧侶に対しては良い再生ではなく、解脱に必要な莫大なブンが贈られるのである。

4 魂の旅路

骨・霊魂・肉体

日本人は遺骨に対して格別の信仰を持ち、火葬後お骨を拾うという行為は遺族にとって重要な意味を持っている。この儀礼は現代日本では近代化と合理化によって廃れるどころかますます洗練される傾向にあり、そのために美しく贅沢な空間を演出している斎場も少なくない。日本のようにきれいに遺骨が残るように遺体を焼くには火力や時間の調整が必要で、ヨーロッパでは火力が強すぎてふつう形が残らず、バラバラの骨灰状態になってしまう。またある作家が亡くなったとき、故人と長年生活を共にしたパートナーと法律上の妻が遺骨をめぐって争ったことが報道されたが、遺骨をめぐる争いは日本社会では決して奇異なことではない。

山折哲雄は日本社会における遺骨に対する信仰を、葬式にかかわる言葉として日本各地に残っている、ホネコブリ、ホネカブリ、ホネカミ、ホネヲシャブルなどの言葉と関連させて考察している。それによれば葬式で亡き人の遺骨をかんだりしゃぶったりする慣習は実際に行われていたのだが、今では言葉だけが残っていると考えられる。両親の遺骨を袋に入れて持ち歩き、時折なめたりしていたという作家の話や、暴力団山口組の組員が殺された組長の骨を粉にして酒に入れ、飲み干して報復を誓ったと伝える記事を紹介して、日本における遺骨の意味について論じている。

死者の骨に対する信仰は、ベンガル湾東部のアンダマン諸島の人々や、メラネシアのトロブリアンド諸島の人々と共通性を持っている。彼らは火葬ではなくて土葬を行うが、埋葬後、掘り起こした遺体から骨をはずし、洗浄して遺族たちが身につけたり、道具にして使ったりする。アンダマン諸島では頭蓋骨や顎の骨は首飾りにして儀式の際に下げ、四肢の骨は小屋の屋根のむしろの中に入れておく。小さい骨は女性縁者がひもに通し、病気予防や治療のために身につけるものとして贈り物にする。トロブリアンド諸島では頭骨は未亡人が使用する石灰入れの壺になり、顎の骨は首輪から下げる装飾品となる。より小さめで長い骨は石灰を伸ばすへらとして用いられる。

これに対してタイやインドでは日本と同じように火葬を行うが、遺骨に対する信仰はない。タイでは死者のウィニャーン（霊魂）のみが問題とされ、それは火葬の火とともに天界に上っていくと考えられているので、火葬場で棺を乗せた御輿が火に包まれると、遺族もその他の参加者も帰ってしまう。地域によっては後日骨灰が拾われることもあるが、それもその場に埋められるだけで、白い骨灰は焼き場に散らかっている。骨が死者を象徴するものとして信仰の対象となることはなく、墓も建てない。インドでも火葬の間、死者の長男が私に、「母の魂は天空にあって、私たちを見下ろして微笑んでいる」と語った。骨灰は聖なる河に流すことによって魂が天に昇ると考えられ、素焼きの壺に入れて河原に放置されている。

他方アメリカでは葬儀の前にエンバーミングを行う。これは遺体に防腐処理だけではなく加工と死化粧を施して、生前の面影を蘇らせることである。死体はあたかも生きているかのように作り直され、永遠に生き続ける肉体というアメリカ人の理想を実現する。朝鮮戦争の頃、戦死した米兵の遺体は九州で縫合接着され、化粧を施されて棺に入れられた。それからアメリカ本土に送られて、遺族に対面させられたという。

恨（ハン）を解く

韓国の人々の生を形づくる重要な観念に、恨（ハン）の観念がある。韓国の人々は人の一途な思い、こだわりはよきにつけ悪しきにつけ固くなり、結節すると考え、これをハンと呼ぶ。一九九三年に制作され、その年だけで一〇〇万人以上の観客を動員したといわれる韓国映画『西便制《ソピョンジェ》』（日本語のタイトルは『風の丘を越えて』）には、父親が主人公に「生きることはハンを積むこと。ハンを積むことは生きること」という場面がある。ハンには日本語の「恨み」とは異なって「晴らす」という発想はなく、「プリ」（解きほぐすこと）が期待される。

韓国南道では、不慮の事故で亡くなった死者のためにその霊を呼び、ハンをほぐし、洗って怨恨を解き、あの世へと旅立たせる儀礼が行われる。朝鮮文化研究者の野村伸一は、韓国南道における異常死に対する死者儀礼を数多く集めている。そのうちの一つは、海苔採取の仕事で亡くなった人のためのものであった。屍も上がらず、あとには妻と学齢期の三人の子どもが遺された。妻は満足な弔いもできないので、海の仕事仲間がわずかの費用を出し合い、巫女《みこ》「タンゴッレ」に頼んで、村の近くの浜辺で霊《たま》上げをしてもらったという。

以下にその模様を要約する。

巫女はまず崖の方に向かい、浜を管轄する神、山神《サンシン》に加護を願う。次に海に向かい、竜王《ヨンワン》に魂を引き上げることができるよう頼む。巫女は杖鼓と笛を伴奏にどらを叩き、カモを海に投げ込む。カモには水死者の霊を探し当てることが期待されている。遺族の一人が竹竿を支えて立つ。竹竿の先には真鍮の容器がくくりつけられている。容器の中には白紙を切り抜いて作った霊代が込められている。霊が呼びかけに応じれば竹竿が動き出し、そのとき真鍮の容器の中に霊が入ってきたとされる。

遺族たちが代わるがわる竹竿を持つうち、一人の女性が竿を持ったままもがき始めた。死者の霊がこの女性に降りてきたのである。人々は「今どこにいるんだ」と尋ねたり、「早く水の中から出てきて」と懇願する。巫女は村の女性に白い布を持たせ、「結びほどき」の儀礼を始めた。死者が生前に抱いたハンは結ぼれをなすと考えられているので、これを白布の七つの結び目で型どり、振りながらほどいてやるのである。これは霊のこだわりを解いてやるという意味を持つ。

「結びほどき」でわだかまりを解かれたとはいえ、霊はまだ悲しみや怒りにまみれたままである。そこで巫女は「霊洗い」の儀礼を行う。むしろを巻いて「むくろ」をこしらえ、その中に紙製の霊代を入れた真鍮の器を収めて魂を入れ、釜ぶたをかぶせる。巫女は巫歌《ふが》を唱えながらさじで釜ぶたを叩く。それからほうきを取って恨みにまみれた霊を「むくろ」ごと浄め、木綿の布でぬぐって、米をパラパラと打ちつける。そして白紙で作った霊代を持って揺り動かし、霊が完全に怨恨を解かれたことを告げる。

最後に霊があの世へと旅立つことを意味する「道ならし」の儀礼が行われる。村の女性二人が数メートルの間隔で向かい合い、白い木綿の布を引き合ってあの世へと続く「橋」を作る。巫女がその傍らに立ち、霊代の入った真鍮の器を持って、橋の上をゆっくり行き来させるのである。

韓国社会においてハンを解く儀礼は、このような不条理な死を解決してきた。巫女の唱える巫歌には、理不尽に死んだ娘たちがさまざまな形で現れる。韓国の大衆芸能パンソリは、そうした人々の霊の救済と密接にかかわって成長してきた謡芸である。パンソリの旅芸人一家を描いた『西便制』が空前の共感を呼んだのも、韓国近代史の中に埋もれたハンを解きほぐしたためではないか、その意味でこれはハンプリの映画なのであったと野村は述べる。パンソリも映画『西便制』も、一種のハンプリの儀礼であるということができるだろう。

弔い直しの儀礼

アメリカで先住民の遺骨の再埋葬がようやく始まった。合衆国全域で二五〇万体におよぶ先住民の遺骨が、博物館、州立歴史協会、個人のコレクションとして集められていたのである。そのことがわかったのは、一九八五年に起こった先住民の墓から遺体が掘り起こされて盗まれるという事件がきっかけだった。犯人の家では掘り起こされた先住民の骨が、ブック・エンドやコーヒー・テーブルの装飾品として使われていたのである。しかしその事件を発端にして明らかになったことはそれどころではなかった。地下の研究室の床から天井まで積まれた箱に、膨大な数の先住民の骨が「科学的データ」として放置されていた。発見者の先住民女性による粘り強い遺体再埋葬運動は、一九九〇年にやっと「文化人類学コレクション」の再埋葬として実現した。

先住民たちの遺骨はそこではものとして扱われていた。ものとして積み上げられている遺骨を見たとき、そこここにさまよっている死者たちの霊魂に感じた恐怖について、発見者の先住民女性は語っている。死者たちの霊魂は、死後たどる七つの段階からなる霊的世界への旅路を遮られて、行き場を失っていた。白人プロテスタントの人々は先住民の骨をものとして扱っても、そこに怨念を抱いた霊魂を見て恐怖を覚えることはなかった。しかしもしそれが白人プロテスタントの骨であったなら、彼らだって同じように戦慄を覚えただろう。彼らの霊魂がたどるはずの死後の旅路は、先住民たちの霊魂とはまた別であるにしても。博物館に保管されている先住民の遺骨には死者たちの物語もないと彼女はいう。埋葬の場所を回復すること、弔い直すことは、土屋恵一郎がいうように「死者の物語を取り戻そうとする」儀礼なのである。

弔い直しの儀礼は戦後の日本においても重要な意味を持っている。戦争によってむなしく死んでいった死者たちについて、詩人長田弘は述べている。一人の人間として死ぬ自由を奪われ、英霊として抽象化されて「まつりすてられ」、「慰霊碑や祈念碑といったモニュメントによって抽象化されて、もう一度まつりすてられ」、公史の中では統計にすぎない死者たちを、一人一人の死者として生きている一人一人の手に取り戻したのは、戦後にも生きのびて一つの墓を作るまではという生き方をとった、特定されない誰かであった。あるいは「墓一つを持たぬ死者の記憶をとどめる一枚の写真を、たとえば居間の欄干にかかげて、死者をまじえた自分たちの日常を、みずから黙ってつくってきたような特定されない誰かだった」。

そしてこの一〇年、タイのメーホンソン県の協力を得て旧日本兵の遺骨を集め、焼骨と骨揚げをすることによって弔い直しの儀礼を行っている人もいる。戦争で亡くなった人々の中には、「帰った」といっても骨箱に遺骨はなく、砂や石だった人も多い。メーホンソン県が地元住民のいい伝えをもとに一九九九年にまとめた調査報告書には、埋葬場所が示され、数千柱の遺骨があるという証言もある。ちりぢりに敗走してどこで力尽きたか、現地の住民が教えてくれるのだという。

死者儀礼は一人の人間の物語を完成させ、死後の旅路につかせる儀礼である。それはその人間がかけがえのない他者として社会関係を持ち、生の物語と霊魂の旅路を共有する共同体によってのみ担われることのできる儀礼である。物語の完成と霊魂の旅の始まりは身体的な死ののち初めて始まるのではなく、いかに死を迎えるか、いいかえればいかに自分の生をまっとうするか、から始まっている。波平恵美子や山下晋司が脳死を人の死とする臓器移植に対して、文化人類学の立場から異議を唱えるのもそのためである。

韓国の病院には往生室という広い部屋があって、死が近くなるとそこに親類縁者だれもが入ってきて、歌を歌ったりお経を上げたりする。こうして近代的医療施設の中にもなお、たくさんの人々に見守られて死を迎える空間が確保されている。これは技術偏重に陥った現代医療に対して医師の立場から批判し、医療のあり方を根本的に問い直す研究を続けた医学者中川米造が、自らの病と死を見つめながら考えたことを、死の一ヶ月前のインタヴューで述べた話の中にある。日本でも家族や親族、友人など大勢の人に見守られて迎える死が理想的な死であった。死の迎え方は死後始まる儀礼とともに死者儀礼を構成し、物語の完成に向けての始まりであると同時に、一人一人の霊魂の旅の始まりである。

第八章　精神と身体

1　文化と心身観

身体技法としての身振り

近年、人間の身体経験もまた深く文化的なものではないかと考えられるようになっている。その先駆者といえるのはフランスの人類学者マルセル・モースである。彼は身体経験、特に身体的振る舞いが極めて社会的なものであることに注目し、それを「身体技法」と呼んだ。私たちはさまざまな「身体技法」を文化としてまさに「身につけ」、それによって他者とコミュニケーションを行っている。

私が南インドを初めて訪れたときのこと。オートリキシャの運転手に行き先を告げると、彼は私の顔をじっと見つめたまま首を横に振った。その表情がまるで「あなた何をいってるんですか。わからないなあ」といっているように見えて、そのつど私はたじろいだ。自分が何か非常識なことをいって引き起こした反応のように思われたのである。しかしそれで引き返そうとすると呼びとめられるという経験を繰り返して、やっと私はそれがOKを意味する身振りであることを知った。

ところが初め「ノー」の身振りに見えたものが、しばらく暮らしているうちに私たちの「いいえ」

とは違う、首を左右にゆらゆらとかしげる身振りであることに気づいた。そこで私は部屋に一人でいるときなどよくこれを練習してみたものだが、首の体操のようにカクカクと左右に傾けることはできても、このゆらゆらはどうしてもできなかった。反対に私が「いいえ」と首を横に振るのを南インドの人々はしばしば肯定の意味と取り違えた。それで「イエス」なんだか「ノー」なんだかわからない、とイライラさせたのである。

野村雅一は世界中のさまざまな身振りを紹介しているが、その「肯定・否定」の項目で、インドについて次のように書いている。「肯定や同意の表現として、首を左右にゆらゆらと傾げるようにする身振りはインド、バングラデシュ、スリランカあたりではかなり一般的に見られるようだ。この肯定の首振りはまた、満足感の表現であることもあり、さらには相手の質問をはぐらかすためにもおこなわれることがある」。

野村はさらに「スリランカのある女性は、首を左右にゆらゆらさせて「イエス」というのは、低カーストの人たちで、高カーストの者は首をたてに振るのだといった。身分の低い者は、「イエス」「ノー」をはっきり表明しないというのだ」という。しかし再び私の経験を振り返ってみれば、高カーストの歴史学者がいつもゆらゆらとOKしてくれたのが懐かしく思い出される。南インド滞在も一ヶ月になると、私は相手を見つめてゆらゆらと首をかしげるこの身振りに、自分を肯定し受け入れてくれるものを感じるようになったのである。

象徴としての身体

モースの試みをさらに発展させて、身体的経験と社会的経験との間に本質的なつながりがあることを明らかにしたのは、イギリスの（後にアメリカに移った）社会人類学者メアリ・ダグラスである。ダグラスが注目したのは「けがれ」という極めて生理的・身体的であり、同時に社会的な現象である。ダグラスは、「汚《けが》れとは、絶対に唯一かつ孤絶した事象ではあり得ない。つまり汚れのあるところには必ず体系が存在するのだ。秩序が不適当な要素の拒否を意味する限りにおいて、汚れとは事物の体系的秩序づけと分類の副産物なのである」と述べ、汚れを象徴体系との関連において考察した。身体とはまさに「自然の象徴」であって、そこには社会という体系的秩序が彫りこまれているのだという。「唾、血、乳、尿、大便あるいは涙といったものは、それらが浸出するというただそれだけのことによって、肉体の限界を超えたことになる。体から剥離したもの、皮膚、爪、切られた毛髪および汗もまったく同様である」。

唾液も血液も、人の身体の内部にあるときは生存に不可欠な重要なものと考えられているが、一度それが身体の外に出ると「汚《きたな》い」ものに変わる。特にそれが他人のものであればなおさらである。母乳もまた、乳房という身体内から外に出ることなく直接乳児の口の中という身体内に移動するかぎり、乳児にとって必要で貴重な「食物」なのだが、体外に出て衣服についたり、乳児の口からこぼれ出れば「汚い」ものになる。近年、乳児を保育園や人に預けて仕事に出る女性が増えるにしたがって、母乳を冷凍し保育園や世話してくれる人に預け、解凍して与えてもらう方法がとられるようになって、これまでになかった混乱が生じるようになった。

ある女性が職場の冷蔵庫の冷凍室に小さなポリパックを入れさせてもらえないかと頼んだところ、「それは食べ物ですか?」と尋ねられた。彼女が「ええ、そんなようなものです」と答えてから「母乳なのですが」とつけ加えると、あからさまな嫌悪の表情で断られたという。そのときの拒絶のされ方を、「まるで尿の入ったポリ袋でも冷蔵庫に入れてくださいと頼んだみたいだった」と語っていた。体外に出た母乳は少なくとも相手にとっては「食物」ではなくて、汚い「排泄物」だったのである。当の女性の感覚ではミルクや牛乳と同じ範疇に入るものだったのだが。

これは「汚れ」というものが物質そのものに本来的にあるわけではなく、体内から体外に出されることによって「汚れ」と見なされることをよく示している。汚れが物質そのものにあるわけではないことは、また、新しく生じた事態の中で立場によって見方が異なることによっても裏づけられる。

あらゆる体系は境界と周辺部を持っている。そして「あらゆる周辺部は危険を秘めている。もし周辺部があちこちに引きまわされれば、基本的経験の形態が変わってしまうからである。どのような観念構造においても侵されやすいのはその周辺部である。したがって肉体の開口部は特に傷つきやすい部分を象徴していると予想すべきであろう。そういった開口部から浸出する物質は、この上なく明白に周辺部の特徴を持った物質なのである」。

2 身体・精神・感情

心身二元論

ダグラスの「社会のイメージが彫りこまれた身体」という見方は、文化人類学的な身体へのアプローチの一つの重要な成果であるが、ふだん私たちはこのようには考えていない。私たちが身体について考えるときまず前提にしているのは、現在の私たちの人間観において支配的な心身二元論であろう。すなわち人間は「身体」と「精神」から成り、身体は他者の目に見えて客観的に存在するのに対し、精神は身体といういわば容器のようなものの内部にあって、他者からは見えない個人的、主観的なものであるという考え方である。

「身体」という言葉のほかに「肉体」という言葉が、人間の「外面的な」物質的存在に対して用いられる場合もある。それに対して「精神」の他に「理性」、「心」とか「感情」、「魂」などが対置され、人間の「内面的な」非物質的存在に対して用いられる。身体あるいは肉体に対して精神、理性、心、魂、感情などを対立的に捉える二元論的な考え方は、一般に西欧哲学の影響によるものである。

そこではよく知られたデカルトの言葉「我思う、ゆえに我あり」や、パスカルの言葉「人間は考える葦である」に端的に表現されているように、精神や理性あるいは心が本質的な自己を構成するものとして重視され、身体あるいは肉体は仮のものであって、自己にとって本質的ではないとされる。キリスト教的な人間観のもとでは肉体は肉欲あるいは情欲に支配されやすいやっかいなもので、それを精神がコントロールすることが課題であった。あるいは身体はより動物に近い存在であって、人間が動物と異なるのは理性や精神によるとされたのである。デカルトは物体としての身体という概念をもっとも明瞭な形で提出し、それを精神と峻別して対立させた。

私たちの日常生活でも、たとえば苦痛を「肉体的苦痛」と「精神的苦痛」に分けて対置するように、「精神」と「肉体」はしばしば人間を構成する対立的な概念として用いられる。そしてたとえば「見かけに騙されるな」という言葉に表されている、他者から見える身体的な「外見」は自己とは乖離している場合があって、その人の本質ではないという考え方がある。またたとえ身体的には拘束されていたり不自由であっても成立可能な「精神の自由」というものに置かれる重要性は、やはり身体ではなくて精神こそが本質的な自己であるという人間観に基づいているといえる。

しかしまたこの二元論で「身体」あるいは「肉体」に対置され、優位とされる概念の間にも、たとえば「精神」と「感情」の間には、また文脈によっては「精神」と「心」の間にも、その意味する内容に違いがある。特に「理性」と「感情」は再び優劣の序列をもった対立的な概念として現れ、しばしば「理性」が男性に、「感情」が女性に帰せられてきた。また特に「魂」という表象は自己そのもののように用いられ、ある存在が「人間であるか」という問題は「魂を持つか」という形で提示された。そのためヨーロッパ中世においては、「動物は魂を持つか」という問題と同時に、「女性に魂はあるか」という問題が議論されたのである。

文化的・社会的構築物としての「感情」

内的、個人的なものとされる「精神」も、たとえば「時代精神」という場合には、個人を越えて同時代の人々によって広く共有される思考の存在が想定されている。そしてこの言葉は、「精神」は決して個人が無限の自由度をもって形成できるものではなく、時代によって形づくられるものであることを示している。

他方、感情や心は極めて個人的、主観的なものであると考えられていると同時に、また別の状況では、たとえば「子を思う親の心はいずこも同じ」といういい方があるように、人類に普遍的であると考えられてもいる。そこには、「人間的な感情」という言葉に表現されることからもわかるように、自分が感じる、あるいは感じるであろう感情を、同じ状況に置かれたら、あるいは同じ関係の他者に対して「人間なら」誰しも感じるであろう、感じるはずだという前提がある。

しかしたとえば「母性愛」をとって見れば、それは決して普遍的な自然の感情ではなく、むしろ特定の歴史的、文化的脈絡の中で形成された思想ということができる。クニビレールとフーケによれば、「どんな文明、どんな階層にも、自分の子どもを愛し世話をした女たちは、つねに存在した。反対に子どもを好まず、世話をしない女たちもいた。……一方で母性愛は当然のことだと思われていた。つまり、動物が子どもを育てるのと同じことを人間もしているだけで、特筆すべきものはなにもないというわけである。他方で、子どもを乳母や召使いに預ける女たちもいたが、だれのひんしゅくをかうこともなかった」。ところがヨーロッパで一七五〇年頃から、哲学者、医師、政治家たちが次第に母親の役割についてさかんに語るようになっていき、一八世紀末に突然、母性愛が重要と見なされるようになったという。

また出口顕は、ショーターやバタンテールが一七、八世紀までの全ての母親に母性愛が備わっていなかったし、母親は子どもに対しては極めて無関心であったと主張していることに対して、「当時は、親子関係を論ずるときのイディオムとして、母性愛とかロマンティックな愛情がどこでも必ず言及されていたわけではなく、彼女たちの行動も母性愛で評価され描写されることが主流ではなかったということではないだろうか。それは、同時にこうした感情が自然なもの、普通のものとして表象されていなかったということでもある」と述べている。

この「自然な母性愛」という観念は、現代日本においても女性たちに対して「母親なら誰でも持つはずの自己犠牲的な愛情」を強要し、社会が要求する母親像からはずれる行為に対して罪悪感を抱かせる社会的圧力として働いている。

カナダ極北に住む採集狩猟民ヘアー・インディアンの社会で調査を行った原ひろ子は、「母性」の観念について考える上で貴重な資料を提供している。ここでは産むことによって生ずる母性性が問題にならず、産むことが強調されないので、子どもを育てることが女だけではなく男女両性にとって大事なことと考えられている。産んだ子どもを必ずしも自分自身で育てなくてもいいと考えているので、だれかにあげてしまうこともよくある。だが一方で結婚しない女性も不妊の女性も、五〇、六〇歳代の女性でも、また自分が産んだ子どもが大勢いてそのうち何人かを人にあげている女性も、子どもをもらって育てる。つまり子どもは流通物のようにあちこちにもらわれたり預けられたりしている。子どもを育てるというよりは育ちゆく子どもとともに暮らすことから生まれる喜びを、ヘアー・インディアンは大事にするのだという。

また愛情や忌避の対象も文化によって異なる。たとえば南インドのケーララ州に住むナーヤル・カーストの人々の間では、かつて兄弟姉妹と姉妹の子どもたちなどからなる母系家族が営まれていた。ここでは男性たちにとっては自分の生物学的な子どもは同じ家族のメンバーではなく、むしろ姉妹の子どもたちが、自分が責任を持ち、また自分たちの財産や社会的地位を継承していく次世代として、愛情と責任を感じる対象であった。母系大家族はインド独立後解体され、現在ではほとんどが一見日本と変わらない核家族であるが、その感情の持ち方は異なる。現在でも男性たちは姉妹の子どもたちに特別親しい愛情を感じるというし、また人々は一般に母方のおじに信頼と愛情を感じるのだという。日本で嫁―姑間によくおこる忌避と遠慮の感情は、かつては同じイエのしかも台所を中心とする領域で展開されていたが、核家族が一般的になり、嫁と姑が同居することが少なくなった現代でも、多くの女性たちに経験され、そうした経験を持たない人でもその感情の存在を理解している。テレビ番組でも嫁―姑間の感情的な葛藤をテーマとして扱ったドラマが高視聴率を獲得している。この嫁―姑関係は日本のイエとよく似た父系的な家族制度を持つ韓国にもあって、さらに厳しいという。他方北タイのように伝統的に妻方居住であったところでは、姑を特別に表す言葉はなく、夫の母と息子の妻の間にほかの関係にはない特殊な感情が生じるとは考えられていない。

普遍的な人間的感情という観念は、それによって、たとえ言葉は通じ合わなくても文化の壁を越えて互いに理解し合えるという幻想を生む。たとえばこれはある映画のコピーであるが、「歴史を越えて今もなお輝き続ける真実の愛」のような文句は、繰り返し用いられてきた常套句である。「真実の愛」は文化や時代に関係なく不変の価値を持つものとして描かれるのであるが、代替不可能なただ一人の異性とのベター・ハーフとしての結びつきというロマンティック・ラヴの観念もまた、西欧近代に成立した恋愛・結婚・性交という性愛の三位一体制を支える歴史的・文化的なイデオロギーであって、普遍的に正しいあり方であるわけではない。

そしてこの「人間的な感情は普遍的である」という考え方は、期待された感情を表現しない他者に対して、「非人間的」「冷酷」「人間らしい暖かい感情の欠如」という一方的な評価を下す危険を伴っている。その結果、異文化の人々は往々にして無表情に残虐な行為を行う人間として表象されてきた。「普遍性」「人間性」という概念が、しばしば自らの感じ方、考え方を無反省に他者に適用する独善性として働く危険性を持つことの認識が求められるのである。

「心臓」と「腹」

心身二元論はしかし、たとえば心臓が人間の心が宿る場所と考えられてきたことを見ると、欧米においてすら心身論として必ずしも貫徹していたわけではないといえる。もちろんこの場合も、心臓は心を入れる容器と考えられていたにすぎないし、心臓が心のメタファーであるのはその意味においてなのだということは可能かもしれない。アメリカに住む人類学者大貫恵美子は、アメリカ人も解剖学上の心臓が実際に愛情の存する場所であると思っているわけではないが、それでもなお、アメリカ社会でもっとも価値あるものとされている愛情のメタファーとしての心臓の意味は、今でも重要であるという。

さらにアメリカで心臓が魂あるいは人格そのものと見なされる感覚があることは、心臓移植が現実に行われるようになることで、むしろくっきり浮かび上がっているのかもしれない。一九九四年にアメリカのベスト・セラー作家サンドラ・ブラウンによって書かれたサイコ・サスペンス『心までは消せない』では、心臓移植のあと恋に落ちた女性が、恋人が愛しているのは自分ではなくて自分の中の別の女性、すなわち心臓の提供者なのではないかと思い悩む。この小説が大成功を収めたことからも、このような感覚がアメリカの多数の人々によって共有されているということができるだろう。

臓器移植を可能にした背景には、究極まで押し進められた機械的身体観がある。それは物体としての身体という考え方をさらに発展させ、身体を機械のような部品の集合体と見なす考え方である。近代医学における治療はそうした身体観に基づいて、身体の（それが身体の病気なら）悪い部位のみに着目し、それを検査し、治し、あるいは良い部品と交換するという立場に立っている。究極的な心身二元論の上に立った心臓移植が、そこまで徹底できずに残り続ける心臓＝人格の観念をむしろ浮き彫りにしたことは、無視できない問題の所在を示しているといえる。

安部知子は小児科医という立場から、脳死状態からの蘇生・回復の可能性という医学上の問題を論じ、波平恵美子は死の定義にかかわる文化的意味の重要性を指摘した。さらに機械的身体論とは異なる心身観の存在とその重要性に関して、医学的な心身観こそが正しいのだという考え方に抗して、社会的に議論が行われなければならないだろう。

大貫はさらに日本人にとっては腹が、アメリカ人にとっての脳と心臓を合わせた象徴的意味を持つという興味深い分析を行っている。日本語の「ハラ」という表現には、人の性質などを表す「腹黒い」、そして思考や感情を表す「腹が立つ」「腹の虫が治まらぬ」「腹を割って話す」「腹に一物がある」「腹を据える」「腹を読む」等がある。「日本人にとって腹は思想とともに感情の宿るところであり、知性とともに情愛が蓄え込まれている場所である」。

メラネシアのニューカレドニア島に滞在した、宣教師であり民族学者でもあったレーナルトによれば、カナク人も思惟の座としての腹の観念を持っている。たとえば「人に意見を聞くときの最も上品ない い方は、今日でも、『あなたの腹は何ですか?』というもの」であり、「彼らは、確信というものがはらわたの底から立ち昇って来るものであることを経験から知っている」のだという。レーナルトは人間が知性を持つようになった理由を語る伝説を紹介している。ゴマウェという神が歩いていて、二人の人物に出会った。ところが彼らは質問に答えることも自分の考えを述べることもできない。これは彼らの体が空っぽだからだと考えて、ゴマウェは鼠を二匹つかまえてきた。それから二人の人間の腹を開き、鼠のはらわたを入れてやった。それは腸と心臓と肝臓だった。傷を閉じるとすぐに二人は話すようになり、食べ物を食べ、体に力をつけることができるようになった。日本語の「生き胆を抜かれる」「腑抜け」という表現などに表される、意思や思考力、心、魂としての臓腑の観念は、これと大変よく似ている。

「身」の観念

社会人類学者のリンハートは、二元論的思考を超える可能性が世界の民族誌的資料に求められることを示している。彼によれば南スーダンのディンカ族にはこの二分法が欠けている。「ディンカ人が自分自身や他者について語るいくつかのやり方がそうである。そしてこれらの自己表現様式は、あの精神的であると同時に身体的なものの「感覚」をはっきりと表している。……ディンカ語を話すときには……人格の道徳的な属性と身体的な属性を、人間の身体という物理的母体の中で統一しなくてはならない」。

ディンカの自己の観念において身体という基盤がいかに重要であるかということを最終的に示しているのは、われわれならば「自己」という言葉を用いるべきところできわめてしばしば用いられる言葉である。じつは「自己」に替わるのはgwopすなわち「身体」という言葉なのである。「身体のイメージを使用するという点において、ディンカ族（そしておそらく他のアフリカ諸民族）と、近代英国の哲学者のうちでももっとも改革主義的な人物の一人（ライル）とは一致する」。

日本にもまた二分法的でない心身観があることが「腹」の観念によっても示されることはすでに述べたが、さらに哲学者の市川浩は「ヨーロッパ流のマインド―ボディという二元法に拘束され……二分法でとらえた身体というものは、われわれの身体の具体的なあり方ではない」と述べる。そして日本人の「身《み》」という考え方を、「第一に、われわれが具体的に生きている身体のダイナミックスをたいへんよく表現し」、「第二に、精神―物体あるいは精神―身体という二項図式とは異なったカテゴリー化の可能性を示しているのではないか、そういう可能性をはらんだ観念として」見出すのである。「身」という言葉は肉体やからだを意味すると同時に生命を意味する。ところがそれはまたほとんど心と同じ意味にも使われ、そして社会化した自己や社会的地位をも表す。「身」はまた人の全体存在を表す言葉としても使われる。

たとえば「身節が痛む」では肉体、「身持ちになって、その結果身二つになる」ではからだ全体、「半身にかまえる」「身もだえする」ではからだのあり方を表し、「身代金」では生命を意味する。あるいは「身内」では社会化した自己を意味する。身内はふつう血縁だが、地縁を意味する場合も、擬似血縁としてのやくざなどにも使われる。「身のほど」「身をたてる」では社会的地位、役割、立場、分際・分限を意味する。「身にしみる」「身をこがす」では心と同じ意味に使われるが、「身にしみる」は「心にしみる」より、意識レベルだけではなく無意識レベルも含め、あるいはさらに身体レベルまで含めて切実に感ずるという意味がでてくるし、これはまた「身をもって知る」「身をもって示す」の全体存在を意味する「身」と連続的である。「身をもって知る」はただ心をもって知るだけではなくて全身全霊をもって知る、「身をもって示す」は場合によっては生命の危険をかけても示すという意味に使う。

市川は「心身二元論を超え、皮膚のうちにとざされた身体という固定観念をとりはらうことは、私のかねてからの関心であった。……〈身〉は、自然的存在であると同時に精神的存在であり、自己存在であるとともに社会的存在であるわれわれの具体的なありようを的確に表現している」と述べている。それは、もともと私たちになじみのあった観念を、生のあり方の新たな可能性として再発見することであった。

市川の見出した「身」の観念は、次に述べるタイにおける「クワン」の観念とも共通性を持っている。クワンもまた身体的自己と同時に精神的自己を、さらに社会的自己を表す概念として、心身二元論的あり方とは異なる生の可能性を私たちにさし示している。

3　タイ人の心身観

クワン――タイ人の霊魂観

「クワン」という言葉は中国語の「魂」と語源が同じタイ語で、「霊魂」と翻訳できる。しかし「霊魂」や「魂」と訳すと、二元論的な枠組の中で身体とは対極にあるものとして理解され、タイの人々が現実に用いる「クワン」の概念を理解することが難しくなる。その意味で「クワン」は、心身二元論的な身体観に閉じ込められた近代西欧の人々、そして現代の私たちにとっては理解しにくい観念である。「クワン」はタイの人々にとっては、まず第一にその身体的な状態、特に不調を認識し、語り、対処するときに用いる主要な概念の一つである。

たとえば人が病気になって体が弱っているときには、クワンが弱くなって体を離れようとしている、または一時的に離れていると考えられて、クワンを強めて体に結びつける儀礼が行われる。この儀礼では、体から離れようとしているクワンに、ゆでた鶏肉とゆで卵、バナナ、ご飯、それに花や線香などを美しく並べた盆を見せ、呼びかける言葉を唱えて呼び寄せ、再び体から離れないように、その人の手首に木綿糸を結びつける。私たちがふつう「風邪」と理解する軽い身体的不調〔大貫によれば「風邪」は日本にしかない「病気」である〕のときには、村の人々は診療所で私たちと同じように薬を処方してもらう一方、しばしばこのクワンを強める儀礼を行う。

また事故で怪我をした場合には、クワンが事故の現場に落ちて取り残されたと考えられ、それを体に呼び戻して結びつける儀礼が行われる。特に倒れた木の下敷きになったときのように重傷の場合には、クワンはなかなか体に戻ってこないと感じられて、事故の現場でクワンをその場から引き離し、糸に付ける儀礼を行わなければならない。身体の不調の重大さがクワンの状態、すなわち身体へ戻ってくる困難さとして受け止められているのである。

さらに幼児の身体的脆弱さや生命の不安定さも、クワンが弱く体を離れやすいという概念で理解されている。そのため幼児のほとんどすべてが、クワンを体に縛りつけるために母親や祖母によって手首に糸が結ばれている。また乳児の頭の辺りに「落ちた」クワンを魚採りの網ですくい上げることもよく行われる。特に生後一ヶ月以内の乳児を外に連れ出すことは厳しく戒められる。また同じ理由で幼児は、強い攻撃力を持つ「森のピー」のいる森や、「死者のピー」のいる火葬場などに連れて行ってはいけないとされている。

死者の家族、親族が集まって行われるクワンを強める儀礼

しかしクリンは私たちが身体的な問題とする領域に関してばかりではなく、精神的な問題とする領域にも用いられる。たとえば家族や親族が亡くなるとクワンが弱まると考えられるので、死者儀礼の最後には死者の家族と親族が集まって、合同でクワンを強める儀礼を受ける（写真）。また私が北タイの村に住んでいた間、交通事故で重傷を負った男性が、けがが治って身体

的には回復したように見えてからも文字どおり「腑抜け」状態にあったときに行われたのが、クワンを呼び戻す儀礼だった。その男性は「事故の日から悪い夢ばかり見ていた。クワンを落としてきて元気が出ない」と語っていたのである。儀礼の翌日、彼は事故に遭う前の快活な男性に戻って、見事に社会復帰を果たした。

この場合クワンを呼び戻す儀礼は、その中でクワンが戻ってきたことを示すことで、男性が心身ともに社会復帰できる状態になったことを社会的にも表現し、承認させる役割を果たしている。人々はクワンというメタファーを操作して、社会的な領域における問題を処理しているのである。ここではクワンは個人の精神的領域にかかわるばかりでなく、社会的領域にもかかわる概念である。これと同じようにクワンは人の社会的位置の変化とも関連があって、たとえば僧になる際の得度式や結婚式ではクワンを強める儀礼が行われる。

このようなクワンに関して、男性は強く頑丈だが、女性は子どもと同様に弱く柔らかいとされる。すなわち男性は外部の刺激や攻撃に対して抵抗力があって、心身の均衡を失いにくいが、女性はクワンが体から離れやすく、悪霊の攻撃にも容易にさらされて、均衡を失いやすいと考えられている。女性が生理的、精神的に不安定であるという考え方が、クワンという言葉を用いて語られるのである。しかしタイ社会における「弱いクワン」という言説は、そのまま近代西欧社会における「女性たちの生理的・精神的劣性」の言説と同じものとして理解することはできない。

男性が「強いクワン」のために超自然物に憑依されにくいのに対して、女性はクワンが弱いために憑依されやすいと考えられているが、この憑依という現象は、タイ文化の中で重要な役割を担っているのである。女性たちは憑依儀礼の中で「祖先のピー」に憑依され、ピーの力によってさまざまな病気を治す。また「死者のピー」をその身体に降ろして憑依させ、死者の家族や友人たちの問いや要求に応えることを職業にしている女性もいる。憑依は、人間に幸福をもたらし不幸を取り除くピーの力を体現したり、生者と死者のコミュニケーションを可能にする文化的装置として、タイ社会で積極的に用いられている。

以上のようにクワンは、私たちが身体的、精神的、社会的として区別する領域を超えて、自己の全体にかかわる概念である。しかしすでに述べたように自己の意思とはかかわりなくその身体を離れ、身体を離れたクワンに対しては儀礼的専門家を呼んで、ご馳走と美しい物でおびき寄せ、呪文を用いて語りかけるという儀礼的手続きを踏まなければならない。その意味でクワンは自己の統合的概念でありながら、その振る舞いはあたかも自己とは異なる意思を持つかのようで、著しい他者性を帯びている。

クワンは人間だけではなく、米、水牛、家の柱、ボートなどにもあると考えられている〔シナカンタンの「内部の魂」とも比較のこと〕。収穫した稲が米倉に運び込まれると、「米のクワン」として取り分けられていた稲穂がその上に置かれ、田から「米のクワン」を呼ぶ儀礼が行われる。それは翌年の豊作を確かなものにすると考えられている。また収穫の後には一年の重労働で弱った水牛のクワンを強める儀礼が行われ、クワンの好きな花や線香などをバナナの葉で円錐形に包んだものがその角に結びつけられる。これを怠ると水牛は翌年の米を実らなくさせると考えられているのである。

このようにクワンは、人間の生を支える動植物や無生物に対して、ただ一方的に利用するものとして扱うのではなく、対話的な相互関係にある他者として働きかけるために用いられる概念でもある。

ここには近代西欧的な観念とは異なる心身観、自我観、人間観、さらには人間以外の存在に対する観念が見出されるといえるだろう。

ヒンドゥー的心身観

タイの人々が身体について理解し、その問題に対処するときに用いられるもう一つの考え方に、ヒンドゥー的コスモロジーに由来する体液理論がある。それは、人間の身体は世界と同様に、火、水、風、土の四つの元素から構成され、身体の状態はこの四つの元素の均衡によって決定されるという考え方である。この場合の「身体」もまた、私たちが「精神」や「情緒」などと呼んで「身体」とは区別するものを含んだ人間の総体を指している。伝統的な治療師による病気治療にはこのような体液理論に基づいたものが含まれ、一般の人々もしばしば体の中の火や、風によって引き起こされるめまいについて語る。

この体液理論において女性は、特に月経、妊娠、出産によって元素の均衡を失うとされている。中でも出産後は血の流出によって火が減少すると考えられ、火を回復させるために一ヶ月間、家に閉じこもって新生児とともに火のそばで過ごすユー・ファイ（「火に居る」という意味）という慣習がある。妊娠中から産後の一ヶ月間は、食物中の火と関連する「熱い」「冷たい」という分類に基づいた食物禁忌が女性たちに課せられる。ユー・ファイ中これを侵すことはピット・ドゥアン（月の過ち）と呼ばれて特に恐れられ、一種の精神障害と見なされる症状を引き起こすと考えられている。

ユー・ファイはタイにおける女性の心身観を理解するために重要である。これは西欧の人々によって、東南アジアの野蛮な風習として報告され、宣教師たちはタイの女性を早く老化させる残酷な習慣と考えて、やめさせるよう努力した。しかし一九九〇年当時も北タイの村では一ヶ月間正確に行われ、女性たちはこれを重要だと考えていた。もっとも今ではユー・ファイのかわりに湯たんぽをおなかに当てるのでもよいといい、都市部ではユー・ファイをする場合でもその期間が短くなってはいる。また昔は終日行われたというが、今は朝晩一時間ずつ火をたき、胸やおなかを出して炙ったり、布をくるんだ物を火に炙って、それを胸に押しつけたりするだけになっている。

ユー・ファイは体液理論によってばかりでなく、他のさまざまな説明によって女性たちに肯定されている。火は子宮を乾かし、出産後の悪い血を女性の体から取り除き、傷の治りをよくし、必要な母乳を運ぶといわれる。またユー・ファイするときれいになると女性たちはいうのだが、これは出産によるけがれが除かれることを意味していると考えられる。期間中、女性は草のスープと限られた食べ物しか摂ってはいけない。しかし家事などをいっさいせずに新生児と一室に閉じこもって暮らすため、ユー・ファイは母体保護の役割を果たしているといえる。ユー・ファイのために夫は特別に竹製のベッドを作るが、このベッドはこの期間が終わると壊される。

このようにユー・ファイは、その説明として治療的効果が挙げられるのだが、タイの文化の中ではそれ以上の意味を帯びている。つまり火を通して女性はディップ（未熟な）からスック（成熟した）になるのである。単に出産しただけでは女性はスックになることはできない。スックとは元来「火を通した」という意味であり、ディップは「生の」あるいは「火を通していない」という意味である。したがって女性はユー・ファイによって文字通り生のものから火を通したものへ、すなわち自然の状態から文化化された状態へ変容するのである。それに対して男性は僧としての修行によって自然から文化化され、未熟な人間から成熟した人間に移行することになる。

ユー・ファイは東南アジアに広く見られる慣習で、それに対する意味づけも地域によって異なる。タイ族に属するラオスのラオ族は、ユー・ファイのことをユー・カム、すなわちカルマの中にいるという。東北タイでは子供を生んだことのない女性、したがってユー・ファイをしたことのない女性は、悪いカルマを持っているので哀れむべきか、売春によって悪いカルマを生み出すために非難されるべきか、どちらかであるといわれる。

「祖先のピー」と女性の身体

北タイには女性の身体、特にそのセクシュアリティにかかわるものとして、母系親族集団の「祖先のピー（精霊）」がある。「祖先のピー」は亡くなった祖先たちであるとも、また昔、異民族から買いとり、祖先たちが継承してきた、一族に幸福をもたらす力を持つピーであるとも考えられている。「祖先のピー」を祀る社は母系親族集団の中に一つあって、これを継承する女性は「ピーの幹」と呼ばれる。「ピーの幹」でない女性成員の家にも「家のピー」が祀られている。「祖先のピー」と「家のピー」は同じものの異なる現れであると考えられる。

「ピーの幹」は母から末娘に継承され、「家のピー」の祭壇もまたその家の母から末娘へと継承される。これは家と敷地が末娘夫婦に相続されることと密接な関連がある。北タイでは結婚すると夫婦はいったん妻の家に住むが、その後どこに住むかには自由な選択の幅がある。しかし末娘夫婦は年老いた親を養い、家とその敷地を相続するものであるという観念が強く、これは「家のピー」や「祖先のピー」が母から末娘に受け継がれていくことと深く関連している。

けれど「ピーの幹」である母から末娘へ継承されるのは、単に家に付属した祭壇や社なのではない。「祖先のピー」はこれら女性たちの身体を通して継承される。北タイの女性たちが妻方居住を行う理由として、異なる親族集団の女性が同じ家に住むとそれぞれの女性と結びついているピーが衝突することになるのでよくないという。この言葉に表現されるように、「ピーの幹」に当らない女性たちも、「祖先のピー」あるいは「家のピー」と身体的結びつきを持っている。

「祖先のピー」は子孫の女性たちのセクシュアリティを監視している。もし女性たちの一人に性的侵犯がなされたなら、「祖先のピー」は親族集団の一人を病気にすることでそれを知らせるのである。また結婚式の最後の床入りの儀式では新郎新婦が「家のピー」の前に額づき、その翌朝には「ピーの幹」が「祖先のピー」に対して結婚の報告を行う。

母系親族集団は一年に一度、「祖先のピー」をもてなす儀礼を行う。この日、母系親族集団の成員は「ピーの幹」の家に集まり、「祖先のピー」たちにご馳走を捧げ、自分たちも食べて終日楽しむのである。「祖先のピー」たちはそれぞれの祭壇や社に降りてきて子孫たちのもてなしを受けるが、実際にその姿が見られるわけではない。しかし北タイの一部の地域には、「祖先のピー」たちが子孫に憑依することによってその姿を現し、踊りを通して子孫たちと生き生きとしたやりとりをする伝統を持つ集団がある。そうした憑霊儀礼は「ピーの踊り」と呼ばれ、洗練された様式を持っている。

第四部

グローバリゼーションの中の国家、開発、民族

（担当　中島成久）

第九章　世界システムと地域、民族の形成

1　世界システムと近代世界

世界システム論と文化人類学

アメリカの歴史家ウォーラーステインは、資本主義世界経済とは資本の蓄積を永続的に目指す経済であるが、資本、商品、労働の価格水準は政治的に条件づけられること、その結果資本主義は階級と地域の分極化が際限なく進行していくシステムであると主張している。このシステムは、常に中心／半周辺／周辺という形で地理的な世界分割を繰り返し、最終的には地球の隅々をこのシステムによって蔽い尽くすようになった。このシステムは史的システムであるがゆえに起源、歴史的な展開、終焉を持つ。資本主義は過去三回、オランダ、イギリス、アメリカという覇権を持った国によって支配された。そうした中核国と、半周辺、周辺国との関係のあり方は常に流動的で、資本主義とは中核国の興亡だけではなくて、中核国と半周辺、周辺諸国（地域）とのあり方も絶えず変化していく。ウォーラーステインの世界システム論では、資本主義の歴史は螺旋階段を登るようなもので、時間はあるパターンにしたがって進行する。それは資本主義というシステムが終わらない限りは続いていくはずで、

ウォーラーステインの予測では、二一世紀中にそのシステムが終わるとはされていない。もっとも、その前に地球のエコシステムの破綻が起こり、人類社会は突然の死を迎えるかもしれない。

たとえば、日本という国家の成立を考えてみよう。日本という国号は、大化の改新で権力を握った支配層によって、従来の大和や倭の代わりに、律令時代〔大化の改新から奈良、平安初期〕に当時の文明の中心、中国〔隋、唐〕に対する国号として初めて用いられた。大和政権が成立する頃の日本は、後で述べる「国民国家以前の部族文化」の段階にあった。それに対して、徳川幕藩体制の時代から、明治維新を経て近代日本が生まれた。両者を比較すると、世界システムにおける日本の意味がまったく変わっていることに気づく。それは、日本が西欧の半周辺国家として組みこまれながらも、「脱亜入欧」という形で列強の植民地分割競争に割って入っていく時代の始まりであった。

そのときに、日本という地理的な広がりと「日本人」という意識が整ってくる。江戸末期に本居宣長らの提唱した「国学」が成立するが、これは幕藩体制の危機の時代を迎えてそれまでの学問、思想の中心であった「漢学〔漢心《からごころ》〕」に対する「純粋日本〔大和心《やまとごころ》〕」の探求の結果である。危機を迎えるたびに「祖型」に遡っていく思想運動の典型である。また、徳川時代にはその一部しか領有していなかった蝦夷地が、ロシアの南下をきっかけに日本防衛の拠点としての重要性を帯び、明治維新以後は北海道として北方警備と開拓の最前線として位置づけられた。また、日本と、中国〔明、清〕に対して独自な外交政策によって独立王朝として存在してきた琉球も明治に入ってから琉球藩〔王朝〕が解体され、日本国家に強引に帰属されてしまった。

ウォーラーステインの世界システム論は、現在の世界秩序、地域、あるいは「民族」の成立を考える場合、非常に有効である。だが、ウォーラーステインの世界システム論に問題は残る。一体、世界システムという一つのシステムしか存在しないのか。個別のユニークさは全体的なシステムの中でどのように捉えられるのか。過去の民族誌の不充分さを克服するために、世界システム論的な発想を取り入れ、世界史的な関心を文化人類学の方法論の中に取り入れることが重要である。それは従来「近代化論」という名で議論されてきたテーマとつながるが、経済の分野にとどまらず、国家、ナショナリズム、エスニシティ、コロニアル・ディスコース、あるいはジェンダーといった新たな方法と関心の下に喚起されてきた問題を問うことである。個別性の下に埋没しがちな従来の文化人類学から抜け出し、また一般化という乱暴な操作に陥らないためにも、世界システム論の特徴を生かしながら、地域、民族、近代化論を捉えなおすことが重要である。

国民国家以前

イギリスの社会学者アンソニー・ギデンズは近代以前の世界を、部族文化という局域的システム、都市国家システム、封建国家システム、帝国システムの四つの類型に捉えている。部族社会システムには、狩猟採集民も、農耕民も含まれるが、彼らはいまだ近代資本主義の世界システムには繰り込まれていない。英語でペザントとファーマーを資本主義化の度合いに応じて区別しようとする考え方がある。つまりペザントというのは、資本主義化していない農民〔狩猟採集民、漁民も含む〕のことであり、ファーマーとは資本主義の影響下にある農民ということになる。

第一のシステムの代表として一九四〇年代のイギリス社会人類学派によって精力的に研究されたア

フリカの政治体系研究を考えてみよう。フォーテスとエヴァンズ＝プリチャードはそうした研究からアフリカの政治体系を、国家〔王国、部族の首長などが支配する土候国〕という中央集権化された権力機構を持つものと、そうした中央集権化された政治権力を欠くものの、二類型に分けた。中央権力を持つ場合、政治の中心は王とか首長に帰せられるが、そうでない場合、政治の中心は親族集団に帰せられる。また集団の統治と呪術や、妖術などの超自然的な現象との関係などが詳細に報告された。だが、序文で述べたように、こうした社会でも植民地支配とは無縁ではありえなかったわけで、この当時の文献の扱いには慎重を要する。

第二と三のシステムについて、東南アジアの事例を通して検討する。すると、都市国家とか、封建制というヨーロッパの歴史から抽出された概念が、東南アジアには必ずしも適応されないことに気づく。東南アジアの国家の権力基盤は、交易に依存していることが強く主張され、それを補足するような形で農業が位置づけられる。都市国家の典型例として、古代ギリシャのポリスや、中世ヨーロッパのフィレンツェやベニスなどのように国王、封建諸侯から自治権を獲得した都市をさすが、東南アジアの都市国家は第三の封建国家と連続した形で見出される。

封建制の概念が中世ヨーロッパを越えてどこまで拡大できるかの議論があるが、それにかなり類似した制度は日本でも東南アジアでも認められる。マックス・ウェーバーの唱える家産制国家というのは、領土と人民と財産が君主の私物であるような国家形態のことである。封建制とは土地の冊封を基本にするが、ヨーロッパの場合は「契約」関係を前提にしたのに対して、日本では「主従の絆」という運命共同体的な人間関係であった。これに対して東南アジアでは「パトロン―クライアント」という一対一の人間関係の連鎖を特徴としていて、場合によって「ルースな共同体」（人間関係の規制が強くないという意味であって、規範がないという意味ではない）と呼ばれることもあった。

石井米雄と桜井由躬雄は、東南アジアの王国を島嶼部東南アジア中心に発達した「ヌガラ型」と、大陸部東南アジアを中心に発達した小規模な「ムアン型」／大規模な「プラ型」を分けている。

ヌガラ国家とは、ある河川の下流部に位置し、内陸との物流の中心として発達した集落が商業機能を持つ「港市《こうし》」として栄え、東西交易の活発化に伴ってより広大な領域との経済圏を形成し、政治的支配を確立するようになってきたときに成立した。そうした国家は、サンスクリット語のナガラ〔国〕に起源するヌガラと呼ばれ、ラジャやスルタンというインド、あるいはイスラム文化圏の支配者の称号を冠するようになった。東西交易の中継地として発展した港町とその後背地を中心として発展した港市王国の中で、マラッカやインド洋に面するマラッカ海峡北端のバンダアチェ、ジャワ海沿岸のデマックなどがそのよい例である。

マラッカ海峡の中央部に位置するマラッカは、一四世紀には交易上の理由から王がイスラムに改宗し一五紀末に絶頂期を迎えた。その後東南アジアに進出してきたポルトガル、オランダ、イギリスおよび土着の諸王朝との間に、権謀術策の渦巻く戦争が繰り広げられ、一八二四年イギリス領となった。しかし、イギリスはそれ以前にペナンとシンガポールを直轄植民地にしていたので、マラッカの商業上の位置はすでに低下してしまっていた。バンダアチェを中心とするアチェ王国はマラッカと並ぶ繁栄を遂げてきた。一九世紀後半オランダの植民地支配に猛然と抵抗し、二〇世紀初頭まで実に五〇年にわたってオランダ支配と戦った。デマックは東インドネシアの香料交易の中継地として栄えた。イスラム化するのはマラッカについで早い時期であったが、一六世紀、中ジャワにプラ型のマタラム王国が興るとその勢力圏に飲み込まれ、港市王国としての独自性を失った。

一方ムアンとは、大陸部東南アジアのタイ族間に分布する。ムアンとはタイ語で「城壁を持った集落」をさすが、日本語のクニという意味にも使われる。ムアンは盆地の中の稲作を基礎にした小王国であり、ボロブドゥールを建設した九世紀ジャワの古マタラム王国もそれに入る。一方プラ型は平原農業を基盤とした大規模な王国で、カンボジアのアンコール王朝〔九～一五世紀〕がその典型である。

だが、東南アジアの歴史的発展をあるモデルで説明しようとするのは、あくまでも便宜的な目的のためであって、その実情に合わせてモデルを増やしていくと混乱を招くし、モデルの絶対性を主張することは、ヨーロッパモデルの轍を繰り返すことになる。そうしたなか、ドイツの人類学者のハイネ＝ゲルデルンがたとえばバンコックなどのような東南アジアの王都の宇宙論的な構造に注目し、王国とは王都の宇宙論を領域的に拡大したものであると主張したことがいまだに注目される。さらにクリフォード・ギアツは、一九世紀バリ島をモデルとして、国家とは人々に宇宙論的な範型を儀礼や演劇を通して提示する装置であるという「劇場国家論」を提唱し、ウィットフォーゲルのような「力による支配」という国家観を批判し、大きな話題を集めた。

第四はウィットフォーゲルが「東洋的専制」などと呼んだ大帝国のことである。欧米知識人のイメージしたアジアとは「停滞」と「専制」、専制君主が群小の共同体の上に君臨して形作られた自己永続的な停滞した水力社会であった。このアジア・イメージを理論化したのがマルクスであり、ウィットフォーゲルであった。ウィットフォーゲルは、オリエント、東ヨーロッパ、インド、中国などで見られた大帝国の特徴を、「水を支配する者が支配者」として描いている。だが少なくとも東南アジアの地域研究が進んでくると、そうしたグランド・セオリーでは解決できない問題が多数出てきている。

帝国システムでは、その周辺を小規模国家なり部族文化の居住する地域が取り巻いていた。これは近現代の国民国家システムとは明らかに異なるとはいえ、次に述べるハプスブルグ帝国のように短期間ではあるが国民国家システムと共存してきた。帝国システムは互いに共存し、社会変動の過程で時間をかけて空間的にも互いに相手を排除していった。主要な帝国や「世界文明」では、たとえ支配者がもっと広い舞台が存在していることを認識していても、みずからをすべての地政学的、文化的中心と見なし、孟子のいうように「天に二つの太陽なく、民に二人の天子なし」と見なしてきた。帝国は自国の領土内ですべての事柄を普遍化する特性を備えていた。帝国の版図は定まっておらず、融通無碍であった。その周辺では帝国に貢納をすれば存在が許される小王国や部族社会が無数に存在していた。

これに対して国民国家は、国境、領土というものに最大限の関心を示す。国境の一メートル向こう側は別の国の領土であり、別の法律が施行され、別の主権のおよぶ世界である。国民国家とはある領域内を同じ論理で完全に塗りつぶしてしまおうとする国家のことである。

帝国の解体と分節化

こうした近代以前の諸システムが崩壊していったのは、まさに近代資本主義の興隆の結果である。それは国民国家の登場と、中核となる西欧諸国、アメリカなどの諸列強による、アジア、アフリカ、ラテンアメリカの植民地化、世界分割の結果であった。

たとえば、中世から二〇世紀初頭まで大きな勢力を誇っていたハプスブルグ帝国の場合を考えてみよう。

初めスイスの一部を領有していたに過ぎないハプスブルグ家が、一三世紀末には現在のオーストリアに所領を拡大した。その結果神聖ローマ帝国〔九六二年から一八〇六年まで続いたドイツ国家〕の皇帝位を独占するようになり、ドイツ世界の盟主の役割を果たすと同時に、中・東ヨーロッパの支配者になった。一八四八年のパリ革命から発した国民国家建設とナショナリズムが拡大すると、王朝の統合理念と諸民族の生活の間に新しい国民概念が導入され、ハプスブルグ帝国は支配権を大きく制限された。一八五九年サルデーニャ王国はハプスブルグ軍を破り、ロンバルド地方を併合し、イタリア統一に向けて大きく前進した。またハプスブルグ軍は一八六六年プロイセンに敗れて、北ドイツの支配権も失った。ハプスブルグ帝国はその後、東欧多民族国家の盟主として五〇年間存続した。だが、第一次世界大戦に突入すると、国家としての体をなさなくなり、各地の民族評議会がチェコ、スロバキア、クロアチア、ポーランドなどの国民国家を次々に成立させ、一九一八年帝都ウィーンで最後の皇帝カールが自らその幕引きを行った。

帝国最盛時の領地は西はドイツ、オーストリアから、東はルーマニア、ウクライナまで、南はボスニア＝ヘルツェゴヴィナやイタリア北部、アドリア海沿岸まで、北はポーランドの一部までという広大な面積と、五千万人を越える人口、一一の言語集団を含んでいた。プラハやブタペストなどの大都市では農村に住む各民族（エトノス）とは異質な、市民というコスモポリタン意識が形成されていた。

一九八九年ベルリンの壁が崩れて社会主義諸国が崩壊していった近年では、国民国家の本質を巡る議論が、それ以前の帝国的支配の状況と比較されて検討されるようになってきた。ソ連崩壊後たとえば、ボスニア＝ヘルツェゴヴィナに代表されるような、悲惨な民族浄化が繰り返され、共産主義の下、あるいは国民国家の統合原理の下に封印されていた「民族」の問題が噴出してきた。ハプスブルグ帝国はその長い歴史で支配様式を変えていくが、それは結局ハプスブルグ王家が首長である諸王国、諸領邦の集合体だった。それぞれの王国や領邦はハプスブルグ皇帝との契約に基づいて特権を有し、その特権が保証される限りハプスブルグ帝国との友好関係を維持し、特権が失われたら抵抗した。ハプスブルグ帝国とは個性を持った地方の集合体であり、多様な世界であった。ハプスブルグ帝国の「民族問題」について語るとき、崩壊を是とする立場からはそれは「諸民族の牢獄」であったが、非とする立場からは「ヨーロッパ統合のモデル」と見なされた。

2　辺境の支配と管理——近代日本の成立

入会権をめぐる闘い

一八七三（明治六）年明治政府は、地租改正条例で従来の現物貢租を金納に改め、旧来の土地保有権者を土地の所有権者として確定した。これによって明治政府は財政的基礎を固め、日本全体に商品経済がいっそう普及し、農村経済にも大変動をもたらすことになった。この地租改正で大問題になったのが、従来「入会《いりあい》」とか、「内山」、「村持」と呼ばれていた農村部の共有地の処遇であった。

江戸時代を通してこうした共有地で村人は、採草、放牧、薪炭材、建築材などを確保していた。また屋根を葺く茅場の管理も行っていた。この種の共有地は、村人の「私有」ではなく「共有」であった。後に「入会権」と呼ばれるようになったこの共有地は、村の成員である限り利用の許される共有財産であり、村の厳格な管理の下に置かれていた。農民の生活を考える場合、私有の対象になっていた家屋、田畑以外に生産手段を農民は持っていた事実を忘れることはできない。最近では「コモンズ」という言葉で、全世界的に認められてきたこうした共有地の資源管理のあり方が検討されるようになってきた。それは土地の私有という考え方とは異なる時代の、土地と人間とのかかわりの問題である。

地租改正の際、政府はこうした入会地のほとんどを官有地に組み込んでしまった。多くの場合農民は、私有地になると税金を課されるのでそれを避けるために便宜的に官有地にすることに同意した。ところが、いったん官有地として農民から所有権が離れると、従来保証されていた入会地の利用すらままならない事態が生じた。「だまされた」と怒った農民の多くが、「国有林下げ戻し裁判」を起こした。明治の三〇年代から大正の中期まで続いたこの裁判は大審院まで争われたが、「入会地を農民は利用していたが私有していなかった」という論拠で農民は敗訴した。

入会権裁判に農民が敗訴したのは彼らの訴えに根拠がなかったということではなく、政府の旧入会地に対する政策が大きく変わったことを意味する。農民の自主的な管理・利用に任せていた江戸時代方式から、政府主導によって国有林の経営を図る経営方式が始まった。西欧列強に追いつくことを国策とした明治日本が、国内再編策の一環として入会地の官有化を図り、それを半ば暴力的な手段で成し遂げたことがここに見て取れる。

旧土人保護法とアイヌ民族

一八六九（明治二）年函館五稜郭に逃げこんで抵抗を続けた旧幕府軍の残党を制圧した明治新政府は、蝦夷地開拓使を設置し、その経営に乗り出した。その後蝦夷地を「北海道」と改め、廃藩置県で失業した旧武士階層を開拓民として移民させ、屯田兵として南下してくるロシアの脅威に対抗する軍隊として位置づけた。そして地租改正では、北海道全体を所有者のいない土地として明治国家の直轄領と定め、入植してくる開拓民に順次下付していくことになった〔日本はロシアに樺太を譲り、千島列島を手に入れたので、同様な政策は千島に対しても行われた〕。

狩猟採集を営む先住民であるアイヌ民族は劣等民族として、固有の慣習を否定され、農耕にモチベーションを持たない彼らから狩猟・漁猟の重要な場所を次々に奪っていった。アイヌ民族に対する明治初期の政策の集大成が一八九五（明治二八）年に制定された「北海道旧土人保護法」である。この法律は明治初期のあからさまなアイヌ民族搾取政策を改め、旧土人の権利を保護し、彼らの生活を守ろうとしているが、アイヌ民族という存在を完全に否定し、和人に同化させようという意図が明らかであった。

土地の私有権という観念のなかったアイヌには、同第一条でいうような、「一定の年限土地を耕作すれば土地の私有を認める」ことはまったく無意味であった。また私有権を認めても一五年以上耕作をしなければ所有の意志なしとされ、またアイヌ独自で土地の売買はできなかった。アイヌ人を「半人前」としてしか扱っていない。またアイヌの生存に不可欠であったサケ漁を事実上禁じたのも彼らの生存そのものを否定する政策であった。その上、アイヌ人子弟を和人の学校に入学させ和人として教育する同化教育と、アイヌ語・アイヌ文化を否定する教育の結果、和人との同化が進み、急速にアイヌ人の人口は減少していった。

経済的な弱者に追いこみ、さらに徹底的な差別と同化政策で追い詰める。アイヌ民族に対する日本政府の政策は、アメリカのインディアン政策にならったものであった。一八七二（明治五）年東京に開設された開拓使学校を、七五（明治八）年に札幌に移し、翌年札幌農学校と改称した。この学校の指導者として七六（明治九）年招かれたアメリカ人クラークは、キリスト教信仰に基づく深い訓育によって内村鑑三、新渡戸稲造などの指導者を輩出した。彼らは日本の軍国主義化にキリスト信仰者として抵抗したが、その自由主義的ヒューマニズムによって北海道や、植民地経営の指導的理念を作り上げていったのも事実である。なお、「旧土人保護法」が廃止され「アイヌ新法」が施行されたのは、なんと一九九六年のことである。それまでアイヌ民族は法律上、「旧土人」と呼ばれてきた!!

南島イデオロギーの形成と植民地主義

日本民俗学の祖柳田国男の生涯を見ると、完全に二期に分かれる。柳田は東大の政治科を卒業し、農政官僚としての人生を歩み始めた。一九一九（大正八）年四五歳で貴族院書記官長という要職を辞任した。柳田は若い頃から文学に興味を抱き、田山花袋、島崎藤村などの文学者との交友もあった。柳田が若い頃、愛知県伊良子崎で見た椰子の実のことを島崎藤村に話し、藤村がそれを下に「椰子の実」を作詞したことはあまりにも有名である。柳田は農政官僚として日本各地を旅し、次第に現代でいう「文化人類学」的な興味を深めていった。

柳田国男のデビュー作『遠野物語』（一九一〇〔明治四三〕年）は、「民俗学」的な関心の表明だけではなかった。つまり、その頃柳田の頭の中には、平地人／山人というカテゴリーで日本とその周辺を考えようとしていた。平地人というのは、日本列島の主流をなす水田稲作を主な生業として生きてきた農民のことであった。山人というのは、現代の用語でいえばマイノリティという意味で、平地人のカテゴリーに入らない人々の総称であった。マタギと呼ばれた狩猟民、あるいは山間部で焼畑耕作を営む人々、あるいは各地を移動しながら商売をしていた商人、芸人、漁民、あるいは水上生活を営んでいた「家船《えふね》」などなど、多様な生活形態を営んでいた人々がそのカテゴリーに入る。

重要なのは、柳田がこうした「山人」というアイデアを、アイヌ、朝鮮、台湾など、日本が辺境の支配、あるいは植民地支配をなしていった地域の住民の生活をベースにしていたということである。日本は日清戦争（一八九四〜九五）〔明治二七〜二八〕に勝利して台湾を領有するが、その直後から台湾の先住民である高砂族の人々の生活習慣の調査に乗り出した。また『遠野物語』が出版されたその年に、日本は朝鮮半島の植民地支配を開始した〔日韓併合〕。

柳田の南島〔琉球孤の島々〕への関心もこの頃から始まった。だが、それは柳田が山人というその後のマイノリティ研究へとつながる可能性を持っていた自らの研究を、平地人を「常民」という非歴史的な存在へと換骨奪胎化していく過程の始まりでもあった。その背後に、日本の植民地主義の拡大と戦争遂行という状況変化を直視せず、日本民俗学の確立という学問的な課題に自らの目的を限定していった柳田の姿勢があった。

琉球王朝は一六〇九年の薩摩の武力制圧によって附庸国〔属国〕として徳川幕藩体制に組み入れら

れたものの、対外的には独立国家の体裁を保ち続けて東南アジアに対する中継貿易の拠点となった。中国（明・清）との冊封・進貢を通して得られる文物・諸制度と日本の文化が融合して琉球独特の芸術文化が爛熟した。だが、一八七九（明治一二）年明治政府によって琉球藩（琉球王国）が解体され、名実ともに日本の一地域とされた（琉球処分）。その後強力な皇国史観・覇権主義政策により王国の歴史文化は否定された。

日清戦争後は沖縄側も同化に努めた。その中心に伊波普猷《いはふゆう》がいた。東大で言語学を学んでいた伊波は柳田国男と知り合い、『オモロ』を中心とする古琉球の研究を続け、後に日琉同祖論を展開する。当時柳田は、まだ山人研究の意図を持っていたが、琉球に対しては「日本の祖型」という位置づけしか持っていなかった。伊良子崎で椰子の実を拾って以来死ぬまで、柳田は「日本人とは稲を携えた一群の人々が中国南部から琉球列島を経て、宝貝を求めながら北上してきた人々の末裔である」という意識にとらわれていた。琉球の言語も宗教もあくまでも「日本の祖型」であり、そこに琉球独自の文化を認めるという姿勢はなかった。

3　近代化論と発展途上国——インドネシアの場合

ジャワの宗教

クリフォード・ギアツは第一章で述べたように「解釈人類学」を体系づけた人として知られているが、彼の仕事を詳細に検討すると、そうした要約はギアツの業績を正確に評価していないといえる。

たとえば初期の『ジャワの宗教』を考えてみよう。ギアツのジャワ研究は、戦後アメリカの世界戦略の中でなされた。第二次世界大戦後、アメリカは世界最大の軍事力を背景に独立間もない東南アジア世界を西側陣営につけるよう画策していた。フィリピン、ベトナム、ビルマ、インドネシアといった国々が戦後独立したが、東西冷戦が深刻化するにつれ、東南アジアに親米政権をどのように作るかがアメリカ外交の中心であった。そうした中、地政学的にも重要な位置を占めていたインドネシアがきわめて重要な意味を持っていた。一九四五年独立を宣言し、四九年国際的に主権を認められたこの新興国は、スカルノの下国家建設を始めていたが、一九五〇年代各地で起こる内乱と経済的な苦境にあった。

エール大学を中心としたこのプロジェクトには経済学者や政治学者のほか、クリフォード・ギアツとその妻、ヒルドレッド・ギアツ、それにロバート・ジェイといった人類学者も参加した。この三人の人類学者を中心とするグループは、東ジャワのモジョクトと仮に呼ばれた古い地方都市でフィールドワークを行った（その後パレであると公表された）。ヒルドレッド・ギアツやロバート・ジェイが古典的な民族誌の作成を課題としたのに対して、クリフォード・ギアツの研究は、インドネシアの近代化の中でジャワ文化をどのように位置づけるかというきわめて野心的なものであった。

ジャワにはアニミズムをベースとする古層文化の上に、西暦前数世紀から一五〇〇年以上にわたってヒンドゥー文化や仏教文化が流れこんだ。それはジャワの古王国の王権思想を基礎づけ、ボロブドゥールやプランバラン寺院などの建築を残した。その後一四世紀以降ジャワ海沿岸の港市王国を経由してイスラムが伝えられ、次第に内陸の王国にも広まった。しかし、一八世紀以降はオランダ植民地支配を強く受けるようになり、ジャワ社会は大きな変化をこうむった。

こうした複雑な外来文明の影響を受けてきたジャワ文化を考えていく際、ギアツは、「エートス」と「世界観」という区別をとり入れ、ジャワ社会の階層分化にしたがって、「アバンガン」「プリヤイ」「サントリ」という三つの理念型によってその特徴を捉えようとした。「エートス」とは人間の人生に対する基本的な価値意識ということである。理念型とは、マックス・ウェーバーの宗教社会学の基本概念である。ギアツはジャワ人の行動様式と階層の違いを、この三つの理念型に求めたが、この理念型をさらに「保守」と「革新」というカテゴリーに分けた。つまり、インドネシアの独立運動とそれに引き続く国民国家の建設に際する、現実の政治に対する指標を設けた。これによって、複雑に分化していくインドネシアの政治状況におけるジャワ文化のダイナミックスが、見事に捉えられた。

マルクスが階級的な利害関係によって歴史の原動力を捉えたのに対して、ウェーバーは基本的には利害状況のあり方が人間の意識を決定することを認めた上で、それでも歴史の決定的な場面では理念が歴史を方向づけると考えた。ウェーバーは、中国とか、インドとか、イスラムといった過去の大文明圏から、なぜ産業資本主義が生まれなかったのかという問題も解こうとした。ウェーバーによれば、彼らの宗教に基づくエートスの中に産業資本主義を生み出さない根本的な問題があると考えた。たとえば、インドのカースト制を特徴づける「カルマ」〔業〕という考え方がある。すべてのものの輪廻転生を受け入れ、人間の運命はすべてカルマの支配するもので、人間の主体的な努力よりも、カルマの中での解脱が最上の価値とされる。こうした意識の中からは資本主義は絶対に生まれてこない、とウェーバーは考えた。ウェーバーはイスラムを分析する前に死去したので、ギアツのイスラム研究はこうしたウェーバーの問題を、人類学のフィールドワークを用いて詳細に検討しようとしたものである。

「アバンガン」とは農村部に住む農民である。「アバンガン」は「クジャウェン〔ジャワ教主義者〕」とも呼びうる人々で、ヒンドゥー・ジャワ的な世界観と、ジャワ神秘主義がその特徴である。アバンガン層からはナショナリズムの指導者は出ていないが、共産党の支持者と独立革命の時代に命をかけて戦った革命の闘志はこの層出身者が多い。

「プリヤイ」とは文武両道に秀でた王族・貴族層をさしていたが、オランダ植民地支配の下にマタラム朝が屈服していくにつれて、政治的な力のない、ただ「文化、文芸」にその能力を特化していった人々をさす言葉に成り下がった。ところが、植民地支配が複雑化するにつれてオランダ植民地政府は現地人官僚を登用するようになり、もともと貴族層でない現地人エリート階層出身者も「プリヤイ」と呼ばれた。プリヤイとアバンガンはヒンドゥー・ジャワ的な世界観を共有しているが、エートスが異なっていた。それをギアツはジャワ語の「アルス」と「カッサール」という言葉で代表させている。日本語の「洗練」と「粗野」、「雅び」と「鄙び」という言葉に近い。庶民とエリートの差といってもいいだろう。

こうしたプリヤイの中から初期のナショナリストとして著名なデワントロやストモ、あるいは独立革命時代のスルタン・ハメンクブウォノ九世がいた。ジャワ人の父とバリ人の母を持つスカルノは、ジャワ貴族の血を引いており、また一九二八年インドネシア国民党を結成したときには、オランダ支配下の現地人エリート養成学校である「バンドン工科大学」の学生であった。

他方、「サントリ」というのは「敬虔なイスラム」を意味する。サントリというのは、アラビア語の「イスラムを学ぶ者」という意味で、「プサントレン」というイスラム塾はその派生語である。アバンガンが農村に住むのに対して、サントリは都市の中間層を占めていた。彼らはバティック店を経営したり、農村部にあっては商工業を営んでいた。こうした人々の日常にイスラムという宗教が強く働いていた。このサントリ層からは多様なナショナリストが輩出した。彼らは改革派イスラム組織を形成し、独立革命当時最大の動員規模を誇った。

農業のインボリューション

さらにギアツは、一九世紀の植民地支配の大転換以来ジャワ農民社会で起きた出来事を詳細に検討し、植民地支配のもたらした帰結を論じている。「インボリューション」とは、アメリカの人類学者ゴールデンワイザーが「文化の爛熟化」という意味で用いた考えを、ギアツは人口爆発による農民社会の貧困化を説明する概念とした。「インボリューション」とは「エボリューション」(進歩、進化)の逆をさす言葉で、時間の進行とともに社会、文化のあり方がアリ地獄に落ちこんでいく様をギアツはこう呼んだ。

世界の植民地支配は一九世紀半ばまでは重要な港や鉱山などの点を中心とした支配であった。だが一九世紀半ば以来プランテーション経営を植民地に導入し、その産物を世界市場で売って利益をあげるという植民地の面的な支配に変わってくる。東西交易による差額を稼ぐというやり方では、もはや利益を生み出せなくなってきたのである。ジャワではサトウキビ、コーヒー、コショウ、チーク材などのプランテーション経営がなされた。サトウキビ以外は従来あまり使っていなかった土地を利用した経営が可能であったが、サトウキビは稲作適地に最も適した作物で、オランダ植民地政府がサトウキビ栽培を農民に強制的に作らせたので、農民は稲作栽培面積がその分減ることになった。

砂糖はサトウキビ栽培以前は砂糖大根から作られていた。ところが砂糖大根から砂糖を作るためにはかなりな規模の工業設備を必要とするので、その栽培は限られていた〔中心はルーマニア〕。ところがサトウキビからは砂糖が簡単にできるため、プランテーションのモデル作物として急速に普及していった。サトウキビ栽培が増えることは同時に米の栽培面積が減ることを意味していたので、そのため植民地政府と農民は従来ほとんど利用してこなかった大河下流域の湿地帯の灌漑を行い、不足した耕地の拡大を図った。ジャワでは東ジャワのブランタス川下流域が干拓され、ジャワ最大の穀倉地帯に変わった。タイやビルマでもチャオプラヤー川やサルウィン川下流域が同じように干拓された。

また西欧医学でコレラや赤痢の病原菌が発見され、その予防法もわかってきた。熱帯特有のマラリアの特効薬が開発され、住民の死亡率が下がってきた。こうした要因から死亡率、特に乳児の死亡率が下がると、人口が爆発的に増え出した。一九世紀半ばに約六〇〇万人ほどしかいなかったジャワ島の人口が、二〇世紀初頭には三〇〇〇万人近くになった。ジャワはその後も人口が増え続け、現在世界でも最も人口密度の高い地域の一つである。日本の三分の一程度の面積に一億二〇〇〇万以上の人口がひしめいている。

一九世紀後半から始まった新田開発は、一時的に増え続ける人口を養えたかもしれないが、人口増加が食料供給をはるかに超えるスピードで増加していった。すると、農民層の階層分化がますます大きくなっていった。土地を持つ階層が一部いて、その下に小作層がいる。その下に小作すらできない、膨大な貧困層が発生した。彼らは季節労働者として田植え、田の草取り、収穫などの日雇い労働者として働く以外は収入がまったくない最貧困層であった。スハルト政権下で進められていった開発政策は、こうした過剰な農村部の人口が、「開発難民」として都市部へ流入していく時代の始まりでもあった。彼らは都市のスラム層を形成し、電気、水道のない所で最底辺の住民になっていった。

ジャワの「インボリューション」の教訓は、いったん増え出した人口は人為的な努力なしには減少に転ずることはないということである。多くの発展途上国が現在この人口爆発問題の対策に苦慮している。スカルノ時代にはまだ「人口は国力の指標」として位置づけられるような牧歌的な時代であったが、スハルト時代になってからは「開発の阻害要因」として見なされ、強力な家族政策が農村部に導入された。ギアツのいう「貧困の共有化」〔最低ラインの生活を相互扶助的にしのいでいく生活〕は、最大人口が一二〇億人にも達すると予想される二一世紀の悲劇を象徴するのだろうか。

ギアツの「経済学」

「貧困の共有化」が日常化するインドネシアなどを経済学者や政治学者が一律に「低開発国」と表現し、その「テイクオフ」〔経済的な自立〕に必要な政策を性急に結論づけてしまうやり方に、ギアツは批判的であった。低開発国という言葉は「差別的だ」として、一九七〇年代以降は「発展途上国」という言葉に改められたが、国民経済の自立という観点から途上国経済が論じられた。ギアツは大状況から経済を考えるのではなく、家族や親族制度、あるいは宗教といった「社会に埋め込まれた」経済の研究の重要性を強調した。

ギアツはジャワ研究の後、近代化の比較研究のためバリ島研究を行った。その成果は、『行商人と王子』にまとめられた。ギアツはそこで、東ジャワの地方都市のサントリ層に見られる職業倫理と、バリ島の貴族層による商業化の比較をなした。モジョクト（パレ）で見られたサントリ層が、たとえば精米所とか鍛冶屋などの小規模な職人であっても、イスラム信仰の義務に忠実な人々が、六信五行をしっかりと守り、日常の経済活動にいそしむのは、メッカ巡礼を成し遂げ、ハジ〔メッカ巡礼者〕と呼ばれて人々に尊敬されるようになりたいというエートスが一般的に見られる、と主張した。なお、六信とはイスラムの世界観を表し、五行とは信仰告白、一日五回の礼拝、義務的喜捨、斎戒〔その中心は断食〕、巡礼のことである。こうした人々の「職業倫理」は高く、爪に火を灯すような生活の中から利潤を蓄え、次第に経済的に大きな成功を遂げた人が出てきて、都市の資本家に成長していった。

これに対してバリ島では、バリのカースト制の上位にあたるブラーマン〔バラモン（司祭職）〕やサトリア〔クシャトリア（バリでは王族）〕の中から、豊かな資金を利用して産業資本化を目指した人々が出現した。彼らは初期段階ではジャワのサントリなどと比べるとはるかに高い経済人としての地位を占めていた。ところが彼らの商売は「殿様商売」で、利潤を求めるのに疎く、基本的に内婚制であるカーストの中で完結していくようなものであった。このような商売のあり方では、資本の蓄積と再投資という資本主義に不可欠なサイクルは機能せず、次第に彼らは没落していった。

ギアツの議論は単純にイスラムの経済倫理をほめたたえているのではない。『ジャワの宗教』の中でも、ジャワのアバンガン層の日常生活で、「スラメタン」と呼ばれる近隣の人々との共食儀礼がルクンというジャワ人にとって極めて重要な心の安定状態を維持していくのに寄与していることを強調している。一般的に農民社会では、人を出し抜いて自分だけが利益を得ることは許されない。サントリ層の中から資本家が生まれてくるのは、基本的には農民的な生活倫理の枠外に生きる人々である。

ところがこうしたギアツの考え方に、熱帯アジアにおける「緑の革命」を指導し、後にノーベル経済学賞を与えられたテオドア・シュルツは猛然と反発した。後に「モラル・エコノミー論争」と呼ばれる大問題に発展したこの批判は、農民像をどのように描くのかという問題である。

食糧不足に苦しむ熱帯アジアに一九六六年発見された稲の高収量品種米（IR－8）は画期的な意味を持った。IR－8は多量の農薬の投与と灌漑施設の普及が整うと、従来型稲作の数倍の収穫が可能となる革命的な新品種であった〔灌漑が整うと二年に三回は収穫でき、単位面積当たりの収量が二倍としても、従来の四～五倍は収穫できる〕。そのため、都市部で農薬生産を可能とする工業化をなし、その農薬を農村部で消費し、外国資本の導入で灌漑事業を行い、米の生産高を数倍にして食糧自給を達成し、余剰米を外国に売って外貨を稼ぐ。こうしたもくろみの下に始まった開発政策が緑の革命である。その結果インドネシアでは一九八〇年代初期に米の自給が達成され、時の大統領スハルトは自らの開発政策の正当性を高らかに宣言した。

だが「緑の革命」は良いことづくめではなかった。IR－8を連作すると農薬を大量に使い続けるので土地が疲弊してしまうために、小規模農民は従来型農業を重視せざるをえず、土地に余裕のある大規模農民ほどその恩恵を受ける結果となった。農業の収量とは天候に大きく左右されるので、農民の中には肥料購入に投資した資金の回収もできなくなって、自分の土地を失う者も出てきた。また二期作、三期作が可能となった結果、田に棲む蚊が増え、絶滅したはずのマラリアが復活してきた地域もある。

シュルツは緑の革命の成功の原因を、「農民というのはある動機さえ整えば、資本主義的な経営方式を理解し、利潤を求める行動をとる」と主張し、ギアツの主張する「社会に埋め込まれた経済」（モラル・エコノミー）の下に農民は閉じ込められてはいない、と批判した。シュルツの批判には聞くべき要素がある。まず、彼らの指導の下、熱帯アジアの貧困国が曲がりなりにも食糧自給を達成したこと。次に、過去の植民地支配の歴史においても、たとえばコーヒー栽培では、植民地側の積極的な政策ではなくて、農民側が利潤を求めてコーヒー栽培に乗り出していった歴史がある。こうした歴史を考えるとシュルツの指摘するギアツ批判はある程度当っている。

こうした「モラル・エコノミー」をめぐるギアツ派とシュルツ派の議論を、現在の主流な経済学である「新古典派経済学」批判という視点から整理しているのが原洋之介である。原の議論は経済学の根本までさかのぼるほど難解で、また曖昧なところもあるのだが、大きな可能性を秘めている。一九九七年以降のアジア経済危機の中から新古典派経済学に基づくIMF体制が、アジア諸国に一律の経済改革を求めていることに批判が集中し、各国の経済体制、文化のあり方を重視した経済支援が重要だという批判が出てきた。これはまさしくギアツの主張してきた「社会に埋め込まれた経済」を重視することであり、ギアツの考え方を再び検討していくことが重要となってきた。

第一〇章　国家とエスニシティ

1　国家とナショナリズム

国民国家の時代

近代国家とは国民国家 Nation-State の時代である。明治維新によって成立した近代日本は、国民国家という意味でそれ以前の日本と区別される。国民国家は主権の絶対性という観念の中に成立した。主権というのは、中世の宗教権力（ステイト）から世俗権力が政治的な権力を奪ってくる過程で生まれた。最初国王に主権があるとする絶対王政をとったが、次第に勃興してきたブルジョワジーが政治の中心に踊り出ると、国民（ネーション）という目に見えない存在が主権を持つ体制をとるようになってきた。アンダーソンは「国民国家とはステイトとネーションという氏も素性も違うもの同士の思いがけない結婚」という。つまり、国民国家は一方では「自由、平等、友愛」というフランス革命以来の普遍的な理想を掲げるが、ある領域内での主権に基づく絶対的な支配権という抑圧的な体制を採る制度でもある、ということだ。

ネーションは日本語で「国民、民族」と訳される。ネーションとは本来、「ある出身地を共通にする人々」、あるいは「職業を同じくする人々」という意味の言葉であった。けれども資本主義の成熟とナショナリズムの流行によって、「国民、民族」を意味するようになった。国民と訳しても、民族と訳しても、ともに世界システムの中での存在という意味がその背景にはある。その意味で国民国家以前の民族（エトノス）はネーションとは異なる。江戸時代の幕藩体制下、日本は北と南、平地と山地、陸と海ではかなり異なる「エトノス」が存在していた。だが明治の国民国家の成立によって、義務教育、標準語の普及などによって、「日本人」というネーションが生まれた。

明治維新を経て成立した近代日本は、法制的には帝政ドイツに倣い、共和制をとるフランスをモデルとしなかった。このことから日本の国民国家建設はドイツを範にしているとよく理解されるが、共通語の形成の面ではフランスに倣った。フランス革命の理想はナポレオンという独裁者にも引き継がれ、全ヨーロッパにナポレオン法典を普及して、前近代的な法体系を駆逐した。しかしながら、フランス革命から一〇〇年を経ても、ブルターニュやラングドック地方ではフランス語がほとんど通じず、「さまざまなフランスを単一不可分な祖国フランス」に統合するには、国語教育を急がねばならなかった。「世界で最も美しい」とフランス人が自慢するフランス語は、こうした意図的な改良の下に形成された。

ドイツでは一九世紀初頭のナポレオン占領下、北のプロイセンを中心に統一ドイツ構想が生まれた。一八〇七年プロイセンの哲学者フィヒテは、「ドイツ国民に告ぐ」と題する連続講演を行った。フィヒテは現在のドイツからスイス、オーストリア、ポーランドの一部に広く住んでいるドイツ語系住民の政治的統合という戦略を描いていた〔大ドイツ主義〕。フィヒテの構想が曲がりなりにも実を結ぶのは、一八六二年普襖戦争でオーストリアに勝利し、ハプスブルグ帝国からドイツ人国家の樹立に成功したプロイセン国家の成立による。大ドイツ主義が実現するのはナチス・ドイツ時代で、「フランス革命がナチズムを生んだ」とも皮肉られている。

柄谷行人によるとエクリチュール〔書き言葉〕の完成が、ほぼ全世界的にナショナリズムの成立と深くかかわっている〔アフリカ諸国は例外〕。日本では二葉亭四迷や尾崎紅葉らによって明治初期に「言文一致運動」が興り、次第に話し言葉に近い表現法が日本語のエクリチュールとして定着していった。それ以前の日本語では、平安時代以来漢文が正当な書き言葉であった。だが、それ以外に仮名、あるいは漢字仮名混交文も書き言葉として使われていた。仮名は漢字から派生したものだが、漢字が男言葉〔正字〕と呼ばれたのに対して、仮名は女言葉と呼ばれ、公的にはそう大きな評価をされなかった。しかし『源氏物語』など優れた文学は仮名で書かれた。

違いは書き言葉のレベルだけではなかった。福沢諭吉によれば、「江戸時代には上級武士、下級武士、商人、農民は、衣食住の習慣から些細な立ち居振舞いに至るまで違っていた。その言葉づかいを聞けば、その話し手がどの身分に属するかがたちどころに分かるほどだった」。言語がさまざまな下位体系に分化しているような状況では、単一の「国語」というものは常に霞んでぼやけたものになる。そこで、身分でも地域でも特定できない、匿名の「国民」の話す言語のイメージが作られねばならない。そのために、地理的・階層的な言語変異に汚染されていない言語規範がどこかに存在するはずだという表象が必要であった。

日本が近代化していく過程で、日本各地の方言〔地方語〕の中から「標準語」を選び、それを全国化していくことが必要であった。明治新政府は江戸を東京と改め、そこを新生日本の首都としたので、東京方言が日本の標準語とされた。ただし、下町のベランメー調は退けられ、「上品な」山の手の言葉が標準語とされた。「言文一致運動」を経て、天皇を中心とする国家体制が確立して以来、日本で「国語」という理念が生まれてきた。

国語の発達は明治日本のその後の海外膨張政策と無縁ではない。その際、保守派と改革派と呼ばれる対立が生じた。保守派にとって「国語」の改良問題はまったく存在せず、日本人が用いていた伝統的言語様式を守れば十分であった。改革派は日本語を諸国語の一つとして、世界の言語学の中に位置づけようとした。ところが、保守派は、どこの言葉にも還元できない独自な「国語」として位置づけることを主張した。両グループの対立の一つが、漢字を巡る論争であった。保守派は、正しい日本語とは漢字を正確にたくさん教えることからもたらされると主張し、漢字の制限と簡易化に猛然と反対した。これに対して改革派は、漢字の使用を制限し、より易しい形に変えて教えることが正確な日本語の普及に寄与すると主張した。

保守派と改革派の対立は、海外植民地で教えられる日本語問題でも対立した。日本語が海外へ進出するとは、日本語が非日本人に学ばれることを意味していたので、植民地における言語政策が日本語の死活問題になった。保守派にとって非日本人が日本語を日本人のように学べばそれで十分で、そこで日本語の本質が変化することにはならなかった。改革派は大東亜の理想の達成にも日本語の改良が必要だと考えた。太平洋戦争敗戦までは保守派が勝利したが、戦後彼らはまったく力を失った。一方、改革派は生き残り、戦後の国語改革〔当用漢字の制定など〕を領導した。

フランスでは、一八八二年にセム語学者エルネスト・ルナンが「国民とは何か」と題する講演を行った。人類学的な素養のあったルナンは、「国民とは、人種的同一性でも、言語的同一性でも、文化的同一性でも、歴史的同一性でもない。それは過去の記憶と忘却からなる、日々の住民投票だ」という定義をなした。フランスでは国民の要件として出生地主義を取っている。移民の子どもでも、フランス国民になれる。一方フィヒテがドイツ国民であることの前提とした「ドイツ語を話す人々」ということから推察されるように、国民の要件としてドイツでは「血統主義」を採っている。日本は血統主義の中でも父親の血統のみを辿るという父系主義を取っていたが、国際化に対応できないと批判され、一九八五年の国籍法改正によって父母いずれかの血統主義に変わった。ルナンとフィヒテの違いは、国家建設におけるドイツとフランスの違いを象徴している。

植民地ナショナリズムの運命

ネーションの持つ人間解放的理想とステイトの抑圧という矛盾は、特に植民地ナショナリズムの結果、第二次世界大戦後多数出現した新興独立諸国のその後の軌跡を検討すると明らかになる。

インドネシアという用語は「インドの東の島々」という意味の地理学用語として一九世紀中葉から用いられた。オランダ植民地政府は植民地行政の補助として、一九世紀末から現地人官僚の養成を行い、オランダ語教育を施した。彼らはジャワ、スンダ、バリ、ミナンカバウ、バタックなどといったその出身の民族（後にスク・バンサと呼ばれた）の違いを越えて、オランダ語による教育を受け、西欧文明の洗礼を受けた。だが、彼らはオランダ人（あるいは白人）にはなれなかった！　そうした挫折の後に、二〇世紀初頭に共通のインドネシア人という意識が芽生え、政治的独立というプログラムが生まれた。

マラッカ海峡の交易社会では、ムラユ語を元にしたリンガフランカ（簡単な共通語）が流通していた。このムラユ語（交易マレー語）を元にして生まれたのがインドネシア語である。後のインドネシア語を母語としたのは、一九世紀半ばからクーリーとしてやってきて次第にインドネシア経済の流通部門に進出し、大きな経済力を持つようになった中国人であった。このムラユ語によって、華人は新聞を出し、小説を書いた。ジャワ語という圧倒的多数派の言語がインドネシア語の共通語にならなかったのは、ジャワ語が複雑な敬語の体系を持つ難しい言語であったからではなく、ムラユ語の方がすでに出版言語としての地位を確立しており、「インドネシア人」というものがムラユ語によって既に「想像されていた」からにほかならない。

一九二八年インドネシア各地の青年がバタビアに集まり「青年の誓い」を宣言し、来るべき独立国家の概観がようやく整ってきた。四二年三月日本軍はオランダ軍を追い出し、インドネシアに日本軍政を敷いた。日本軍政はジャワだけを見ると、ジャワの米、ロームシャの徴発など過酷な収奪を繰り広げた。日本軍は日本語の学習、皇室遥拝などを強要したが、行政言語ではインドネシア語の普及に努めた。戦況が悪化すると、ジャワ防衛を日本軍とともに行う「ジャワ防衛義勇軍（ペタ）」を組織し、このペタが後の独立戦争を戦うインドネシア側ゲリラ軍の基礎になった。

四五年八月一七日、スカルノとハッタの連名で独立宣言がなされたが、インドネシアの独立は茨の道だった。独立を宣言したものの、オランダとイギリスはそれを認めず、インドネシア各地に傀儡政権を作り、武力介入を行った。インドネシアの独立が国際的に認められたのは四九年一二月で、アメリカの政治介入が決定的な役割を占めた。オランダに対する長い抵抗の歴史を持つアチェ人も、インドネシア独立に協力し、この四年間の苦難の時代にこそ、「想像された」ものとしてのインドネシア国民は確かに存在した。プジュアン〔独立闘争の闘士〕同士はお互いを「ブン」（同志）と呼び合い、人々の会話にも「ムルデカ」（独立、自由）という言葉が飛び交い、この時に総てが可能であるように思えた。

ジャカルタを中心とする国家建設が始まると、各地でゲリラ闘争を戦ったプジュアンたちによる中央政府に対する反乱が頻発した。軍と結託したスカルノが、五七年「指導された民主主義」という一種の独裁体制を取り、安定期を迎えた。スカルノ体制は軍とイスラムと共産党という三すくみの関係にある力の均衡の上に乗っており、いずれ破綻するのは明らかであった。

そして六五年九月三〇日、戦後インドネシア史の分水嶺がやってきた。共産党のクーデター未遂事件とされるこの「九月三〇日」事件は、現在に至ってもその真相は闇の中である。はっきりしているのは、六五年一〇月一日未明、インドネシア軍のトップ六名が殺害されたこと。空港、放送局、大統領宮殿を占拠した決起軍は、スハルトの率いる陸軍戦略予備隊に一〇月一日午後には制圧されたこと。一〇月三日にはこの事件は共産党のクーデターであると軍が断定し、六六年三月まで軍とイスラム勢力による共産党狩りがなされ、一〇〇万人に達するともいわれる人々が殺されたことである。軍のトップに躍り出たスハルトは、六六年三月スカルノから大統領権限を手に入れ、二年後に第二代大統領になった。

スハルトは西側の援助による開発体制を取るが、次第に軍が政治、経済の重要なポストを独占し始めるようになった。外国からの援助のかなりな部分はこうした政府首脳部に賄賂として渡った。当初スハルトに協力したイスラム勢力も、七〇年代以降は批判を強め、インドネシアは開発というパイを国民に分け与える代償として、強力な軍事支配を強める開発独裁体制を作り上げていった。

ここで概観したインドネシアの近現代史は、国民国家の成立とナショナリズムという観点から見ると、重要な問題をはらんでいる。

まず、インドネシアという国家はオランダ植民地支配体制をそのまま受け継いでいるという事実だ。ステイトという観点から見ると、独立の前と後では、日本軍政という中断はあるものの、基本的には変わっていない。つまり、オランダ植民地国家〔オランダ植民地政府は課税権と独自の軍隊を持つという意味で一つのステイトであった〕の正当な後継者がインドネシア共和国であるということだ。

次に、ステイトという古い皮袋に入れられた新しい酒が、一つの国民としてのインドネシア人である。一般的にインドネシア人という場合、華人は排除されている。インドネシアでインドネシア人と見なされるのは、スク・バンサと呼ばれる各地の民族集団のことであって、中国人はそのカテゴリーには入らない。中国人はWNI〔インドネシア国籍人〕と呼ばれることが多い。すべてのインドネシア人がWNIであるのに、ただ中国人だけがそうしたカテゴリーを構成するとは、インドネシア・ナショナリズムが歴史の「記憶と忘却」から生み出されたことがよくわかる。インドネシアでは「プリブミ〔土地の子〕」と「ノン・プリブミ」という分類も盛んに用いられている。ノン・プリブミとは華人のことで、プリブミが華人を排除して成立していることを露骨に表現している。

2　ナショナリズムとエスニシティ

エスニシティ論の登場

エスニシティはエトノスから派生した言葉で、日本語で「民族性」、エスニック・グループは「民族集団」と訳される。エスニシティが学術用語として普及した背景に、一九六〇年代のアメリカ社会がある。アメリカは移民社会で、常に自分とは何であるのかと疑問にさらされる社会であった。ドイツから亡命してきたエリクソンは五〇年代末、哲学用語であったアイデンティティに「自我同一性」という精神分析学用語としての意味を与え、さらに文学、社会問題への適用可能性を指摘した。エリクソンはこうした自分探しブームの理論的な指導者であった。

五〇年代までのアメリカ社会では「人種の坩堝」論が主流を占めていた。それは多様な人種、民族から構成されているアメリカ社会では、お互いの融合が進み、単一のアメリカ人が形成されるという考え方であった。ところが「人種の坩堝論」は、アメリカ社会の多様性を保証する考え方ではなく、逆にWASP（White Anglo-Saxon Protestant）への同化を強制するイデオロギーであった。六〇年代に入ると、アメリカ社会の根底を揺るがす出来事が続発した。それらは、①黒人の公民権運動の高まり、②ベトナム戦争の拡大と反戦運動の高まり、③カウンターカルチャー運動（ヒッピーなど）に見られるアジアの精神世界への憧れ、④女性差別解放運動の高まり、の四点に要約できる。六〇年代のアメリカで噴出した異議申立ては、「人種の坩堝論」の虚構性を露呈させた。

こうした変革の時代に、アメリカ社会のメインストリームへの同化を拒否し、出身国、民族の独自性を訴える人々の存在が注目された。「黒は美しい」というスローガンに代表されるこうした運動は、肉体的にも、精神的にもWASPに近づこうとして排除されてきた人々が、アメリカ社会における自らのアイデンティティの模索を始めた現れである。黒人だけではなく、同じ白人でも、WASPよりも遅れてアメリカ社会に来て底辺労働者として位置づけられたアイルランド系、ポーランド系、東欧系の人々も自己主張を始めた。また、アメリカ・インディアンの人々も、ネイティブ・アメリカンとしてお互いに結束し、その存在を訴えだした。

こうした人々は元の出身国の各民族との共通のつながりを強調するが、そうした人々とまた違う集団であることも自覚していた。各民族集団には固有の価値と自己主張が認められるという考え方が急速に普及すると、アメリカ社会を「サラダ・ボウル」と捉える見方が有力になった。アメリカを構成する各民族集団は、サラダの材料のようなもので、混ざって一つになることはなく、独自の存在を主張できるというものである。

エスニシティの捉え方

エスニシティという言葉の背景を探ると、ある国家における多数派と少数派との対立、葛藤、抑圧という、国民国家とナショナリズムの時代に普遍的で、かつ深刻な問題であることが明らかになってきた。こうした人々は従来マイノリティと呼ばれていたのだが、マイノリティという弱い立場に甘んずることなく、彼らが政治的、経済的な自己主張を始めたとき、エスニティという言葉が有効性を持つ。

エスニシティを捉える方法には「原初的アプローチ」と「道具的なアプローチ」の二つが考えられる。原初的なアプローチとは、そこに属している人々の「特定の形質的特性、言語、出身地域、宗教、歴史、文化など」に基づく主観的な捉え方が最も重要視される。これに対して道具的なアプローチとは、「他のエスニック集団とか全体社会での政治・経済的関係における差異化され、意識された集団」として捉えられる。道具的（instrumental）とはある行為を行う際、目的達成のために手段を選ばない「目的合理的」な行為をさす。エスニシティを規定する際の政治・経済的な観点からの自己規定を意味する。アメリカにおけるエスニシティの形成においては、「道具的なアプローチ」が有効のようだ。ネイティブ・アメリカンの場合は「原初的」な側面ももちろんあるが、その概念が生まれてきたのは基本的に「道具的」だ。

たとえば、「アフロアメリカン」というカテゴリーの成立は、リンカーンの奴隷解放令にもかかわらず、まだ厳然としてアメリカ社会に残っていた「カラード」（黒人だけでなく有色人種全般をさす言葉だが、アメリカではほぼ黒人と同義語として用いられた）差別への対抗であった。「黒人」というカテゴリーは、アフリカからきた奴隷をその出身のアフリカ社会での文化的な差を無視して、社会的差別を正当化する人種概念であった。「アフロアメリカン」という意識は、アメリカ社会の中での差別の撤廃と、正当な社会的な位置づけを求める政治的、経済的、文化的な闘争の中で生まれた。

「ネイティブ・アメリカン」というのは、黒人の「ブラック・パワー」に対して「レッド・パワー」と呼ばれる急進的な動きの中から生まれた。南北アメリカ大陸の先住民は、一万五〇〇〇年ほど前にアジア大陸から当時凍結していたベーリング海峡を渡ってきた人々の子孫である。インディアンは南西部、北西部、大草原、北東部、といった地域の特徴的なエコロジーに即した生活様式をしていたが、「部族」を越えて、アメリカ大陸全体に住む彼ら全体をさす言葉を持っていなかった。一六二〇年英国から宗教的迫害を逃れて現ボストン付近に上陸したピルグリム・ファーザーズは、インディアンの助けなしには冬を越せず、全員飢え死にしていたといわれる。

白人移住者とインディアンの蜜月時代はすぐ終わり、土地私有の観念のないインディアンから、移住者たちはあらゆる手段で土地を取り上げ、搾取していった。彼らはアメリカの歴史においてフロンティアに押し込められ、その言語、文化の存続まで否定され、迫害を受けてきた。一八九〇年「ウーデンド・ニー」で、スー族二〇〇人が騎兵隊との戦闘のうちに虐殺された。インディアン最後の抵抗であった。それから一〇〇年後の一九七三年、レッド・パワーの登場を象徴する「ウーンデッド・ニー」占拠事件が起きた。時にベトナム反戦運動が最高潮に達しており、忘れられたインディアン問題を人々の意識に上らせるのに大きなインパクトを与えた。黒人が公民権を主張するのなら、自分たちは「先住民としての権利」があるとして、「部族」的な差を乗り越え「ネイティブ・アメリカン」としてアメリカの歴史の見直しを訴えた。

「アジア系アメリカ人」という動きは、非白人の多いカリフォルニアで活発である。アジア系の住民からもアメリカ史の中で差別された過去の見直しの動きが急速に高まった。たとえば、一九世紀末から二〇世紀初頭にかけての黄禍論《こうかろん》〔黄色人種が増えて白人が圧倒されるという不安〕に基づく人種差別への批判が高まった。アジア系移民は一九世紀末から二〇世紀初頭にかけてアメリカ移民を禁止された時代があった。日系人は第二次世界大戦直後「敵性国民」として、財産を没収され、キャンプに収容された。だがイタリア系、ドイツ系にはこうした措置は講じられなかったから、これは明らかに人種差別である。日系、中国系、韓国系などは、本国の歴史的な背景を考慮すると、カリフォルニアにおいて驚くほど「仲がいい」。アメリカ社会では「ともにマイノリティである」という共通の利害と、アジア的価値の共有という共通項のために、カリフォルニアでは活発な「エスニック・グループ」として注目されている。

最近では「人種の坩堝からサラダ・ボウル」論をはるかに越えた、「多文化主義」という観点からアメリカ社会の特徴を論じる試みがなされ始めた。

インドネシアのエスニシティ

一九世紀半ば以来導入された「強制栽培制度」が農村を疲弊させる結果となったことを反省して、一九世紀末よりオランダ植民地政府は、農村の福利厚生も意識した「倫理政策」を行った。その一環として農村社会の研究が体系的に始められ、アダットと呼ばれる慣習法で特色づけられる「民族（エトノス）」（スク・バンサ）の一覧ができあがり、「慣習法共同体」として学問的に認知された。

ところがオランダ人研究者は、農村に住み、固有の言語と慣習法を維持している人々というイメージをあまりにも強く追求してしまい、植民地支配に抵抗する人々を「異質、例外的」な存在として否定してしまった。ここに「民族誌的現在」という人類学の基本的な前提が存在していた。また、われわれが現在ジャワ文化と呼んでいるのは、政治的な独立を失ったジャワ王家から起こったジャワ文化復興運動の産物であり、これがオランダによるインドネシアの慣習法研究の過程では、ジャワの「伝統」と呼ばれるようになった。

一九二八年の「青年の誓い」で来るべき国民国家の基礎をなす「一つの国民インドネシア人」という意識が確認された。“Kami putra dan putri Indonesia mengakui berbangsa yang satu, bangsa Indonesia.”「われわれインドネシア青年は一つの国民、つまりインドネシア国民であることを認めます」。普通この時の「バンサ・インドネシア bangsa Indonesia」を「インドネシア民族」と訳すことが多いが、それは間違いである。エトノスとしてのインドネシア人は存在せず、ネーションとしてのインドネシア人をこれから創っていきましょうというのであるから、それは「インドネシア国民」である。「インドネシア民族」のような「本源的感情」で結ばれた民族は二八年当時まったくなかったし、現在も存在しない。

独立以前、インドネシアにはオランダ人、混血、そしてインランデル（原住民）／プリブミ（土地の子）という人に関する三つのカテゴリーがあった。混血児は白人支配者と原住民女性との混血であり、独立以前は白人として遇されていた。華人は混血と同じ位置にいた。インドネシアの独立とは、独立以前社会の最底辺を構成していた「インランデル／プリブミ」が、社会の主人公となる国家を形成していくことを意味した。だが、プリブミの実態は、ノン・プリブミ（華人）との関係で決められた。プリブミの中でも人口的に全インドネシアの六割を占めるジャワ人が主流をなす体制がスカルノ時代から作られていくが、プリブミというカテゴリーを維持していくには、華人に対する「記憶と忘却」というナショナリズムに特有の作用が大きく働いた。

エスニシティという観点に立てば、このプリブミというカテゴリーはきわめて道具主義的な利害関心を持つ。それは経済的に大きな力を持つ華人に対抗するため常に、華人＝植民地支配への協力者という集合的な記憶を人々に呼び起こさせ、反華人運動を間欠的に噴出させた。スハルト体制になってから華人は政治的に従属しつつも、政商として権力の中枢に食いこんでいた。インドネシアのナショナリズムが変質したといわれるスハルト体制とは、「共通の過去、文化」という本源的な感情に訴えることによってプリブミというカテゴリーを強化しながら、華人の経済力に依存している政治的現実を巧みに隠蔽しようとしていた。スハルト体制下のプリブミとは、広い意味でのエスニシティ概念として捉えられる。

それでは、インドネシア共和国の「併合」に二五年間抵抗し、二〇〇二年独立を達成した東チモール、同じくインドネシアからの独立を宣言した西パプア、分離独立の動きを強めているアチェの場合は、エスニシティ論との関係でどう捉えられるのか。

チモール島は一六世紀初頭からポルトガルの植民地支配を受けた。一九世紀半ばオランダとポルトガル間で島は東西に分割統治された。東西チモールは、言語や宗教が異なるが、その境界線は植民地支配者によって設定された。日本軍の占領を経て、戦後、インドネシア共和国の独立により、西チモールはインドネシアの一部となるが、東チモールは再びポルトガル領となった。一九七四年ポルトガルの独裁政権が倒れたのを契機に、東チモールでも独立に向けた活動が活発化し、東チモール独立革命戦線（フレテリン）などの政党が生まれた。七五年八月、フレテリンは一部政党のクーデターによる混乱を収拾し、東チモール全土を掌握した。フレテリンは一一月二八日、東チモール民主共和国の独立を宣言した。だが、一二月インドネシア軍は全面侵略を開始、七六年七月には東チモールを正式に「併合」した。抵抗を続けるフレテリンに対して、インドネシアは激しい軍事作戦を繰り返し、東チモール人口の三分の一にあたる二〇万人が殺された。

それではインドネシアはなぜ、東チモールを占領し、強引に第二七番目の州としたのか。それには開発独裁体制を進めるスハルト体制側の都合と、資源に富むインドネシアを援助し、西側の一員として利用しようとしていたアメリカ、オーストラリア、それに日本などの「要請」もあった。

第一に、スハルトによる軍の支配強化という目的があった。権力を握ったスハルトに対して、スハルトを支持しない軍幹部の勢力も強く、スハルト側はこうした勢力を一つ一つ潰していかなければならなかった。東チモール侵略は、スハルト側軍人に活躍と昇進を与える絶好の機会となった。第二に、七〇年代に入ってから厳しくなってきた開発路線に対する国民の批判をかわす必要があった。七四年一〇月の田中角栄首相のインドネシア訪問を契機に噴出した反日暴動の真のターゲットは、特権的な地位を築きつつあったスハルト政権であった。国民の批判を逸らし、ポルトガル植民地支配からの解放という名目で国民の支持を取りつけるのに成功したのはスハルトの「勝利」であった。

さらに、インドネシアを援助する側からの関心では、インドネシアの裏庭に第二のキューバが出来ることを由としなったことがあげられる。フレテリンの政策は共産主義とほとんど無縁であり、不当な支配に対する民族解放闘争であった。だがアメリカはベトナム戦争で苦戦し、フレテリンを共産党とするインドネシア側の宣伝を安易に支持した。またチモール島からオーストラリア海域にかけて有望な石油天然ガス資源があり、この開発の利権が絡んでいた。

しかしながら、インドネシアもまたその援助国も東チモール民衆の抵抗運動の強さを過小評価した。国連はインドネシアの併合を結局認めなかったし、簡単に握りつぶせると思ったこの抵抗運動は、インドネシア・ナショナリズムの変質を世界的に晒す象徴となった。九八年のスハルト退陣後、一気に独立に向けた動きが加速され、二〇〇二年独立を勝ち取った。

東チモール民衆の闘いは、スハルト政権による一種の植民地支配に対するナショナリズムであったのか。あるいはインドネシアの中でのエスニシティ運動であったのか。これに対する答えは容易なようだが、インドネシアの中では「東チモールは例外だ」という根強い意見がある。つまり、東チモールはもともと、インドネシアの基礎を成す旧オランダ領ではなかったから、東チモールの独立を認めることは仕方がないという了解である。東チモールをインドネシアから切り離し、東チモールの民族自決は認めるが、それ以外の地域では絶対に妥協しない、という決意の表明でもある。

アチェは古くから「ヌガラ型」国家が栄え、一九世紀末からのオランダ植民地支配に対して徹底的な抵抗をなした。アチェがインドネシア独立に与したのは、いわばインドネシア「ネーション」の民族解放思想に共感したからである。ところがいったん独立を達成すると、ジャカルタを中心とする単一のインドネシア共和国が結成され、地方分権的な考え方は急速に衰えていった。さらにスハルト体制になると資源の豊富な地方からの収奪が激しくなり、中央政府不信は増大した。アチェはもともとイスラム勢力が強く、政教一致を目指すイスラムの理想からすると、インドネシアの現状は受け入れられないとされる。GAM（自由アチェ運動）の立場では、アチェ・ナショナリズムと考えていいが、その前途は明るくない。

西パプアの状況は東チモールに似ている。西パプアとはニューギニア島の西半分のことである。ニューギニア島は一九世紀に英・独とオランダによって東西分割された。オランダの支配下に入った西部は西イリアンと呼ばれた。一九五〇年代この地域はオランダの監督下で独立する準備を進めていたが、六二年スカルノはイリアン解放を名目にオランダとの対決政策を強め、アメリカの仲介の下強引な住民投票を実施し、インドネシア領へ組み込んでしまった〔六九年イリアン・ジャヤ州成立〕。

だが、身体的特徴でも、言語的にも「インドネシア人」とまったく異なるメラネシア人的特徴を持つ「西パプア」（イリアン・ジャヤ）に対して、「本源的感情」に基づく支配を貫徹することは不可能だ。勢い、アメリカのインディアン政策にも似た非情な同化政策、資源の収奪が進められている。そして刃向かう者に対しては軍による徹底的な弾圧を繰り返す。これは基本的にはアチェでも同じであり、東チモールではより徹底的になされた。

アチェ、西パプアの将来はどうなるのだろうか。インドネシアからの独立が認められたとしたら、インドネシア共和国の今後の運命はどうなるのか。もし独立が認められなかったら、どのような形で彼らの運動は収束し、国家の解体をもたらさないという意味でのエスニシティ運動へと変質していくのか。ナショナリズムは民族解放という夢と希望を与えてきたが、それは新たな抑圧の始まりでもある。ナショナリズムは二〇世紀に「民族自決」という原則を得て、植民地解放運動に大いに貢献してきたが、インドの例をとっても、パキスタン、バングラデッシュの分離独立、カシミール問題など、独立達成は新たな混乱の始まりでもあった。植民地解放と共産主義革命によっていったんは解決されたかに見えた「民族」をめぐる問題は、植民地ナショナリズムの変質と、共産圏の崩壊後の民族紛争の激化という試練に直面している。

日本のエスニシティ

日本はよく「単一民族」社会だといわれる。だが、「日本は単一民族社会だ」と強調されるようになったのは、太平洋戦争に負けて植民地のすべてを失い、「四島国」になって以来であるという事実はあまり知られていない。戦前の日本は「多民族社会であった」。大東亜共栄圏の理想を達成するために、「五族協和」とか「一視同仁《いっしどうじん》」というスローガンがよく唱えられた。五族協和とは満州国を建国させ、その開拓を進める政策上唱えられた。五族とは満、漢、蒙、日、鮮のことである。だが元々は孫文が中華民国を建国する際、満、漢、蒙、回〔東トルキスタンのイスラム系諸族〕、蔵〔チベット族〕の五族の協調の下に新中国を建国しようとしたことにさかのぼる〔五族共和〕。満州国の三分の二は漢族で満族でも四分の一以下であり、日本人はわずかに四〇万人足らずであった。満州国は完全に関東軍の傀儡国家だったが、そうした事実を隠蔽するために五族協和をうたわざるをえなかった。一視同仁とは、天皇制の下、アジアの全民衆は兄弟民族だという意味である〔それは特に朝鮮、台湾で用いられた〕。だが、天皇制支配を認めること、日本をアジアの中で唯一近代化に成功したモデルとして敬うべきだという身勝手な価値観を強要するスローガンでもあった。少なくとも、日本が単一民族であるということは、帝国の理想にはそぐわなかった。

日本単一民族説は、敗戦後、戦前の記憶を消し去るような形で登場した。戦前の「多民族論」が、戦後になると急速に「単一民族論」にとってかわられた。そこには、アジアへの侵略も大東亜共栄圏も何もなかったかのようだ。またアイヌ、沖縄、そして在日朝鮮人韓国人など、国内での異質な要素にまったく目をくれない。「在日」の人々の多くは日本の戦争遂行上、国内の労働力不足を補うために朝鮮半島から強制連行された人々の子孫である。彼らは敗戦時二〇〇万人に達しその多くは戦後帰国したが、五~六〇万人が日本に残留した。ところが戦前は「日本人」として戦争遂行に利用しておきながら、敗戦後、サンフランシスコ講和条約を締結すると日本国籍を剥奪し、指紋押捺の強制〔外国人登録法〕、就職、結婚、政治〔地方政治への参政権〕など社会生活上多くの差別を続けた。最近「自由主義史観」と称して日本の植民地支配を正当化し、〔自虐的など彼らのいう〕歴史認識を改めようとする動きが出てきたことが気になる。

3 人種、階級、エスニシティ

人種と階級

人種に関する「科学的」見解が登場するのは一九世紀半ばのフランス人ゴビノーにさかのぼる。それ以来幾多の人種論が登場したが、それらの「理論」は人類の身体的特徴に基づくカテゴリー化が目的ではなく、身体的特徴と歴史・文化の発展段階を結びつけようとするものであった。つまり、白人種〔コーカソイド〕が最も優れており、黄色〔モンゴロイド〕、黒色人種〔ネグロイド〕は能力的に劣るのだということを根拠づけようとした。人種論は無限とも思える人類の身体的特徴をいくつかの少ないカテゴリーに収斂する傾向が強く、そうして限定された「人種」概念で歴史・文化全体の問題との関連性を強調しようとした。レヴィ＝ストロースは「人類学の原罪は、人種の純粋に生物学的な概念と、人類諸文化の社会学的、心理学的な産物とを混同したところにある」と述べ、人類文化の多様性は人種概念に帰せられるのではなく、地理的、歴史的、社会的な環境によって異なるからだと主張している。

過去の人種差別の中でナチス・ドイツの「アーリア人最優秀説」とアメリカの奴隷制や南アフリカの「アパルトヘイト」は有名である。ナチス・ドイツではアーリア人という現実には存在しないカテゴリーの肉体的、文明的な優秀さを保持するために、ドイツ国内の黒人、障害者、ユダヤ人を抹殺してもかまわないとされるようになった。

「多文化主義」の理論的な問題を検討しているチャールズ・テーラーは、ルソーのいう社会契約説では、「人民は主権を持つと同じく服従しなければならない」という。なぜなら、「ルソーにおいては自由、平等というきわめて緊密な共通の目的が不可分とされ、二者間の依存が存在しないようにみな一般意思に依存しなければならない。これはジャコバン派から始まって二〇世紀の全体主義的体制に至るまで、均質化を強いる暴政の中でも最もおぞましい政治体制の政治信条となってきた」と批判している。

第二次世界大戦以降アフリカ、中東のイスラム諸国から移民として大量の「アラブ人」がフランスに入ってきて、最大時総人口の六パーセントを外国人が占めた。国籍取得で「生地主義」をとるフランスではこうした移民の子がフランスで生まれると、フランス国籍を取得できる。フランスでは北部マグレブ人、アルジェリア人、チュニジア人、あるいはモロッコ人が一般的に「アラブ人」と呼ばれているが、アラブ人というカテゴリーは明確でなく、人間を「優越した人間」と「劣等な人間」に分割する新たな人種主義と捉えたほうがいい。外国人労働者を受け入れる社会的な前提である好調な経済が怪しくなると、彼らに職を奪われたと主張する右派が七〇年代以降台頭し、「アラブ人を追い返せ！」と激しく主張した。二〇〇二年にはフランスだけではなく、ＥＵ諸国で、移民への攻撃が激化した。

フランスでは共和制時代のナシオンの伝統がいまでも根強い。だから国民である要件を安易に覆すような規制〔血統主義の導入〕には多くのフランス人が反対する。そこで保守派の批判に耐えられるような論理が、フランス人の要件として「共和制への忠誠」を求める議論に向かった。彼らは、ナチス流の人種主義にはもちろん反対するが、アラブ人が増加し社会が不安定化することにも反対である。フランスでは公教育において宗教的な色彩を帯びることが禁じられている。これを根拠にアラブ系女子学生がイスラムベールを着けて登校することを、フランス的一般価値に反する行為だという議論が起こった。チャドルのように全身をすっぽりと蔽うわけでもないこの程度の宗教的帰属意識の表明が、自然的与件に基づく所与としての共同体を否定し、「理念」や「一般意志」の名においてその前提に反すると思われる行為に反撃を行った。すると結果的には「アラブ人」のような「社会的な人種主義」に対抗する論拠は、社会の多様性を否定し、新たな人種主義の肯定にまで進んでしまう危険性がある。

植民地人種主義

人種主義について見逃してならないのは、「植民地人種主義」の問題である。独立以前、インドネシアにはオランダ人、混血、そしてインランデル（原住民）／プリブミ（土地の子）という人に関する三つのカテゴリーがあった。ジャワ語ではオランダ人のことをHollandから派生したlondoという言葉で呼んでいるが、この時のロンドとは、オランダ人というナショナリティを表すよりは、支配者としての「白人」という意味の方が強い。植民地支配は人種的な観念を強化した。アメリカの奴隷制度も、南アのアパルトヘイトも、こうした資本主義の暴力的な性格の上から理解されなければならない。

奴隷制度、あるいは植民地支配の正当化のためには、力（軍事力）による支配のほかに、その支配を正当化するイデオロギーが必要である。そのために支配者である「白人」は支配される「黒人」や「黄色人種」よりも肉体的かつ能力的に優れているという人種主義が歓迎され、あらゆる科学を動員してその主張の正当性を説いた。世界の植民地の再分割をめぐる列強諸国に進化論的な考え方が常に前提されていた。ダーウィンの「適者生存」説で文明の興亡の論理を説明しようとしたのが、社会ダーヴィニズムであった。「優勝劣敗」、優れた白人社会が植民地支配を行うのはむしろ当然のことで、野蛮で停滞した社会に文明の恩恵を与えるためにもそれは正当化された。

国民国家、植民地支配が人種主義をいかに前提としたかを指摘したアン・ストーラーは、人種主義とは、プランテーション経営によって植民地の面的支配に乗り出した西欧列強諸国が、その支配の過程で生み出してきたという。列強は個々の国家の利益を代弁する形で植民地支配をなし、お互いに激しく競争していたが、被植民者に対しては支配者という共通の利害があった。互いにフランス人とか、イギリス人、あるいはオランダ人というナショナリティで分類し合っていたが、「原住民」に対しては「白人」として向き合った。「白人」支配を正当化するために、黒人とか、黄色人種という人種的なカテゴリーが生み出された。

マイノリティ、エスニシティ、ジェンダーといった形で、近代国民国家は多数派対少数派の問題を再生産し続けてきた。人種主義は個々の国家の中に見られる現象でもあるが、より普遍的には白人対有色人種という形で、近代資本主義の支配被支配関係を表現している。支配される二級市民の階級的従属関係を正当化するイデオロギーが、人種主義ということになる。植民地的状況と人種主義的言説は、植民地ナショナリズムの変質の中にも、先進国の階級関係の中にも見出される。

第一一章　開発と環境

1　危機に直面する熱帯雨林

熱帯雨林の現状

熱帯雨林とは多様な変異を示す熱帯林のうち、最も多雨地帯に見られる植生である。同じ熱帯でも、一年中雨の多い赤道気候から砂漠に向かって、次第に雨量が減少すると同時に雨季・乾季の区別が明瞭になるにつれて、森林の構造や生態特性が変わっていく。ボルネオ島やスマトラ島などに見られる熱帯雨林は、最上層の大木の樹高が五〇メートル以上もある。しかし、より乾燥した気候で乾季の期間が長くなると、森林はだんだん低くなり、乾季に落葉する樹木が増えてくる。そういうタイプの森林は「熱帯季節林」と呼ばれ、東南アジア大陸部でよく見られるが、ジャワ島より東のインドネシアの特徴的な景観でもある。多雨林と季節林はどちらも樹木が樹冠を接してぎっしりと生える「密生林」だが、乾季が半年もあるような地方では、あまり背の高くない落葉樹が間隔を置いて生え、樹冠が連続していない「疎生林」を形成する。いわゆる「サバナ林」と呼ばれることが多い。

熱帯林の危機のほとんどが「熱帯雨林」の破壊である。人類による組織的な破壊が始まる以前には、地球の陸地面積の約四三パーセントが森林に覆われ、その五割強が熱帯林であったと推定されている。しかしながら現在の森林面積はその半分以下の三〇〇〇万平方キロである。ＦＡＯ（国連食糧機関）の調査によると、一九八〇年末で熱帯林の面積は約一九三五万平方キロであり、その内の六二パーセントにあたる一二〇〇万平方キロが熱帯雨林であった。しかし熱帯雨林は年々〇・六二パーセント、七五〇〇万ヘクタールが消失してきたが、最近では毎年一〇〇〇万ヘクタール減少していると推測されている。一九八〇年代末には地球の陸地面積の六パーセント、世界の森林面積の三〇パーセントを占めるだけに減少してきている。

熱帯雨林が注目されるのは、その平面的な面積だけではない。植物体の量（バイオマス）という考え方を導入すると、熱帯雨林のバイオマスは全森林の五〇パーセントを占めると推定されている。このことは熱帯雨林では数百年をかけて生きる密な植物群が存在していることの証明であり、こうした密なバイオマスを背景として、生物多様性を保障する緑のジャングルが形成されている。熱帯雨林を「地球の肺」と形容するのは間違いである。熱帯雨林のような安定した森では光合成によって生成された酸素の量と植物体が腐ることで排出される炭素の量は安定的に維持されているので、そこでは酸素と二酸化炭素の量には変化がない。だが大気中に占める二酸化炭素の総量は酸素に比べると少ないので、わずかの量的な変化が地球規模で大気の構成に変化を起こす。失われた森林を植林し、その森林が安定状態に達するまでは酸素の供給量が増えるので地球の温暖化防止には大きな効果がある。

地球上の森林面積の減少は東南アジア、中南米、アフリカの熱帯地方で集中的に起こっている。つまり、そうした地域の開発と大きく関わっている。タイでは一九六〇年前後に六六～六九パーセントの森林率を持っていた。それが八二年には三〇パーセントへと急激に低下した。こうした森の減少は、景観の変化だけではなく、自然環境、生活環境を大きく変えた。森が失われることで保水能力が失われ、洪水も頻発するという「人災」も増える要因となった。

サラワク先住民の闘い

イギリスの探検家ジェームズ・ブルックは、イギリス政府の承認の下、一八四一年サラワク最初の王（ラジャ）となった。ブルック家はその後一〇五年間サラワクを統治したあと、一九四六年、その統治をイギリス国王に委譲した。一九六三年、サバ、シンガポールと一緒にマレーシア連邦に加盟するまでの一七年間、イギリスの植民地であった。マレーシア連邦に加入した際、国防、治安、所得税の徴収などの財政事項と石油資源は連邦政府が直接管轄するが、土地の保有、譲渡ならびに利用と森林資源に関してはサラワク州政府が権限を有した。

一九八五年のサラワクの人口は一五四万人あまりだが、内陸に住み焼畑陸稲栽培を行うダヤク系先住民（プロト・マレー系）が四四パーセントを占め、沿岸に住むマレー系先住民が二〇パーセント、残りがマレー半島から移住したマレー系住民、中国人などである。内陸に住むダヤク系先住民のほとんどは、内陸丘陵地で焼畑農業を営んできた（一部にはプナン族など狩猟採集を行う先住民もいる）。彼らにとって土地と森林が暮らしと生命の基礎であった。ロングハウスを基盤とする彼らの集落は内奥部の川岸に散在している。川は唯一の交通手段であり、漁労活動などの重要な経済的なリソースであった。

だがこうした伝統的な生活体系は急速に変化している。マレーシア連邦あるいはサラワク州政府から押し付けられた「開発」という近代化の過程の結果、彼らの生活様式は大きな脅威に直面している。連邦あるいは州政府は彼らの住む森を伐採し木材資源を収奪した。また巨大なプランテーションを開発し、巨大なダムを建設して、彼らから慣れ親しんだ森と土地を取り上げ、後には無残に開発され、荒廃した土地が残されるのみである。

植民地支配およびその後のマレーシア加盟により、サラワクの土地制度は根本的な変化を生じた。先住民は伝統的にアダット（慣習法）によって、土地への権利、宗教、儀礼などによって彼らの生活を営んできた。アダットに基づいて共同体すべての成員には、土地利用の権利が与えられた。それは所有というような現代的な形態ではなく、あくまでも土地利用の権利である。土地に対する権利は、密林を伐り拓き、開拓した者の相続人に優先的に与えられ、その権利は土地が肥沃土を保持できるサイクルで行使された。それは土地の私的所有が資本主義経済の成立に不可欠であった市場経済とはまったく性格を異にする原理である。

サラワクの統治権を得たブルックは、先住民の土地権を制限する法令を次々に出していった。さらにイギリス統治下においてその度合いはひどくなり、マレーシア連邦に加盟してからは、先住民の慣習法に基づく土地への権利はきわめて制限され、政府の恣意のままに開発が行われ、先住民はほとんど何の保障もなく、慣れ親しんだ土地を奪われる結果となった。

先住民の土地を無制限に利用できるようになった政府は、①土地開発計画と自営農業をもたらす商業的な農業政策、②先住民の森林を侵害する木材産業の急速な拡大、③巨大なダムと水力発電所の建設、などの開発政策を次々に実行していった。①についてみると、環境に悪影響を与えるとして先住民の焼畑耕作を止めさせ、その代わりに商業的なアブラヤシの生産が重要な目標にされた。先進国での「自然」志向に伴い、「石鹸、洗剤、マーガリン、ヤシ油」など天然素材が謳いのアブラヤシの需要は急速に高まっている。だがその背後でこうした先住民の土地が奪われ、環境破壊が進行している事態の深刻さを理解する必要がある。

②についてみると、一九五三年「森林法」によってサラワクの森は、「永久林」という名の保護地と、「州有林」という名の農業その他に利用可能な森に分けられた。八四年現在サラワクの森林面積は九万五〇〇〇平方キロあり、このうち三万三〇〇〇平方キロ（全森林面積の三四パーセント）が永久林で、州有林および六つの国立公園が残りを占める。永久林は保存林、保護林および共有林に分けられている。保存林は木材や他の産物の恒久的な生産地とされている。保存林への立ち入りは許可証が発行された場合を除いては禁止されており、先住民が農耕、狩猟、漁労あるいは林産物の採取をすることはできない。保護林では一定の条件の下に先住民の慣習法的な権利を保護している。共有林は定住生活をしている村落のために設けられた。八四年の時点で、永久林のうち保存林が八〇〇〇平方キロ、保護林が二万四〇〇〇平方キロあるのに対して、共有林はわずかに五六平方キロに過ぎない。五三年森林法は、実際には、指定地域での先住民の焼畑農業と慣習的権利の行使を禁じたものである。州有林が自由放任であるのに対して、永久林はより監督、規制されている。だがその設定は広大な森林を先住民の使用から「保護」しているに過ぎないのであって、木材伐採会社が自由に伐採できるような抜け穴がそこには準備されていた。

八七年狩猟民族であるプナン族の人々が、伐採現場に通じる道路を封鎖し、世界を驚かせた。彼らは先祖代々生活してきた土地に伐採業者が入り込み、彼らの必要とする果実や薬などの取れる木が切り倒され、動物がいなくなったことに抗議をしたのである。道路封鎖にはプナン族だけではなく、陸稲栽培をするイバン族やカヤン族の人々もいた。彼らは当初伐採の不当性を当局に手紙などで訴えていたのであるが、まったく相手にされず、こうした最後の手段で抵抗せざるを得ないまでにおい込まれたのである。当局と木材会社は正当な立退き料も払わず、村の有力者を買収して内部の切り崩しを行い、森林伐採を強行している。

表11—1を見てみよう。これは世界の熱帯材の主要な輸出国と輸入国を円グラフで示したものである（一九八六年統計）。このグラフを見ると、マレーシアが熱帯材の何と七五パーセントを輸出しており、日本が五〇パーセントを輸入していることが一目瞭然である。さらに、表11—2を見ると、日本が輸入する南用材の一九五〇年から八九年までの主要輸入国が示されている。この図で重要なのは、七〇年まではフィリピンからの輸入量が最も多いが、次第にインドネシアからの輸入量が多くなり、フィリピンからの輸入量は激減していることである。フィリピンの熱帯林を伐り尽くしたのである。そして八〇年以降はマレーシアからの輸入量が第一位を占めるようになる。だがマレーシアといっても実際は、サバ、サラワクからの輸入量がほとんどである事実がこの表でわかる。

ここでいう南洋材というのはいわゆるラワンなどのことである。戦前日本は樺太材などを輸入していた。ラワンは熱帯雨林中最大の木であるが、材としてしては柔らかく、戦前まではあまり利用されてこなかった。チークなどの硬い木が主に利用されてきたが、チーク林をほとんど伐り尽くしたこと

表11-1　世界の熱帯木材の主要な輸出国、輸入国（1986年）［黒田：1992］

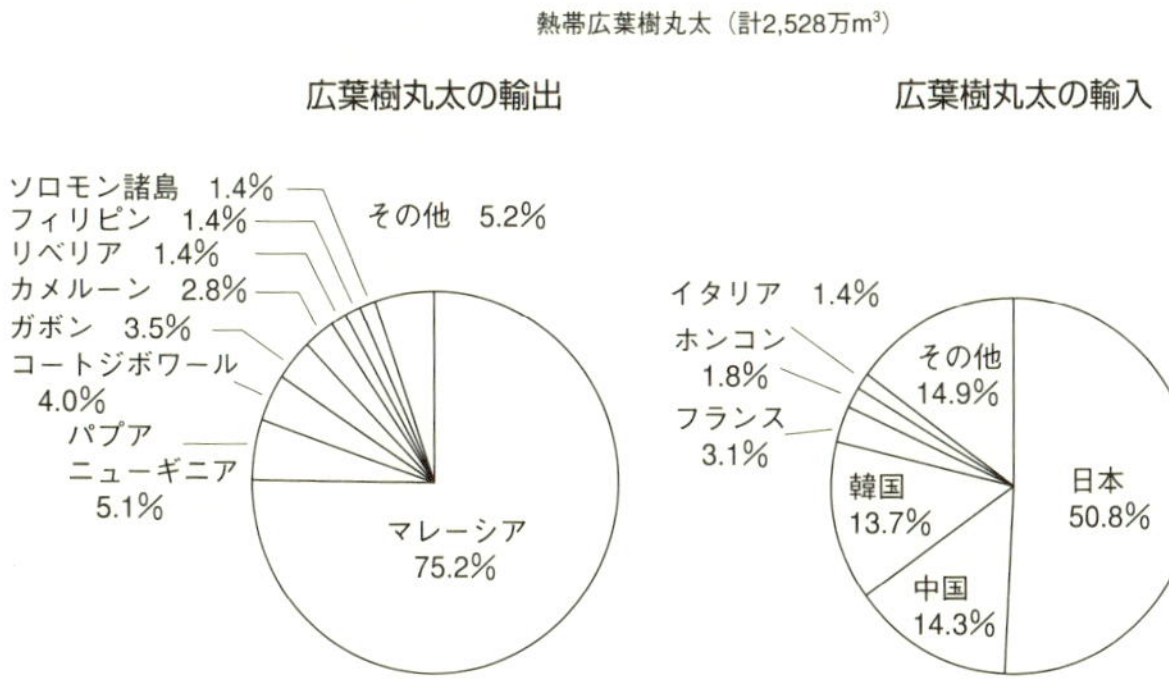

表11-2　日本の南洋材諸国からの丸太輸入（単位：1000m^3）［黒田：1992］

年	総計	フィリピン	マレーシア				インドネシア				その他
			小計	サバ	サラワク	マレー	小計	カリマンタン	スマトラ	その他	
1950	119	111	8	8	—	—	—	—	—	—	1
55	2024	1846	160	160	—	—	18	—	—	18	—
60	4682	3475	1145	1025	100	20	17	15	—	2	3
65	9306	5632	3471	2806	644	21	104	57	26	21	99
70	20238	7542	6020	3960	1872	188	6091	4931	797	363	585
75	17333	2853	6660	5958	702	0	7928	5386	1316	596	522
80	18955	1073	8580	6306	2260	14	8639	5438	1578	1623	663
85	13001	510	11293	5892	5395	6	138	85	5	48	1061
88	11655	33	10621	5351	5260	11	—	—	—	—	1001
89	12560	52	11323	4641	6683	—	—	—	—	—	1184

注：「その他」は、パプア・ニューギニア、ソロモンなど。

と、ベニアなどの合板への加工技術が確立したことで、戦後ラワン材が急速に伐採され出した。

インドネシアからの輸入統計を見ると、八五年に激減し、八八年以降は輸入量がゼロとなっている。これはインドネシアが熱帯林の伐採を禁止したことではない。実際はスハルト政権による開発政策の一環としてインドネシア国内でスハルトに近い木材会社の手で伐採された熱帯材を、ベニアなどに加工したものを、主に日本に輸出しているのであって、熱帯林の伐採がなくなったわけではない。むしろ事態は悪化している。

こうした事実を見るにつけ、世界の熱帯材の半分を消費している日本の責任は大きくなる。日本は敗戦後の住宅用木材と、六〇年以降の高度経済時代下の建設ラッシュで大量の熱帯材を輸入するようになった。その背景には国産材と比べると熱帯材が「安い」という単純な事実があった。ここにトリックがある。熱帯材を「安い」というのは、熱帯材を伐採し、それを港まで運び、日本に輸出するまでのコスト計算をした結果が、国産材よりも安いという話である。だが熱帯林の中に住む先住民の権利はまったく保障せず、その立退き料もほとんど払わない。また熱帯林が果たしてきた地球環境を保全する役割にはまったく思いがなされていない。森林の持つこうした「社会的共通資本」としての役割を充分に評価すべきである。「安い」熱帯材に押されて国産材の需要はなくなり、日本の森は荒れ放題になっている。熱帯材の大量消費は熱帯の自然破壊のみならず、日本の森を荒らしていることにも通じている。

コモンズとしての森

インドネシア領ボルネオ（カリマンタン）に住む人口四万あまりのケニァ族はダヤク系の先住民である。ケニァ族による慣習的森林利用様式は、人（主体）と森林（環境）との相互関連の全体、すなわち「森林システム」と見なすことができ、それは三つのサブシステムからなる。

第一は「焼畑システム」である。この資源構造の特徴は、その年に行う焼畑林と種々の段階にある休閑林がモザイク状に分布していて、自給用の陸稲が栽培される。第二は「共有林システム」である。

ここでは焼畑農業が禁止されている慣習的共有林の中で、建築用材、カヌー用材、棺桶用丸太などを生産する。第三は「他のシステム」で、森林での沈香、籐や果実の採取やイノシシ、シカ、大型爬虫類などの狩猟や漁猟などが含まれる。

ケニァ族は焼畑跡地の循環利用のために、焼畑後の植生をその遷移の段階に応じていくつかに区分し、命名している。陸稲の収穫直後を「ベカン」、まだ林内に多数の草が残っている叢林を「ジュエ・ドゥミット」、樹冠が閉じて草が少なくなり樹木の幹が人間の太股以上の大きさに回復した二次林を「ジュコゥ」、さらに木が大きくなり最初に生えた陽樹で枯死するものも出始める二次林を「ジュコゥ・ラタッ」、そして見かけ上原生林と変わらない状態を「ウンパッ・チェン・ジュコッ」と区分している。彼らは一回陸稲を栽培した後畑を休閑させる。そして自然の植生遷移に任せ、「ジャコゥ・ラタゥ」になったら再び伐採し、焼畑農業を営む。

焼畑跡地が再利用できるまでに回復する年数は場所によって異なる。だいたい一〇数年で再利用されるが、中には三〇年という長い休閑期を置く場合もある。要は、植生がどの程度回復したかによってサイクルを考えるわけである。ところがこうした充分な休閑期を置く伝統的な焼畑耕作は急速に困難になってきた。中には樹冠が閉じないまま、また下草がまだ繁茂している叢林のまま再利用する人々も出てきている。ここでは森の過利用状態が出現している。

共有林システムにも変化が見られてきている。各村とも歩いて一～二時間の範囲内に一～三個所の共有林を持っている。村人は基本的に自由にそこで用材を伐採できる。多くの場合、胴回り以上の大径木を利用している。利用したい樹木を見つけた人は、山刀で木に目印を付けるか、あるいは樹の脇に目印を立てる。他人が目印を付けた樹は勝手に伐採してはならない。このようにして入念に管理されてきた慣習的共有林の林相は、近年になって次第に貧弱になってきた。あまりも林相が貧弱になった結果、村人が協議して、焼畑用耕地に転換した事例もある。

コモンズ（共有地、入会地）というのは、「私的所有や私的管理に分割されない、また同時に国や地方の公的管理に包括されない、地域住民による自治的管理による地域空間とその利用関係」とここでは定義しておこう。上で見てきたケニァ族の森の利用法を見てみると、コモンズにもその利用法と管理の仕方に差があり、それに応じて、コモンズ自体の持続性にも差が出てくる。つまり、ケニァ族に見られる「焼畑システム」と「共有林システム」では外的な要因あるいはその管理法の不徹底によって、持続性が破壊される。ところが「他のシステム」ではいわば「森の果実（＝恵み）」だけを人間がいただくわけだから、持続性が維持されやすい。

よく熱帯林破壊の元凶は現地人の行う焼畑耕作だと非難されるが、それは正当な批判ではない。焼畑耕作は熱帯林という自然環境に非常に適合的な生産様式であった。その生産性は低いものの、そうした方式でしか人間は熱帯雨林と調和して生きていくことはできなかった。だが、熱帯林のエコ・システムをまったく無視した「開発」の時代になって、急速に熱帯林の伐採が進み、その結果焼畑適地が少なくなり、過剰な焼畑耕作状態が進んだのであって、焼畑耕作そのものが熱帯林の破壊を最初にもたらしたのではない。

森を食べる

インドネシアの農村では、民家の周囲にバナナやパパイヤ、ヤシ、ジャック・フルーツなどの果樹が植えられている。この屋敷の周りを囲む樹林を「プカランガン」といい、「ホーム・ガーデン」「キッチン・ガーデン」と英訳されている。プカランガンには、家屋の周りに用材・薪炭のための高木が植えられ、その下に果樹・野菜・穀類などの作物、薬用植物・園芸植物などが植えられている。プカランガンの中央に池があり、コイなどが飼われている。

ある村の調査によると、六〇〇種以上の植物がプカランガンに植えられていた。プカランガンとは「裏庭の畑」というようなものではまったくなく、住民は主食の米以外のものをプカランガンから得ていて、「樹木菜園」と訳す方が適当だろう。果実・野菜は食事の時に採ってくるし、余れば換金する。ジャック・フルーツやマンゴーは果樹であると同時に、必要な時は切り倒して用材として利用する。ジャック・フルーツの材質はマホガニーに似て、硬くて良いそうだ。カポックはその実からパンヤ棉を採ると同時に、よく伸びる枝を定期的に切り落として薪にする。ギンネムは主に枝を薪用に利用するのだが、若い葉や莢は野菜として食べられ、家畜の餌としても重要だ。西ジャワでは一軒平均〇・三ヘクタールのプカランガンを所有しているが、基本はプカランガンの外に水田を持っていることである。プカランガンはあくまでも水田耕作地の中の「自然」である。

プカランガンは村の中の擬似自然であるが、このプカランガンが熱帯林の再生に応用できる可能性が指摘されている。ユーカリ、アカシアなどの早生樹だけではなく、フタバガキ科（ラワンなど）のようにゆっくりと生長する樹種や果樹、林床に薬用植物や根茎野菜などを混植することで、多様な産物が得られることが期待できるだけでなく、失われた森の回復も期待できる。

2 水辺の危機

エビ養殖とマングローブ林の危機

マングローブ林は熱帯や亜熱帯の沿岸地域に、根元が海水につかって繁っている森林である。陸上の植物は塩分に大変弱いが、マングローブ植物は海と陸を結ぶ感潮域〔海水と淡水の交じり合う地域〕にしか生息できない。普通陸上植物の根は水を求めて地中に広く深く伸びているが、マングローブの根は海水域、あるいは不安定な泥土という環境条件ともかかわって、独特な形状を発達させた。マングローブ林は、広い意味での熱帯林を構成している。熱帯では水辺のマングローブ林が次第に陸上植物にとって代わられ、濃密な熱帯雨林のジャングルを形成する。マングローブ林は人類の居住空間としては適さないが、川の上流から常に栄養分が運ばれてきて、海の生物を育てる適地である。複雑に発達しているマングローブの根は小魚やエビの稚魚に格好の隠れ場を提供した。広大な泥地には貝やカニ、ゴカイなどの動物が豊富に存在し、水鳥の餌場として重要である。

こうした生態学的な特徴を持つマングローブ林を人類は種々の形で利用してきた。ニッパヤシは葉が地面から叢生する幹のないヤシで、マングローブ林の後背地に生育している。葉は家の屋根や壁材として利用され、大きな果実は生食できるし、その花軸から出る樹液から酒や砂糖も作られる。その他硬いマングローブ材の特質を生かして、建築構造材、燃料、染料、薬用など多岐にわたる利用法がなされている。マングローブの硬材からできる炭は近年「南洋備長《なんようびんちょう》」と呼ばれて輸入され、焼鳥屋などで使用されている。備長炭とはウバメガシなどから作られる最高級の炭のことである。

一九七〇年代以降、スーパーマーケットなどで冷凍エビが非常に安く売られている。そうしたエビのほとんどが東南アジアからの輸入物で、養殖エビである。その背後に広大なマングローブ林の破壊という深刻な現実がある。日本人は、世界で取引されるエビの四割を消費している。日本ではエビは縁起物として珍重されてきたが、七〇年代以降の変化には日本経済の構造変化がその背景にある。つまり、七〇年代に日本の貿易黒字問題が起こると輸出に見合う輸入をする必要が出てきて、その差額を埋めるための商品として、割と高価なエビを大量に買い入れるようになった。

こうした需要に応えるために、エビ生産工場的な養殖池を作るためにマングローブ林が次々に破壊されている。これは、日本のクルマエビ養殖が起源である。人工池の中にたくさんの稚エビを放流し、人工飼料によって育てるやり方で、その後台湾で普及し、それが東南アジアに伝わった。しかし、一つの池で非常にたくさんのエビを飼うため、エビの病気を誘発し、また土質も悪くなり、早ければ三年で廃棄される。すでに台湾ではほとんど生産できなくなった。たとえばタイでは、二〇〇万ヘクタールあったマングローブ林が、この二〇年間で半分の一〇〇万ヘクタールになったが、それでも養殖は続けられている。

トロール船による底引き網漁法でエビをとると、エビ以外のものが多くエビは少ない。漁師は、売れるエビ以外の魚を商品価値がないと見なし、残りの魚は海に全部捨ててしまう。気温が高く、船の中の冷凍施設は限られているため、高級なエビしか冷凍保存しない。トロール船がこうして海の資源を根こそぎさらっていくので、小さなカヌーで行う投網漁や、刺し網漁で生活している漁民は大打撃を受けている。このままでは海の資源が完全に枯渇する恐れがあるため、トロール船を禁止する地域も出てきた。

一方東南アジアでは古くから、海辺にあるマングローブ地帯を伐り拓いて養殖池を作っていた。もともとは、食用にミルクフィッシュという高タンパクの魚を育てていたものだが、海の潮に乗って稚エビが入ってくるので、エビを養殖し始めた。人間がマングローブの生態系を破壊しない程度にうまく利用しているので、持続的な経済という観点から評価できる。

低湿地帯の開発とその危機

東南アジア大陸部からジャワ海沿岸にかけては水深の浅い「スンダ域」と呼ばれる海域で、氷河時代には大陸と陸続きとなった。モンスーン気候下の大陸部デルタは森を完全に失っているが、島嶼部の低湿地は森で覆われ、また泥炭が厚く堆積している。そこに住む人々の生業も、森や海とのかかわりが強い。泥炭湿地林の中は地上五〇メートルほどの空間に何層もの樹冠が重なっているので、地表に到達する光は減り、林内は薄暗く下草はない。熱帯多雨林は古来珍重された香料の産地である。樟脳の香りに似た竜脳、焚香としての沈香、安息香などが採取される。さらに樹脂が採れる樹があり、住居、魚柵用材とロタン（籐）が重要な産品である。

こうした生態学的な特徴を持つ湿地林は人間活動に適さないが、ムラユと呼ばれる移動性の高い人々はその生態環境に適応した民族である。彼らは泥炭湿地を燃やして開墾することはしない。そういう開発をすると、倒れたまま泥の中で朽ちずに残っていた大量の倒木は燃え、泥炭層は跡形もなく消えてしまう。農耕民的な土地利用法が通用しない。ムラユ族の人々は、林の中の貴重な香木を採取し、有用な産物を集め、転々と場所を変える焼畑耕作を行ってきた。陸化干潟のマングローブ泥も下手に農耕地化すると、湿地で保たれていた酸化・還元系のバランスが崩れ、硫酸に浸された土地へと一挙に変わる。ムラユ文化の特徴は、杭上集落《こうじょうしゅうらく》に示されるように大きな町が発達せず、海を媒介として広い世界と結びついている。

こうした生態学的特徴を持った低湿地帯に、インドネシア政府はトランスミグラシ〔英語のトランスイミグレーション〕という移民を送り込み、そこをジャワ的な土地利用法を推進しようとしてきた。一九世紀中葉からジャワでは急速に人口が増加した。二〇世紀初頭にはジャワから「外島」〔ジャワ以外の島々〕への移民が開始された。北スマトラのプランテーション地帯への移民がその典型である。本格的なトランスミグラシはスハルト政権によって一九六六年以降行われた。ジャワやマドゥラ島の土地のない貧しい農民や、都市に流失してきてスラム街の都市貧窮民が半ば強制的に移住を余儀なくされた。

移住先は二つに大きく分けられる。一つは熱帯雨林を伐採して荒地になった土地への移住である。彼らはそうした土地へ移住してまず焼畑を行い、次第にコショウやアブラヤシなどの換金作物を栽培し出す。移民は政府から三年間は米、種もみ、農機具などを支給される。だがインドネシア政府内での不透明な操作で、そうした支給品が末端まで全量届けられるのは少ない。また移住先では本来焼畑耕作民が住んでいたのであるから、トランスミグラシとしてやってきたジャワ人などと対立が起きた。

図 11-1　バタンハリ川下流域土地利用現況図（1989年）［古川：1992］

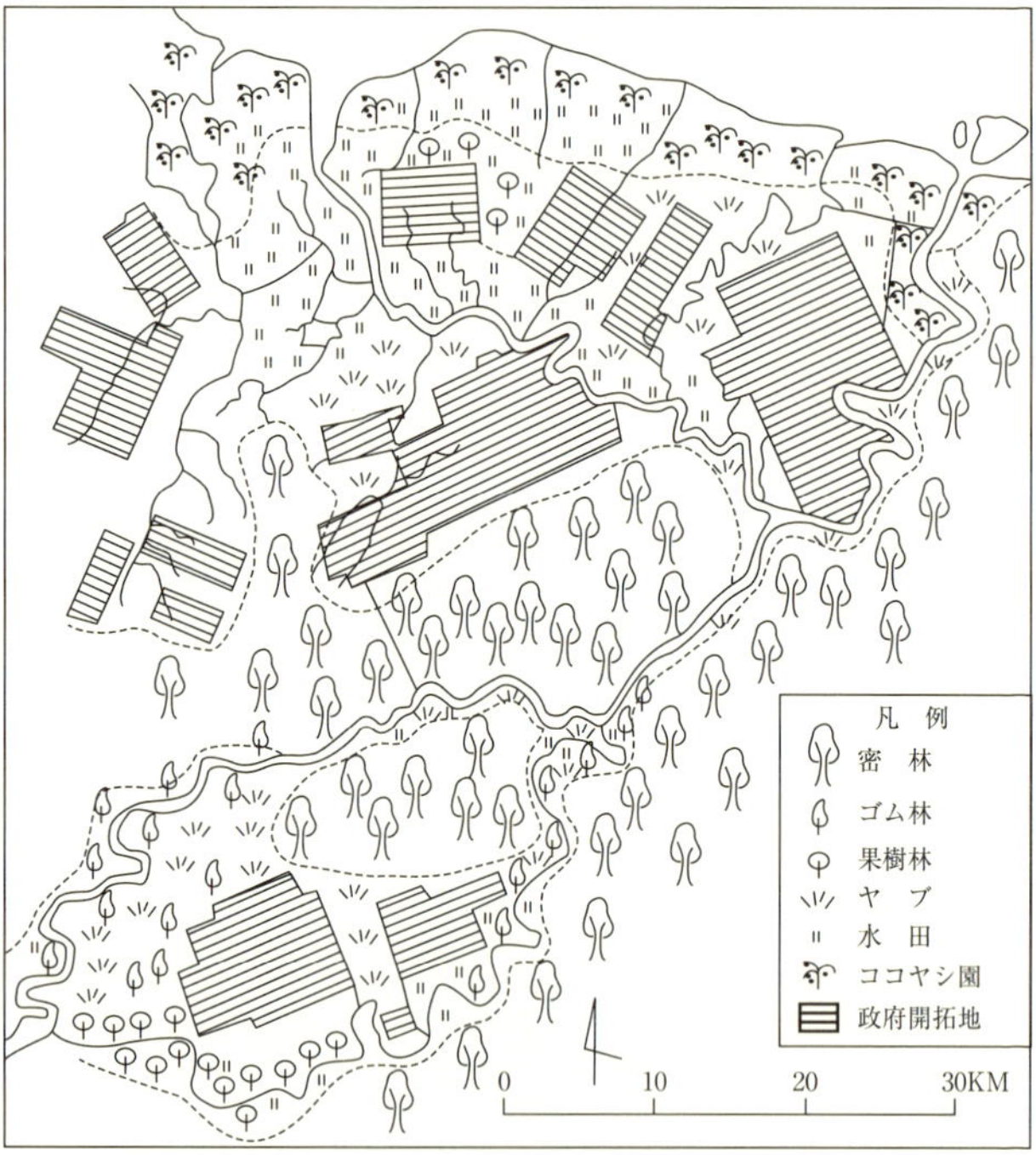

もう一つの移住先として、スマトラやカリマンタンの低湿地帯があげられる。図11—1は八九年時点でのスマトラ島・バタンハリ川河口部における政府開拓地の土地利用の現況図である。広大な森林地帯は姿を消しつつあり、デルタ地帯は完全に姿を消した。林が残っているのは深い泥炭地帯であるため開拓の対象外とされたバタンハリ川南東部のみである。図11—1によって、集落・農地・林の実態を概念的に理解できる。ムラユは川の中に杭上家屋を作り、その上に住んでいる。陸地は干潟で、満潮時には湛水するので、水稲を植えるには好都合である。この稲は雨季作である。ところどころサゴヤシがある。海から一キロほど入ると土地が高くなり、満潮でも冠水せず、ココヤシ栽培の好適地となる。

インドネシア政府による大規模なトランスミグラシ政策以前にも、低湿地帯の開発は行われてきた。一九世紀、スラウェシのブギス人の移民でも、彼らはムラユと同じく、定着的な農業は行わなかった。その後ブギス人や中国人によって、感潮帯に排水路を掘削し、大きな干満差を利用して悪水抜きと潮汐灌漑を行う方法が考案され、従来の焼畑に代って水田耕作が行われるようになった。こうした開発の過程で出現した港や町、創出された農地は現在まで安定的に残されている。

だが、世界銀行や官庁テクノクラートが開発の主体として登場する一九六〇年代以降になると、彼らは多数のトランスミグラシを入れ、感潮帯内部に固定的な農地を創出しようと試みた。ところがこの方法だと開発された農地がまったく生産性を失ってしまう場合が続出した。湿地帯の生態学的特性をまったく考慮しないで、農耕民的な発想で開発を強行してしまうと、湿地帯が持っていた多様な可能性は一気に失われ、後に破壊された自然が残るのみである。水田以外の土地利用、たとえば、サゴヤシ栽培、養魚、アヒルやニワトリの飼育を含めた多角的な土地利用を考えることが必要だ。

3　屋久島――「共生の島」の開発と環境

宇宙樹としての森

屋久島を代表するものに縄文杉がある。ある記録を信じて幻の大杉を探し続けていた故岩川貞次氏によって一九六六年発見されたこの杉は、しばらくは発見者が名づけた「大岩杉」と呼ばれていた。岩川氏は六九〇〇年という樹齢を推定したが、九州大学のある研究者は七一〇〇年という樹齢を推定し、最終的には環境庁が「七二〇〇年説」を打ち出した。その根拠は、年輪が正確に分かっている屋久杉の口径と樹齢との相関関係から演繹して、七二〇〇年という樹齢が決定された。だが、その前提には縄文杉は合体木とか、二代杉、三代杉ではないことが必要である。縄文杉は次第に屋久島の象徴として有名になり、詩人、山尾三省が「聖老人」という縄文杉賛歌を七六年に書いて以来、ユンクのいう「元型」的イメージを付与されるようになった。

縄文杉の正確な樹齢は決定できない。その内部が空洞化しているからだ。それでもいくつかの証拠から七二〇〇年説は根拠がないことを主張できる。今から約六三〇〇年前に鬼界カルデラ〔現在の鹿児島県三島村付近を中心とする火山〕が大爆発した。この時の火山灰は広く日本列島を覆い、「アカホヤ層」という特徴的な地層を形成し、考古学の年代決定の大きな根拠とされている。屋久島全体がこの時大火砕流に襲われ、屋久島の自然は大きな影響を受けた。もし縄文杉の樹齢が七二〇〇年であると、樹齢一〇〇〇年あまりに生長していたはずの縄文杉は、この大火砕流はまず生き残れない。次に、「炭素一四法」を用いた縄文杉の樹齢測定がなされた。結果はバラバラで、最高二一〇〇年程度の樹齢しかでなかった。陽樹である杉はすっと大地にそそり立つのを特徴としているが、縄文杉は杉とは信じられないぐらい寸胴な姿をしていて、その異形さが際立つ。こうしたことから縄文杉は二〇〇〇年ほどの樹齢で数本の合体木という説が出されている。

屋久島に生える天然杉のうち、樹齢七〇〇〜八〇〇年以上の杉を屋久杉という〔俗に一〇〇〇年以上を屋久杉と呼んでいるが、それは切りが良いのでそういわれているだけだ〕。それより樹齢の若い杉を小杉という。これは樹種の違いではなく、形状、年輪の緻密さなどから区別される。長い年月のうちに台風や落雷などに晒されるので屋久杉には、幹が途中で折れ、樹枝のない欠損体が多い。

屋久島には縄文杉に代表されるような巨木に対する信仰があったのではないかと推測されるが、それは間違いである。屋久杉と小杉の区別は、禁じられていた奥岳域の杉伐採が本格的に始まる江戸時代につくられたようだ。地杉（平地に人間の手で植えられたもの）と岳杉（自然に生長した杉）という分類は今でも使われる。その当時伐採された岳杉は、山中で平木などに加工されてから、人力で麓に運ばれた。良材をとるという目的からすると、内部が空洞化し、瘤が発達した屋久杉よりは、樹齢三〇〇～五〇〇〇年の小杉の方が圧倒的に優れていた。そのため江戸時代には小杉が好んで伐採された。縄文杉などの巨大な屋久杉が残されたのは、それが巨樹であり神聖であるから伐採されなかったのではなく、単に良材が採れないからであった。

屋久島には「前岳」「奥岳」という言葉がある。周囲一三〇キロの丸い屋久島の海岸平野部からいきなり海抜八〇〇～一三〇〇メートルの前岳がそびえている。古来人間の活動はこの前岳部に限られていた。里山といった場所である。奥岳とは、前岳に囲まれた山岳部のことである。この奥岳には江戸時代まで人の立ち入りが禁じられていた。シカやサルを追ってたまに入ってくる猟師や、「岳参り」という春秋年二回の参詣登山で人が立ち入る以外は、禁断の世界であった。

岳参りとは、常世へと続く海岸で身を清めた人々（初潮を過ぎた女性は山が汚れるという理由で参加できなかった）が、村の前岳と奥岳に登る。彼らは山で一、二泊し、石楠花の枝を手折って下山し、村境で「さかむかえ（境迎え）」を受けた後、日常世界に戻った。屋久島で「山の神」とは日本本土で広く見られる農耕神的なものではなく、それは山岳霊というほどの存在であった。森は巨木があるから神聖視されていたのではなく、奥岳全体が一つの神聖な空間として見なされていたから、森と山は神聖なのであった。山姫、ヤマワロ〔山和郎〕、オンジョ〔老猿〕などの超自然的な存在が跋扈する脅威の世界であった。

奥岳域の杉が公然と伐採され出したのは、検地が徹底された江戸初期以来である。米の採れない屋久島では米を供出する代わりに、奥岳の杉を伐採してそれを年貢代わりにした。各集落は自身の管理する山を持ち基本的にはその中で伐採していた〔入会、コモンズ〕。明治に入ると地租改正で屋久島の森は大部分が官有林に編入され、大正時代に入ると国有林として営林署の伐採事業が本格的に始まった。けれども、昭和二八〔一九五三〕年までの伐採は、斧と鋸を使った手作業でなされる択伐であった。その頃までは屋久杉〔岳杉という意味で屋久杉も小杉も含む〕は根元に大きな足場を築いてから、地上数メートルの高さで伐採した。これは山の傾斜がきついので、根元の周囲に平面を作ろうとすると、勢いこうした設備が必要であった。

こうした伐採法は屋久島の生態系の維持に大きな効果を果たした。屋久杉は樹脂が非常に多い杉で、伐倒された杉でも表面は苔むし幾分か腐るが、内部は何百年経っても腐らずに残る〔これが屋久杉工芸に利用される土埋木である〕。たとえ屋久杉は伐採されても、その根は残り、土壌が流出するということはない。またその土埋木は次の世代が生長する苗床としての役割を果たした〔倒木上更新〕。

またこうした手作業の時代には「樹霊」の存在が信じられていた。普通伐採には三〜四日かかった。伐り倒す前の日に、あらかじめユズリハや米、塩、塩漬けした魚などを準備する。木が倒れるといち早く樹齢をユズリハに移し、お供え物をささげ、樹霊が空中に漂わないようにした。

屋久島は古来海上交通の目印として、また水や食糧の補給基地、悪天候時の避難港として大きな役割を果たしてきた。そのため平安末期に式内社の益救《やく》神社が造営された。屋久島はこうした鎮護国家的な神社信仰の重要な場所と考えられてきたのであるが、そうした位置づけは屋久島に住む住民のものではない。むしろ、古来種子島などにおかれていた屋久島を遥拝する「遥拝所」などの方が、屋久島の信仰上の位置付けには重要である。つまり、幾重にも重なった山塊全体〔八重岳〕が、天と地それに海を結び付ける「宇宙樹」として存在した。『古事記』に、現在の堺市富木《とのき》にある木があまりにも大きいので、朝日に当たったその影が淡路島まで及び、夕日に当たるとその影は大阪府東部の高安山を越えた、と記述されている。こうした天をも貫く木が神話時代には考えられており、それが宇宙樹である。だから屋久島全体を一つの木、あるいは山岳と考えると、岳参りのような参詣登山がなぜ行われるようになったかがよく理解できる。

開発政策のバランスシート

屋久島の自然が危機的な状況に陥るのは、昭和二八年以降、営林署が屋久杉伐採にチェーンソーを導入してからである。それ以前にも少しずつ伐採技術の改善は行われていた。大正一二〔一九二三〕年、安房—小杉谷間に森林軌道が完成し、伐り出した屋久杉の搬出に大きな威力を発揮した。小杉谷は面積一六平方キロ、年間降水量七〇〇〇ミリ超の屋久杉生育の最大の適地であった。チェーンソーの導入は、この小杉谷での屋久杉伐採を飛躍的に増大させた。また従来省みられてこなかった雑木をパルプに加工する技術が完成すると、山の尾根筋だけを残して、山膚をなめるように伐採していく

「大面積皆伐」が小杉谷だけではなく、前岳を含めた屋久島のほとんどの地域で進行した。周囲の木を完全に伐り尽くした営林署の小杉谷事業所は昭和四五（一九七〇）年閉鎖された。屋久島での伐採は昭和三八年から四七年の一〇年間に集中豪雨的になされた。皆伐された跡地には杉が植えられた。そのため山が荒れ、里での土石流の多発に通じていった。また多様性を失った山では、シカやサルが人里に下りてきて、深刻な食害を起こした。

屋久島は世界でも最も雨の多い地域の一つである。屋久島の豊富な水を利用して水力発電を起こし、それによって地域の開発をやろうという計画は戦前からあった。それが実現するのは、久保田豊の力による。久保田豊は戦前、朝鮮半島のアムール川開発などを手がけ、戦後はアジア各地で多目的ダムを造り、それによって現地の総合開発を資金援助する形で日本の戦後賠償問題を解決しようとした中心人物である。久保田は大きな川を見るとダムを造り、それによって電源を開発し、洪水を防ぎ、工業用水・農業用水を安定的に供給することで総合的な開発ができると信じていた。彼の頭にはアメリカのTVA計画があり、それを日本とアジアでもやろうとしたのである〔ビルマのサルウィン川開発がその手始めになった〕。日本のODA〔政府開発援助〕は久保田豊の構想に倣っている。

久保田豊の企画に日本鋼管や小野田セメントなどの資金参加で始まった屋久島電源開発は、安房川の支流にダムを建設し、最大出力二万三〇〇〇キロワットの水力発電をおこした〔その後二基目が建設された〕。そして、昭和三五（一九六〇）年、化学工場が建設され、電気を大量に必要とする化学製品を生産し始めた。これを契機に屋久島の道路、港湾、空港の整備が急速に進んだ。また営林署による林道建設も急速に進み、屋久島は急速に近代化されることになった。

こうした開発によって、インフラは確かに整備され、「便利になった」。屋久島内部の交通事情だけではなく、鹿児島や東京、大阪などとの接続も格段によくなった。だが、こうした開発政策は雇用とか収入の増加という点では期待されたほどの貢献をしなかった。こうした工場が離島に立地するメリットは、豊富な電力という一点のみであった。日本が高度経済成長するにつれてその波に飲み込まれ、また急追してきた韓国や中国製品に押されて失速し、今や創業時の熱気はほとんど消え失せてしまった。また工場から排出される煤塵が周囲に被害を出している。

世界遺産からの教訓

近代科学による屋久島の「自然」の評価は大正一三（一九二四）年に遡る。屋久杉の原生林は国の特別天然記念物に指定された。一九六四年、屋久島は霧島国立公園に編入され、霧島屋久国立公園として成立した。七一年には環境庁の原生自然環境保全地域にも指定された。そして九三年世界自然遺産に登録された。だが皮肉なことに、屋久島の「自然」への評価は、屋久島の自然の危機に呼応するかのように高まっている。奥岳域の一部（国立公園第一種特別保護地域に相当）の特別天然記念物指定は、営林署による国有林経営時代の幕を切って落とす露払いであった。一九六四年霧島屋久国立公園に指定されたのは、戦後の乱伐時代を迎えて山の荒廃を憂える生態学、霊長類学などの研究者からの働きかけが大きい。そして世界遺産登録は、もっと巧妙な戦略に基づいていた。

屋久島が世界遺産に登録されたのは、登録に先だって鹿児島県が屋久島を「環境文化村」として位置づけ、猛烈に運動をした結果である。財政的な理由から日本は世界遺産加盟を長く拒んでいたが、鹿児島県のこうした動きに促されてやっと加盟に動いた。屋久島、白神山地の登録後、京都、広島（原爆ドームも含められている）などが世界遺産に登録されたので、日本の基本姿勢を動かした鹿児島県の政策はこの点では成功したといえよう。「屋久島が世界遺産に登録された」といういい方は厳密にいえば間違いである。屋久島の「一部」、従来の国立公園域をやや上回る、面積的には屋久島の約「五分の一」の一〇〇平方キロあまりが指定されたに過ぎない。

ユネスコの発想には、自然と文化というのは最初から截然と分けられている。それは従来ユネスコの世界遺産の自然部門に登録されている地域はほとんど、まったく人の住んでいないいわば「手つかずの」自然であった。だが、オーストラリア北部の世界遺産カカドゥ国立公園内のウラン開発問題で、先住民であるアボリジニの土地に対する権利と世界遺産そのものの保護問題が今緊急の課題となってきたのを見ても、あるいはアメリカのヨセミテ国立公園のように、先住民を追いだして、「純自然の公園」を創りだして保全した過去を見ても、自然と文化を切り離して考えるということが虚構であることが明白になってきた。

鹿児島県の「環境文化村」構想の基本は、屋久島を三つのゾーンに分けている。このゾーン化（ゾーニング）の基本は、ユネスコの原生自然保護の思想であって、コアという原生自然をバッファーという環状部が取り巻き、その外に人間の活動部があるべきだとされている。いい替えると、屋久島の空間は、純自然（コア）／近自然（バッファー）／人間活動域といった基準で分けられている。こうしたゾーニングは、一見きわめて合理的な根拠があると考えられるが、落とし穴がある。麓から、つまり、鹿児島県のいう生活文化ゾーンから環境保全の努力をしないと、屋久島の自然の保全は完全にはできない。

岳参りの時代の自然観による屋久島の空間認識と、こうしたゾーニングによる違いは歴然としてくる。昔は、海／里／前岳／奥岳と分類はしても、海も、山も里も一体だと認識していた。ところが現在のゾーニングでは、そうした一体感は失われ、自然の中に生きる、あるいは自然と共生する視点はまったく表に出てこず、自然と人間、あるいは自然と文化はまったく異なる領域に属するものとして位置づけられている。

屋久島の課題は、世界遺産にふさわしい自然と景観を保全しつつ、同時に島に住む人々の生活もなりたちうる方策を追求することである。屋久島は一九九六年よりゼロ・エミッション計画〔投入された資源を廃棄物として捨てるのではなく、リサイクルして利用するシステム〕のモデル地区となり、種々のプロジェクトが始まっている。アメリカで実験された「バイオ・スフィア計画」を強く意識させるこうしたプロジェクトが、どのような成果をあげるかはまだ予断を許さない。屋久島を訪れる観光客が、縄文杉や奥岳に何の制限もなく登っている。縄文杉のこれ以上の荒廃を防ぐという目的で展望台がつけられたが、そのミスマッチは滑稽なほどである。また、宮之浦岳登山道は増加する登山者に踏みつけられ、そこを風雨の侵食が重なって周囲よりも一メートル以上も陥没してきている。海抜一六〇〇メートルの高層湿原、花之江河《はなのえご》も、登山道からの土砂が流れ込み荒廃が目立つ。世界遺産にふさわしい「共生の島」として自立するにはまだまだ長い階梯が必要である。

【参考文献】

●第一章

江渕一公　二〇〇〇年『文化人類学――伝統と現代』放送大学教材
エルツ、ロベール　一九九三年『右手の優越』吉田禎吾他訳、垣内出版
太田好信　一九九八年『トランスポジションの思想』世界思想社
大塚久雄　一九九一年『社会科学の方法――ヴェーバーとマルクス』岩波書店（新書）
萱野茂　一九九三年『アイヌの昔話』平凡社
ギアツ、クリフォード　一九八七年『文化の解釈学Ⅰ、Ⅱ』岩波書店
クラックホーン　一九七一年『人間のための鏡』サイマル出版会
クーパー、アダム　二〇〇〇年『人類学の歴史――人類学と人類学者』明石書店
サピア、エドワード　一九九五年『文化人類学と言語学』池上嘉彦訳、弘文堂
シービンガー、ロンダ　一九九六年『女性を弄ぶ博物学――リンネはなぜ乳房にこだわったのか?』小川眞理子・財部香枝訳、工作舎
清水昭俊　一九九六年「植民地的状況と人類学」『思想化される周辺社会』岩波講座文化人類学第一二巻
竹下秀子　一九九九年『心とことばの初期発達』東京大学出版会
デュルケーム、エミール　一九九五年『宗教生活の原初形態』古野清人訳、岩波書店
松沢哲郎　二〇〇〇年『チンパンジーの心』岩波現代文庫
マリノフスキー、ブロニスラフ　一九六七年「西太平洋の遠洋航海者」『マリノフスキー、レヴィ＝ストロース』泉靖一責任編集、中央公論社（世界の名著）
フーコー、ミッシェル　一九七四年『言葉と物』平凡社
フレーザー　一九九六年『金枝篇』永橋卓介訳、岩波書店
橋爪大三郎　一九八八年『はじめての構造主義』講談社新書
丸山圭三郎　一九八三年『ソシュールを読む』岩波書店（岩波セミナーブックス）
メルロー・ポンティ　一九七四年『知覚の現象学』みすず書房
モース、マルセル　一九八五／八八『社会学と人類学Ⅰ、Ⅱ』有地亨訳、弘文堂
リーチ、エドマント　一九八七年『高地ビルマの政治体系』関本照夫訳　弘文堂

Harris, Marvin 1968 *The Rise of Anthropological Theory*, Harper & Collins.
Radclif-Brown 1964（1922） *The Andaman Islanders*, The Free Press

●第二章

ウォーカー、アリス　一九九五年『喜びの秘密』集英社
江原由美子編　一九九八年『性・暴力・ネーション』フェミニズムの主張四、勁草書房
岡　真理　一九九六年「〈女子割礼〉という陥穽、あるいはフライディの口」『現代思想』一九九六年五月号
ギアツ、クリフォード　一九九一年『ローカル・ノレッジ』岩波書店
クリフォード、ジェイムズ　一九九六年「序論——部分的真実」『文化を書く』クリフォード&マーカス編、紀伊國屋書店
サイード、エドワード　一九八六年『オリエンタリズム』今沢紀子訳、平凡社
ターナー、ヴィクター　一九八一年『象徴と社会』梶原景昭訳、紀伊国屋書店
ニーダム、ロドニー　一九七四年『構造と感情』三上暁子訳、弘文堂
萩原弘子　二〇〇〇年「女性性器手術（FGS）を『問題』とするのはだれか、なんのためか」『女性学研究』八
蓮見重彦・山内昌之編　一九九四年『いま、なぜ民族か』、東京大学出版会
ヘロドトス　一九七一／七二／七二年『歴史』（上・中・下）岩波文庫
ホスケン、フラン　一九九三年『女子割礼——因習に呪縛される女性の性と人権』鳥居千代香訳、明石書店
増田義郎　一九七一年『新世界のユートピア』研究社
マリノフスキー、ブロニスラウ　一九七一年『未開人の性生活』泉精一・蒲生正夫訳、新泉社
――――　一九八七年『マリノフスキー日記』谷口佳子訳、平凡社
ミード、マーガレット　一九七六年『サモアの思春期』畑中幸子・山本真鳥訳、蒼樹書房
ミード、マーガレット&ベイトソン・グレゴリー　二〇〇一年『バリ島人の性格』国文社
モルガン、L・H　一九六一年『古代社会』（上下）岩波文庫
レヴィ=ストロース　一九六九年「人類学の創始者ルソー」『未開と文明』山口昌男編、平凡社
山本真鳥　一九九七年「サモア人のセクシュアリティ論争と文化的自画像」『植民地主義と文化』山下・山本編、新曜社
吉岡郁夫　一九八九年『身体の文化人類学——身体変工と食人』雄山閣

●第三章

朝日新聞デジタルニュース・アーカイヴス：検索語（自然葬、散骨等）

綾部恒雄編　一九八七年『女の文化人類学――世界の女性はどう生きているか』弘文堂

綾部恒雄編　一九九七年『女の民族誌1　アジア編』『女の民族誌2　欧・米・中東・アフリカ・オセアニア編』弘文堂

イリイチ、イヴァン　一九八二年『シャドウ・ワーク――生活のあり方を問う』玉野井芳郎・栗原彬訳、岩波書店

上野千鶴子　一九八六年『女は世界を救えるか』勁草書房

牛島　巌　一九八七年『ヤップ島の社会と交換』弘文堂

エヴァンズ＝プリチャード、E・E　一九七八年『ヌアー族――ナイル系一民族の生業形態と政治制度の調査記録』向井元子訳、岩波書店

加藤　泰　二〇〇〇年『文化の想像力――人類学的理解のしかた』東海大学出版会

清水昭俊　一九八七年『家・身体・社会――家族の社会人類学』弘文堂

田中二郎　一九七八年『砂漠の狩人――人類始源の姿を求めて』中公新書

波平恵美子　一九九九年『暮らしの中の文化人類学〈平成版〉』出窓社

長谷川真理子　一九九九年『オスの戦略、メスの戦略――オスとメス、性はなぜあるのか』NHKライブラリー

原ひろ子編　一九八六年『家族の文化誌――さまざまなカタチと変化』弘文堂

松園万亀雄他　一九九六年『性と出会う――人類学者の見る、聞く、語る』講談社

マードック、G・P　一九八六年『社会構造――核家族の社会人類学』内藤莞爾監訳、新泉社

ミード、マーガレット　一九六一年『男性と女性――移りゆく世界における両性の研究』田中寿美子・加藤秀俊訳、東京創元社

安井眞奈美　一九九九年「現代女性とライフスタイルの選択――主婦とワーキングウーマン」岩本通弥編『民俗学の冒険④　覚悟と生き方』筑摩新書

柳田國男　一九四九年『女性と民間傳承』実業之日本社

山極寿一　一九九七年『父という余分なもの――サルに探る文明の起源』新書館

山本真鳥　一九八二年「サモアの女性」綾部恒雄編『女の文化人類学』弘文堂

山本真鳥　一九八六年「サモアの家族」原ひろ子編『家族の文化誌――さまざまなカタチと変化』弘文堂

米山俊直　一九九四年『同時代の人類学――二一世紀への展望〈新版〉』NHKブックス

Lee, R.B.　1979　*The !Kung San: Men, Women, and Work in a Foraging Society*. Cambridge UP.

●第四章

アードナー、エドウィン／オートナー、シェリ・B　一九八七年『男が文化で、女は自然か？——性差の文化人類学』山崎カヲル監訳、晶文社

クラストル、ピエール　一九八七年『国家に抗する社会』渡辺公三訳、書肆風の薔薇

サーリンズ、マーシャル・D　一九七六年「プア・マン　リッチ・マン　ビッグ・マン　チーフ——メラネシアとポリネシアにおける政治組織の類型」サーリンズ／サーヴィス『進化と文化』山田隆治訳、新泉社

サーリンズ、マーシャル　一九七二年『部族民』鹿島出版会

杉本尚次　一九八二年『西サモアと日本人酋長——村落調査記一九六五—一九八〇』古今書院

須藤健一　一九八九年『母系社会の構造——サンゴ礁の島々の民族誌』紀伊國屋書店

中島成久　一九九七年「ミナンカバウの女性」綾部恒雄編『女の民族誌1』弘文堂

バランディエ、ジョルジュ　一九七一年『政治人類学』中原喜一郎訳、合同出版

ポランニー、カール　一九八〇年『人間の経済1』玉野井芳郎・栗本慎一郎訳、岩波書店

ミード、マーガレット　一九七五年『サモアの思春期』畑中幸子・山本真鳥訳、蒼樹書房

宮岡伯人　一九八七年『エスキモー——極北の文化誌』岩波新書

メイヤスー、C　一九七七年『家族制共同体の理論』川田順造・原口武彦訳、筑摩書房

山本真鳥　一九八四年「ファレアタの地縁組織——サモア社会における称号システムの事例研究」『国立民族学博物館報告』九（一）

山本泰・山本真鳥　一九九六年『儀礼としての経済——サモア社会の贈与・権力・セクシュアリティ』弘文堂

Beaglehole, J.C.（ed.）1967 *The Voyage of the Resolution and Discovery, 1776-1780*. Cambridge University Press.

Huntingford, G.W.B. 1953 *The Nandi of Kenya : Tribal Control in a Pastoral Society*. London: Routledge & Kegan Paul Ltd.

Sahlins, M. 1959 *Social Stratification in Polynesia*. Washington University Press.

Strathern, A. 1971 *The Rope of Moka*. Cambridge University Press.

Thomas, Nicholas 1995 *Oceanic Art*. Thames and Hudson.

●第五章

岩井克人　一九八五年『ヴェニスの商人の資本論』筑摩書房

紙村徹　一九九三年「ニューギニア高地の儀礼交換」須藤健一他編『オセアニア②　伝統に生きる』東京大学出版会

倉光ミナ子　二〇〇一年「所得創出プログラムの評価に関する一考察――サモアにおけるソーイング技術指導プログラムを事例に」『人間文化論叢』第三巻
中川　敏　一九九二年『交換の民族誌、あるいは犬好きのための人類学入門』世界思想社
浜本　満　一九九四年「交換――『ただより高いものはない』わけは？」浜本満・浜本まり子共編『人類学のコモンセンス――文化人類学入門』学術図書出版社
マリノフスキー、B　一九八〇年「西太平洋の遠洋航海者」『世界の名著71　マリノフスキー／レヴィ＝ストロース』中央公論社
モース、M　一九七三年「贈与論」『社会学と人類学Ⅰ』有地亨他訳、弘文堂
レヴィ＝ストロース、C　一九七七／七八年『親族の基本構造』馬渕東一・田島節夫監訳、番町書房
山本真鳥　一九八四年「トロブリアンドにおける女と交換システム――A・ワイナーの研究をめぐって」牛島巌・松沢員子編『現代の人類学五』至文堂
山本真鳥　一九九六年「贈与交換と社会構造――サモアとトロブリアンドの親族間交換」井上俊他編『贈与と交換の社会学』岩波書店
山本真鳥　二〇〇〇年「隙間に生きる人々――あるサモア移民家族のハワイ暮らし」森廣正編『国際労働力移動のグローバル化――外国人定住と政策課題』法政大学出版局
Meggitt, M.J. 1980 Pigs are our hearts! *Oceania* vol.44.
Leach, J.W. & E. Leach 1983 *The Kula: New Perspectives on Massim Exchange.* Cambridge University Press.
Weiner, Annette B. 1976 *Women of Value, Men of Renown: New Perspectives in Trobriand Exchange.* University of Texas Press.

●第六章

阿部美哉　一九九九年『世界の宗教』丸善ライブラリー
石井米雄　一九七五年『上座部仏教の政治社会学』創文社
――　一九九一年『タイ仏教入門』めこん
石川純一　一九九七年『宗教世界地図』新潮文庫
岩城雄二郎　一九九七年『タイ文学案内』弘文堂
ウェーバー、マックス　一九八八年『宗教・社会論集』安藤英治他訳、河出書房新社
エリアーデ、M　一九六三年『永遠回帰の神話――祖型と反復』堀一郎訳、未来社
小田常雅　一九九五年『キリスト教の歴史』講談社学術文庫

小野沢正喜　一九九五年「タイ社会における聖なるものと女性の地位」清水昭俊編『洗練と粗野』東京大学出版会
川野美砂子　一九九四年「モエ家の特別な一日」「竈の精霊と再生」小野沢正喜編『アジア読本　タイ』河出書房新社
小杉泰　一九九四年『イスラームとは何か』講談社現代新書
三枝充悳　一九九〇年『仏教入門』岩波新書
土屋恵一郎　一九九八年『ポストモダンの政治と宗教』岩波書店
バーリー、N　一九九八年『死のコスモロジー』柴田裕之訳、凱風社
森　孝一　一九九六年『宗教からよむ「アメリカ」』講談社選書メチエ
――編　一九九七年『アメリカと宗教』日本国際問題研究所
山折哲雄　一九九三年『仏教民俗学』講談社学術文庫
Keesing,R.M. 1976 *Cultural anthropology : a contemporary perspective.* New York : Holt, Rinehart and Winston.

●第七章

長田弘　一九九七年『詩人であること』岩波同時代ライブラリー
ギアツ、C　一九九七年『文化の解釈学Ⅰ』吉田禎吾他訳、岩波現代選書
サーヴィス、E・R　一九九一年『民族の世界――未開社会の多彩な生活様式の探求』増田義郎監修、講談社学術文庫
シュルツ&ラヴェンダ　一九九三年『文化人類学Ⅰ』秋野晃司他訳、古今書院
長島信弘　一九八七年『死と病の民族誌』岩波書店
波平恵美子　一九八八年『脳死・臓器移植・がん告知――死と医療の人類学』福武書店
野村伸一　一九九五年『巫と芸能者のアジア――芸能者とは何をするのか』中公新書
山下晋司　一九九二年「文化システムとしての死――死の豊かさの復権」東京大学公開講座『生と死』東京大学出版会
Haviland,W.A. 1991 *Anthropology*, Holt, Rinehart and Winston.
Yellow Bird, P&K. Milun 1994 'Interrupted Journeys: The Cultural Politics of Indian Reburial' in Bammer, A.(ed.) *Displacements: Cultural Identities in Question*, Indiana University Press.

●第八章

阿部知子　一九八八年「脳死・臓器移植――虚像から実像へ」山口研一郎編『操られる生と死――生命の誕生から終焉まで』小学館

市川　浩　一九八四年『〈身〉の構造――身体論を超えて』青土社
大貫恵美子　一九八五年『日本人の病気観――象徴人類学的考察』岩波書店
川野美砂子　一九九七年「死者の排除と編入」脇本平也・田丸徳善編『アジアの宗教と精神文化』新曜社
クニビレール&フーケ　一九九四年『母親の社会史――中世から現代まで』中嶋公子他訳、筑摩書房
重松真由美　一九八二年「韓国の女」カリザス、M他編『人というカテゴリー』厚東洋輔他訳、紀伊国屋書店
ショーター、E　一九八七年『近代家族の形成』田中俊宏他訳、昭和堂
ダグラス、M　一九八五年『汚穢と禁忌』塚本利明訳、思潮社
出口　顕　一九九九年『誕生のジェネオロジー――人口生殖と自然らしさ』世界思想社
野村雅一　一九八四年『ボディーランゲージを読む――身振り空間の文化』平凡社
バタンテール、E　一九九八年『母性という神話』鈴木晶訳、ちくま学芸文庫
原ひろ子　一九八二年「ヘアー・インディアンの女」綾部恒雄編『女の文化人類学――世界の女性はどう生きているか』弘文堂
モース、M　一九七六年『社会学と人類学Ⅱ』有地亨・山口俊夫訳、弘文堂
リンハート、G　一九九五年「アフリカの自己表現――公的な自己と私的な自己」カリザス、M他編『人というカテゴリー』厚東洋輔他訳、紀伊国屋書店
レーナルト、M　一九九〇年『ド・カモ――メラネシア世界の人格と神話』坂井信三訳、せりか書房

●第九章

アンダーソン、ベネディクト　一九九五年『言葉と権力――インドネシアの政治文化探求』中島成久訳、日本エディタースクール出版部
石井米雄・桜井由躬雄　一九八五年『東南アジア世界の形成』講談社
住谷一彦　一九八四年『マックス・ヴェーバー、現代への思想的視座』NHKブックス
ウォーラーステイン　一九八一年『近代世界システムⅠ、Ⅱ――農業資本主義と「ヨーロッパ世界経済」の成立』川北稔訳、岩波現代選書
小沢弘明　一九九四年「ハプスブルグ帝国末期の民族・国民・国家」『国民国家を問う』歴史学会編、青木書店
大都留厚　一九九六年『ハプスブルグ帝国』山川出版社、世界史リブレット三〇
柄谷行人　一九九九年「ナショナリズムとエクリチュール」『ヒューモアとしての唯物論』講談社学術文庫

ギアツ、クリフォード　一九九〇年『ヌガラ、一九世紀バリの劇場国家』小泉潤二訳、みすず書房
ギデンズ、アンソニー　一九九九年『国民国家と暴力』松尾精文・小幡正敏訳、而立書房
新谷　行　一九七七年〔増補版〕『増補アイヌ民族抵抗史――アイヌ共和国への胎動』三一書房
高良倉吉　一九八九年『琉球王国史の課題』ひるぎ社
永積昭・綾部恒雄編　一九八二年『もっと知りたいインドネシア』弘文堂
ハイネ=ゲルデルン　一九八二年「東南アジアにおける国家と王権の観念」『文化人類学入門リーディングス』綾部・大林・米山編、アカデミア出版会
花崎皋平　一九八八年『静かな大地――松浦武四郎とアイヌ民族』岩波書店
原洋之介　一九八五年『クリフォード・ギアツの経済学』リブロポート
フォーテス、メイヤー&エヴァンズ=プリチャード編　一九七二年『アフリカの伝統的政治体系』大森元吉他訳、みすず書房
村井　紀　一九九四年〔増補改訂版〕『南島イデオロギーの発生――柳田国男と植民地主義』太田出版
桃木至朗　一九九六年『歴史世界としての東南アジア』世界史リブレット一二、山川出版社
渡辺洋三　一九七二年『入会と法』法社会学研究二、東京大学出版会
Geertz, Clifford 1960, *The Religion of Java*, The Free Press of Glencoe.
——— 1963, *Agricultural Involution*, University of California Press.
——— 1963, *Peddlers and Princes, Social Development and Economic Change in Two Indonesian Towns*, The University of Chicago Press.

●第一〇章

アンダーソン、ベネディクト　一九九七年〔改訂増補版〕『想像の共同体』白石隆・白石さや訳、リブロポート、NTT出版
エヴァンズ、リチャード・イサドール　一九八一年『エリクソンは語る――アイデンティティの心理学』岡堂哲雄訳、新曜社
小熊英二　一九九五年『単一民族神話の起源』新曜社
加藤　剛　一九九〇年「エスニシティ概念の展開」『東南アジアの社会』講座東南アジア学三、弘文堂
梶田孝道　一九九六年「オーヴァーヴュー、エスニシティ」『民族・国家・エスニシティ』講座社会学一三、岩波書店
キャッシュモア、エリス　二〇〇〇年『世界の民族・歴史関係事典』今野敏彦監訳、明石書店
タカキ、ロナルド　一九九六年『アメリカ多文化主義の歴史』明石書店
谷川　稔　一九九九年『国民国家とナショナリズム』世界史リブレット三五、山川出版社

テイラー、チャールズ　一九九六年「承認をめぐる政治」『マルチカルチュラリズム』佐々木・辻・向山訳、岩波書店
中島成久　一九九三年『ロロ・キドゥルの箱――ジャワの性・神話・政治』風響社
――　一九九六年「インドネシアの母系社会における国家とエスニシティ――ミナンカバウの家族の言説をめぐって」『国家のなかの民族――東南アジアのエスニシティ』綾部恒雄編、明石書店
永渕康之　一九九八年『バリ島』講談社現代新書
フィヒテ&ルナン他　一九九七年『国民とは何か』鵜飼哲他訳、河出書房新社
古沢希代子・松野明久　一九九三年『ナクロマ、東ティモール民族独立小史』日本評論社
レヴィ＝ストロース　一九七〇年『人種と歴史』荒川幾男訳、みすず書房
米本昌平　一九八九年『遺伝管理社会―ナチスと近未来』弘文堂
Kahn, Joel 1993, *Constituting the Minangkabau, Peasants, Culture, and Modernity in Colonial Indonesia*, BERG.
Stoler, Ann Laura 1995（Revised Edition）, *Capitalism and Confrontation in the Sumatran Plantation Belt, 1870-1979*, Yale University Press, 1985（First Edition）.
――, 1995 *Race and the Education of Desire: Foucaut's History of Sexuality and the Colonial Order of Things*, Duke University Press.

●第一一章

井上　真　一九九七年「コモンズとしての熱帯林――カリマンタンでの実証調査をもとにして」「環境社会学研究」第三号、新曜社
内堀基光　一九九六年『森の食べ方』熱帯林の世界五、東京大学出版会
宇沢弘文　二〇〇〇年『社会的共通資本』岩波新書
環境庁「熱帯雨林保護検討会」　一九九二年『熱帯雨林を守る』ＮＨＫブックス
黒田洋一郎　一九九二年『熱帯林破壊とたたかう――森に生きる人びとと日本』岩波ブックレットNo.二七八
高谷好一　一九八五年『東南アジアの自然と土地利用』勁草書房
鶴見良行　一九九五年『東南アジアを知る――私の方法』岩波新書
中村武久・中須賀常雄　一九九八年『マングローブ入門――海に生える緑の森』めこん
中島成久　一九九八年『屋久島の環境民俗学―森の開発と神々の闘争』明石書店
ホン、イブリン　一九九八年『サラワクの先住民、消えゆく森に生きる』北井一・原後雄太訳、法政大学出版局

古川久雄　一九九二年『インドネシアの低湿地』勁草書房
宮内泰介・鶴見良行　一九九六年『ヤシの実のアジア学』コモンズ
村井吉敬　一九八八年『エビと日本人』岩波新書
渡辺弘之　一九八九年『東南アジアの森林と暮らし』人文書院

〈執筆者略歴（＊は編者)〉

＊中島　成久（なかしま　なりひさ）

1949年生。1978年九州大学大学院博士課程中退。九州大学助手を経て、1982年法政大学第一教養部助教授、1992年同教授。現在、法政大学国際文化学部教授(1999年より)。専攻：文化人類学。

【主な著書】

『ロロ・キドゥルの箱――ジャワの性・神話・政治』(風響社、1993年)

『屋久島の環境民俗学――森の開発と神々の闘争』(明石書店、1998年)

ベネディクト・アンダーソン『言葉と権力――インドネシアの政治文化探求』(訳・日本エディタースクール出版部、1995年)

山本　真鳥（やまもと　まとり）

1950年生。1981年東京大学大学院博士課程単位取得退学。学術振興会奨励研究員を経て、1984年法政大学経済学部助教授、1990年同教授。専攻：文化人類学。

【主な著書】

『儀礼としての経済』(山本泰と共著、弘文堂、1996年)

『植民地主義と文化』(山下晋司と共編著、新曜社、1997年)

『オセアニア史』(単編著、山川出版社、2000年)

川野　美砂子（かわの　みさこ）

1953年生。東京大学大学院総合文化研究科博士課程単位取得満期退学。現在、東海大学開発工学部助教授。専攻：文化人類学。

【主な著書、論文】

『アジア読本　タイ』(共著、小野沢正喜編、河出書房新社、1994年)

『アジアの宗教と精神文化』(共著、脇本平也・田丸徳善編、新曜社、1997年)

「精霊・自己・ジェンダー――北タイにおけるジェンダーと女性たちの自己」『現代文化研究』(第74号、専修大学、1998年)

グローバリゼーションのなかの文化人類学案内

2003年3月31日　初版第1刷発行
2011年4月20日　初版第5刷発行

編著者　中島成久
発行者　石井昭男
発行所　株式会社　明石書店

〒101-0021　東京都千代田区外神田6-9-5
電話　03 (5818) 1171
FAX　03 (5818) 1174
振替　00100-7-24505
http://www.akashi.co.jp

組版／装丁　明石書店デザイン室
印刷　株式会社文化カラー印刷
製本　本間製本株式会社

(定価はカバーに表示してあります)　ISBN978-4-7503-1707-6

森の開発と神々の闘争

増補改訂版 屋久島の環境民俗学

中島 成久［著］◎四六判／上製／288頁　◎2,500円

屋久島に生まれ、戦後の島内開発と共に青春時代を過ごした文化人類学者が、カリフォルニアやインドネシアの自然保護と比較しながら、つくられた「自然の宝庫」の真の姿を描く。世界システムに否応なく巻き込まれる世界自然遺産の島の「開発」と「自然」の逆説とは。

●**内容構成**

〈価格は本体価格です〉